电子商务专业新形态一体化系列教材

电子商务物流

主　编　范永泰
副主编　周　艳

北京理工大学出版社
BEIJING INSTITUTE OF TECHNOLOGY PRESS

版权专有　侵权必究

图书在版编目(CIP)数据

电子商务物流/范永泰主编. —北京：北京理工大学出版社，2022.12重印
ISBN 978-7-5682-8883-5

Ⅰ. ①电…　Ⅱ. ①范…　Ⅲ. ①电子商务—物流管理　Ⅳ. ①F713.365.1

中国版本图书馆CIP数据核字(2020)第146513号

出版发行 /	北京理工大学出版社有限责任公司
社　　址 /	北京市海淀区中关村大街5号
邮　　编 /	100081
电　　话 /	（010）68914775（总编室）
	（010）82562903（教材售后服务热线）
	（010）68944723（其他图书服务热线）
网　　址 /	http：//www.bitpress.com.cn
经　　销 /	全国各地新华书店
印　　刷 /	定州市新华印刷有限公司
开　　本 /	787毫米×1092毫米　1/16
印　　张 /	14
字　　数 /	306千字
版　　次 /	2022年12月第1版第2次印刷
定　　价 /	39.60元
责任编辑 /	张荣君
文案编辑 /	代义国　张荣君
责任校对 /	周瑞红
责任印制 /	边心超

图书出现印装质量问题，请拨打售后服务热线，本社负责调换

前言

物流作为商务过程中的重要环节，负责原材料供应商与产品生产商之间以及商家与顾客之间的实务配送服务，因此高效的物流体系是电子商务优势得以充分发挥的保证。从企业的角度来看，高效的物流体系能带来更少的物流成本和更高的服务水平；从顾客的角度来看，大多数产品实体的最终交付都要通过物流系统来完成。电子商务的高速发展对物流的配送速度、服务质量、承载能力等提出了越来越高的要求。

目前，物流问题已成为电子商务发展的瓶颈，各大电子商务网站对物流表现出了前所未有的重视。没有物流的支持，电子商务就只能成为空中楼阁，无法发挥作用。此外，物流能够提高顾客满意度及忠诚度，并能够拓展企业的商务范围，带来新的市场机会，实现双赢。

本书共分为七章，知识导图如下：

电子商务物流
- 电子商务物流概述
- 电子商务物流信息系统
- 电子商务物流包装技术及管理
- 电子商务采购与存储管理
- 电子商务快递业务管理
- 电子商务物流订单及退换货管理
- 电子商务环境下的新型物流模式

其中，第一章介绍了电子商务物流管理的目标、内容、未来发展方向及电子商务物流中仓储配送的职责，共6课时；第二章介绍了当前电子商务物流信息系统的关键技术和主要功能，共10课时；第三章介绍了电子商务常用包装技术、技术的改进、包装的管理、快递包装以及常见包装设备的使用和规范等内容，共16课时；第四章介绍了电子商务物

流中采购、存储、库存管理以及仓库管理系统软件的操作方式,共14课时;第五章介绍了电子商务物流中的快递业务管理,共10课时;第六章介绍了电子商务环境物流订单处理、退换货处理以及物流服务质量的监管,共8课时;第七章介绍了电子商务环境下出现的新型物流模式,即第四方物流、农产品物流模式、跨境物流以及电子商务环境下的供应链管理,共8课时。

全书内容重点突出、结构清晰、通俗易懂、资料丰富、实践性强,具有鲜明的职业教育特色。每个章节均由案例引入,学生可以了解本章内容产生的实际背景、相关知识与技能的实际应用,加深对电子商务内涵的学习。同时,全书还注重学习引导,在每章的开头部分都有针对本章内容提出的"知识目标"和"技能目标",学和做相结合,学有所用。在每章的结尾都有课后练习,方便学生更好地掌握本章的内容。学生通过对本书的学习,能够全面掌握电子商务物流的策划、运营以及管理能力。

由于时间和精力有限,本书的内容可能存在疏漏之处,恳请广大读者积极给予指正,以便本书不断完善!

作　者

2019年12月

目录

第一章　电子商务物流概述 … 1
　第一节　电子商务与物流 … 3
　第二节　电子商务物流管理的目标和内容 … 10
　第三节　电子商务物流管理的未来发展方向 … 13
　第四节　仓储配送中心相关岗位职责 … 17

第二章　电子商务物流信息系统 … 23
　第一节　京东青龙系统 … 26
　第二节　物流信息系统的关键技术 … 31
　第三节　物流信息系统的主要功能 … 38

第三章　电子商务物流包装技术及管理 … 44
　第一节　包装概述 … 45
　第二节　常用包装技术及实践应用 … 51
　第三节　商品包装的管理 … 58
　第四节　快递包装的管理 … 65
　第五节　常见包装设备 … 72

第四章　电子商务采购与存储管理 … 90
　第一节　商品采购管理 … 92
　第二节　存储管理 … 94
　第三节　库存管理 … 97
　第四节　仓库管理系统软件的操作 … 105

第五章　电子商务快递业务管理 … 130
　第一节　快递公司的选择 … 133

第二节　快件收寄管理 ········· 137
　　第三节　分拨管理 ············· 144
　　第四节　快递运输 ············· 152
　　第五节　快递派件 ············· 156

第六章　电子商务物流订单及退换货管理 ········· 164

　　第一节　电子商务物流订单管理 ········· 166
　　第二节　电子商务物流退货、换货管理 ········· 176
　　第三节　电子商务物流服务监控与管理 ········· 182

第七章　电子商务环境下的新型物流模式 ········· 194

　　第一节　第四方物流模式 ········· 196
　　第二节　农产品物流模式 ········· 204
　　第三节　跨境物流 ········· 210
　　第四节　电子商务环境下的供应链管理 ········· 214

参考文献 ········· 200

电子商务物流概述

【知识目标】
1. 了解电子商务和物流之间的关系。
2. 了解电子商务物流管理的目标和内容。
3. 了解我国电子商务物流未来发展趋势。
4. 掌握仓储配送中心各岗位职责。

【技能目标】
1. 明确我国电子商务发展的现状。
2. 会运用物流行业服务电子商务的方式进行调研。
3. 明确仓储配送中心各岗位职责。

【知识导图】

案例导入

宜家物流中心DC800

宜家（IKEA）于1943年创建于瑞典，宜家的商业理念是提供种类繁多、美观实用、老百姓买得起的家居用品。截至2015年8月31日，宜家集团在28个国家和地区拥有328家商场。除此之外，宜家集团在23个国家和地区设有27个贸易服务部，在17个国家和地区设有43个配送中心和15个客户分拨中心，在11个国家和地区设有43个宜家工业集团生产机构。目前，宜家集团拥有员工155000名，其中零售人员116500名，工业人员20500名，产品系列及供应链人员18000名。

对于家具行业来讲，物流活动绝不仅仅是单纯的同城配送，而是涵盖配送、仓储、搬运、安装、代收货款、采购物流等多方面的集合体。在宜家这样一个跨国企业的运营中，物流的作用是毋庸置疑的。

为了协调采购地和销售市场在空间上的矛盾，保证宜家在全球业务的正常运作和发展，保持宜家在全球市场上廉价而时尚的品牌形象，高效、敏捷、低成本的供应链管理成为宜家的核心。宜家的物流成本优势主要体现在高效的物流中心、与第三方物流合作、减少仓储设备、采用密集运输、平板包装、降低整体运作成本、绿色供应链管理等方面，以下介绍其中几种。

1. 高效的物流中心

宜家在2000年建成自己的物流中心DC800，它的库容约为8万平方米。其中5万平方米采用的是全自动化的仓库（As/Rs），其余3万平方米是普通货架仓库。DC800的自动化立体库，货架高26米，有11台堆垛机，22个巷道，存储着8000~9000种货物，整个仓库可以存放57000个标准托盘。整个系统由Swisslog提供设备和系统集成，整个自动化立体库是无人操作的。DC800有一套完善的计算机系统，它是整个宜家配送中心运作的核心。该系统主要包括自动订货系统、仓库管理系统和入库作业调度中心3部分。这套系统是宜家和软件供应商一起开发、"量身定做"的，在很大程度上适应了宜家的特点。

2. 与第三方物流合作

宜家和全球最大的物流服务商丹麦的马士基集团有着牢不可断的"纽带关系"，因为宜家的"供应商家族"多年前就一直和马士基合作。马士基承揽着宜家在全球28个国家和地区的2000多家供应商、164家专卖店、10000多种家具材料的物流任务。

3. 减少仓储设备

宜家要求供货厂商把大多数货物直接送到自选商场，省略中间的仓储存放和搬运工作，这个比例已经达到了60%~70%，未来将达到90%。针对必须转运的货物，宜家也做了许多改善，如减少货物转运次数。同时，宜家还加大力度提高家具超市的面积，降低仓储面积。

4. 平板包装

在储运方面，宜家所有产品都采用平板包装，可以降低家具在储运过程中的损坏率及减少仓库空间的占用率。更重要的是，宜家最大限度地增加装货能力，降低货运量与运货成本，使得在全世界范围内进行生产的规模化布局成为可能。目前，宜家不仅关注货品的单位包装数量，还竭力多采用船舶和火车的货运方式。因此，现在所有宜家仓库都已连接直通铁路网或货运港口。

5. 绿色供应链管理

宜家对供应链上的每一环，包括供应商、工厂、商场、运输公司、消费者等，进行有效管理，并始终贯彻绿色意识。特别是在原材料的采购、产品设计和生产、废弃物处理上极为重视环保。宜家的绿色意识主要体现在以下几个方面：绿色战略、绿色设计、绿色材料的选用、绿色供应过程、绿色生产、绿色营销、绿色物流、绿色使用及消费、绿色回收。宜家通过绿色供应链管理的实施，大大提高了其经济效益，也带来了巨大的社会效益，并使经济效益和社会效益协调优化，为企业可持续发展和品牌竞争力的提升奠定了基础。

案例分析：

宜家拥有高效的物流中心系统DC008，这个系统集配送、仓储、搬运、安装、代收货款、采购物流等多方面于一体，实现了宜家物流管理的信息化。此外，宜家通过与第三方物流合作，采用密集运输、平板包装等方式，进一步降低了企业物流成本，这些做法有助于宜家在激烈的市场竞争中保持领先地位。

第一节　电子商务与物流

一、电子商务与物流的关系

（一）物流是电子商务的重要环节和根本保证

电子商务是以数字化网络为基础进行的商品、货币和服务交易，其优势在于减少信息社会的商业中转环节，缩短周期、降低成本、提高经营效率及服务质量，使企业有效地参与竞争。电子商务的每笔交易都包含3个基本过程：商品信息的发布与交流、网上商品的交易与结算、商品送达用户手中的配送过程。其中，信息流、商流和资金流的处理都可以通过计算机和网络通信设备实现，而实体商品的流动则是较为特殊的一种。除了少数电子产品（如软件、电子出版物、信息咨询服务等）可以直接通过网络传输的方式交货之外，大多数商品传输仍要通过实体物流来解决。

在电子商务交易活动的成本中，物流成本占相当高的比例，物流服务的质量直接影响到货物的正确性、交货期、货损率等。现在顾客的要求越来越高，竞争也越来越激烈，因此物流在整个电子商务活动中占据着非常重要的地位。它的成功与否直接关系到电子商务的成败，它的运作效率和成本决定着电子商务所带来的经济价值。

案例 1-1

菜鸟物流

2013年5月28日，阿里巴巴集团、银泰集团联合复星集团、富春集团、顺丰集团、"三通一达"（申通、圆通、中通、韵达），以及相关金融机构共同宣布："中国智能物流骨干网"（简称CSN）项目正式启动，合作各方共同组建的"菜鸟网络科技有限公司"（以下简称菜鸟网络）正式成立。"菜鸟"名字小志向大，其目标是通过5~8年的努力打造一个开放的社会化物流大平台，在全国任意一个地区都可以实现24小时送达。

2016年3月14日，大数据物流平台公司——菜鸟网络宣布已经完成首轮融资，融资额超百亿元，估值近500亿元。菜鸟网络的注册资金为50亿元，前三期投资将合计3000亿元。建立智能物流骨干网的一个重要基础是仓储干线建设。因此，菜鸟网络在这方面也做足了功夫，菜鸟网络CEO（首席执行官）沈国军介绍，同时启动的拿地建仓项目已包括北京、天津、广州、武汉、金华、海宁等10多个城市。金华的金义都市新区，则有望成为阿里物流的第一个创业基地。沈国军表示，包括中西部地区在内，菜鸟网络会在全国8个重要城市去建立主干网络。

菜鸟网络的用地需求将带动物流地产的升温，同时将营造更多的就业机会。根据菜鸟网络的预计，发展初期将至少支持1000万家新型企业，发展和创造1000万个就业岗位。而依照马云的设想，如果智能骨干网成熟运作后，我国占GDP（国内生产总值）总值18%的物流费用将降至欧美发达国家的12%左右，国家经济效益将得到整体提升。

菜鸟网络的诞生实质上就是淘宝大物流计划，不过是阿里巴巴集团借助第三方物流的路子来实现的，因此阿里巴巴或者说马云并未放弃过物流。

菜鸟网络专注打造的中国智能物流骨干网将通过自建、共建、合作、改造等多种模式，在全国范围内形成一套开放的社会化仓储设施网络。同时利用先进的互联网技术，建立开放、透明、共享的数据应用平台，为电子商务企业、物流公司、仓储企业、第三方物流服务商、供应链服务商等各类企业提供优质服务，支持物流行业向高附加值领域发展和升级。最终促使建立社会化资源高效协同机制，提升中国社会化物流服务品质。

传统物流不注重信息平台的资源整合，卖家发货往往要绕一大圈子才能送到买家手上,卖家可以自主选择与哪个物流公司合作,而物流公司这时候稍显被动。这样的运作方式不仅造成资源上的浪费,而且不能发挥物流公司的主动权,造成整个物流业出现一片繁忙却甚少盈利的局面。菜鸟网络通过打造智能物流骨干网,对生产流通的数据进行整合运作,实现信息的高速流转,而生产资料、货物则尽量减少流动,以提升效率。有人认为这种运作模式将颠覆传统物流模式。图1-1所示为菜鸟物流中心。

图1-1 菜鸟物流中心

物流是实现电子商务"以顾客为中心"理念的根本保证。没有准确、及时的物流配送,再先进的电子商务都只能是空中楼阁。可以想象,如果消费者在网上购买的商品不能及时送到,或者送来的并非所购商品,那消费者还会选择网上购物吗?相反,快捷、准确又便宜的配送服务则有利于扩大电子商务的市场范围,提高其市场竞争力,从而推动电子商务的快速发展。纵观世界各国电子商务发展较快的企业,不难发现它们都是以强大的配送能力为支撑的。

思考:菜鸟物流有哪些特点?

(二)电子商务为物流带来新的挑战和机遇

从表面上看,电子商务相对于传统商务似乎只是交易方式的改变,实际上以电子商务为代表的信息技术也改变着社会经济的各个方面,给物流活动的经济环境带来了全方位的变化。

首先,表现在生产环境上的变化。电子商务通过互联网突破了时间和空间的界限,将企业与消费者、企业与企业以及企业内部之间的经济依存关系连接得更加紧密。生产企业得以通过网络平台来重新配置各种社会资源、简化商务实现程序、提高各环节的运作效率,

这将使一些新型生产方式因运作成本降低而迅速普及，如大规模定制生产、准时制（JIT）生产等。这些新型生产方式需要的是一种从需求出发的拉动式供应链，其关键就在于高效、准确的配送服务。

其次，表现在消费环境上的变化。消费者的地域范围扩大了，只要有了互联网，人们就可以通过它搜寻所需商品并进行交易。同时，在电子商务中，消费者不需要置身商场，挑选商品和付款活动都在网络虚拟的商店中进行，因此，不可能再指望消费者自己完成交易后的物流活动，这个任务只能由卖方来承担。消费方式的改变意味着配送必须向末端延伸，配送终点由零售店变成更加分散的千家万户。

最后，表现在商流环境上的变化。电子商务对商流的改变是最直接的。第一，是对商流渠道的整合，也就是减少中间环节，使渠道由细长到扁平。流通渠道扁平化的必然结果是企业将面临更多、更分散的流通渠道，因此电子商务大大提高了商流的速度，这必然要求网下的物流配送与其匹配，否则就不能充分发挥电子商务方便、快捷的优势。第二，电子商务的发展对物流活动提出了更高的要求，在电子商务环境下的物流活动的配送范围将更广泛（全球采购），目的地将更分散（配送到家），物流速度将更快，配送反应能力将更强，配送服务水平将更高，配送成本将更低，并具有可视性及其他增值服务。

案例 1-2

智能物流成巨大"金矿" 电商巨头为之疯狂

提起快递物流行业，很多人脑海中的第一印象都是快递小哥辛苦分拣货物、走街串巷到处派件的情景，事实上，在物流领域的很多环节已经出现了机器人的身影。

不仅是电商平台和物流企业都在布局智能物流，许多零售企业也在打造自己的智能物流体系。

未来物流行业是否真的不再需要人工作业了呢？物流行业的人才将何去何从呢？

一、智能机器人仓库纷纷启用，每小时处理货物达数万件

在广东省惠州市的一个仓库里，上百台自动搬运机器人正在工作。这些机器人在接到系统指令后，会自行前往存放对应商品的货架下，将货架顶起，随后将货架拉到拣货员跟前。完成拣货之后，机器人再将货架送回原来的货架区存放。

菜鸟网络高级算法专家胡浩源告诉记者，使用这种仓内机器人的货到人模式，在下单的一瞬间，机器人就已经知道消费者需要的货物是哪一个。它会到货架下方把货架顶起来，送到打包台供操作人员拿下来。

眼下，不少快递公司和电商平台也已经启用机器人来完成这些工作。他们表示，机器人的使用大大提升了物流效率，降低了成本。

京东华南分拣负责人陈金刚表示，分拣机器，单小时的处理能力能够达到一万两

千件。

苏宁物流深圳分公司总经理胡勇向记者介绍，机器人能够驮运近万个货架，通过机器人搬运货架，可实现货到人的拣选。相比之前的效率能提升近7倍，能够避免无效运输，同时节省了30%~40%的人力。

券商分析师认为，智能物流机器人的运用，不仅提升了整个行业的工作效率，更多的是改变了传统物流行业的运转模式和作业流程，这也是物流行业今后的发展方向。

天风证券商业与社会服务业高级分析师张璐芳分析，智能物流中机器人和系统的应用，大幅提高了分拣等作业流程的效率，实现了从传统的人找货到货找人的转变，效率提升了约3倍以上。对电商平台而言，流量红利进入尾声，消费者对平台的要求从性价比进入了更好的消费体验阶段，所以阿里、京东、苏宁等，纷纷加入智能物流体系建设中。

二、电商巨头为何纷纷选择智能物流

不仅仅是电商平台和物流企业都在布局智能物流，在新零售业态的大背景下，许多线上线下并重的零售企业也在打造自己的智能物流体系，这样不仅可以满足线上的需求，也可以提升线下业务的效率。

胡勇是一家大型零售企业区域物流公司的负责人。他告诉记者，他们现在也在转向智能物流技术，尤其是在门店配送这一块，通过智慧仓储的智能拣选，包括智能跟货、预热式补货这样一些系统的使用来提高补货的效率。这样一来能够实现整体时长30%的降低，也使得门店配送完成率至少提高5%。

胡勇告诉记者，对于拥有大量线下门店的实体零售企业来说，在大数据管理平台作业下，可在全国的各级仓库间实现智能分仓、就近备货和预测式调拨。同时，通过智能化作业，精准分析订单、库位、路径、区域，从而保证商品在全国范围内的线下门店高效流通，在"新零售"的大背景下，提升了实体零售业务的竞争力。

从2017年开始，越来越多的电商智能物流技术将实现重要落地，无人车、无人机、分拣机器人都将投入使用。未来在采购、仓储、包装、物流、配送，甚至商品定价、营销等全流程电商平台都希望依靠技术来实现智能化。

业内人士认为，从布局智能物流的企业来看，主要包括三个派系：首先是电商系，包括阿里、京东、苏宁等电商平台，也包括部分电商代运营公司；其次是物流系，包括顺丰、申通等企业；最后是传统的零售企业，从2016年的新零售开始以后，很多的零售企业纷纷加入了智能物流的布局。

为何这些企业纷纷选择智能物流呢？天风证券商业与社会服务业高级分析师张璐芳表示，竞争的激烈使得消费者对电商的每一个环节都更加挑剔。如果不这样做，面临的既是成本刚性上涨的问题，也是消费者体验相对下降带来的收入下滑的问题，影响的是收入和成本两个方面，所以智能物流势在必行。

电子商务物流

三、智能物流人工成本大幅缩减，机器人终将取代人工？

智能物流的应用不仅提高了作业效率，在人力成本不断攀升的同时，还最大限度解放了人力，那么未来物流行业是否真的不再需要人工作业了呢？物流行业的人才将何去何从呢？

樊盼龙曾经是传统仓库里的一名拣货员，自从智慧仓启用之后，他就换了新的工作岗位，再也不需要辛苦拣货，只需要等着机器人把货送到他面前，一天两班倒下来只需要 10 个人即可完成两万个包裹的拣货。

菜鸟智慧仓拣货员樊盼龙介绍，2016 年在传统仓的时候 400 多号人，一天最多一个人也就 1500 多件。现在智慧仓这边不用像以前那样需要来回在仓库里面跑，没有那么累，每天拣的数量也多了，大概是传统仓的 3 倍。

菜鸟网络高级算法专家胡浩源分析，传统仓库因为需要留拣选车的通道，还需要留人行走的通道，这会占据大量实际可以使用的面积，而仓内机器人作业区就没有这个烦恼。它不需要给人留行走的通道，所以在相同的面积下，它处理单量能达到传统仓的两倍。

在另一家大型电商的分拣中心，机器人根据地面二维码指示，准确将货物投入相应货口。这里的负责人告诉记者，使用机器人以后，整个分拣区员工从原来的 300 多人减少到现在的 40 多人。

京东华南分拣负责人陈金刚表示，作业质量方面都有显著的提升，相比传统的运营模式，从 6 个作业环节减少到 3 个作业环节。对整体的货物搬运来说，减少了搬运的次数，对货物更加有安全性。

可以看到，机器人的大范围应用为物流行业节省了大量的人力成本，但这是否意味着快递小哥们未来会因此而大规模下岗呢？

业内人士认为，并不是所有的工作都适合机器人。实际上，智能物流产生了大量的就业机会，所以新的技术不是让人失业，而是让人去做更有价值的事情。

思考：你从这个案例中得到了哪些启示？

二、电子商务对物流的影响

（一）观念上的变化

电子商务给传统的物流观念带来了深刻的影响。传统的物流企业需要置备大面积的仓库，而电子商务系统网络化的虚拟企业将散置在各地的分属不同所有人的仓库通过网络系统连接起来，使之成为"虚拟仓库"，进行统一管理和调配使用，服务半径和货物集散空间都放大了。例如，2009 年京东商城成立物流公司，自建全国物流体系，目前已在华北、华东、华南、西南、华中、东北建立六大物流中心，覆盖了全国各大城市，并在西安、杭州等城市设立二级库房，仓储总面积超过 50 万平方米。这样的企业在组织资源的速度、规模、效率和资源的合理配置方面都是传统配送所不可比拟的，相应的物流观念也必是全新的。

（二）技术上的变化

各种新型物流技术和装备，特别是信息技术的应用明显得到加强，互联网信息技术对物流活动的控制取代了传统的物流活动的管理程序。传统的物流配送过程是由多个业务流程组成的，受人为因素影响和时间影响很大。网络的应用可以实现整个过程的实时监控和实时决策，当系统收到一个需求信息时，可在最短的时间内做出反应，任何一个有关配送的信息和资源都会通过网络管理在几秒钟内传到有关环节，并按照预定的工作流程通知各环节开始工作。电子商务物流由于突破了在传统物流配送管理中信息交流的限制，在电子商务环境下完成一个物流配送的时间将大大缩短。这种变化在日常生活中就能感知到，如现在许多快递公司已运用了条码技术，在打印发票时也实现了无线远程终端打印，即在收件现场实时打印。

（三）流程上的变化

电子商务网络的使用简化了物流配送过程，推动了传统物流企业的变革。传统物流配送的整个过程极为烦琐，而在电子商务环境下的新型物流配送中心可以大大缩短这一过程。在互联网支持下的信息技术的使用将使物流配送周期缩短、成本降低，从而提高物流配送企业的竞争力。随着物流行业的普及和发展，行业内的竞争也越来越激烈，使得用传统的方法获得超额利润的时间和数量越来越少，利用信息不对称所带来的盈利机会也越来越少，物流企业只有主动变革，具有真正的创新和实力，才能获得超额利润。

案例 1-3

遍地开花的菜鸟驿站

随着电商的快速发展，快递也随之兴起，但在配送过程中却面临着无法及时投递的问题。因为投递时间多集中在白天，尤其是大促期间白天快递员多批次投递，而很多上班族这段时间却在上班，无法接收快递，这部分快递不得不推后配送。

另外，一般一个快递员会负责多个小区，而快递的分布是不均衡的，这就让快递员在配送的时候非常浪费时间，效率极低，这种情况在大促期间更为严重，这就是快递的最后一公里问题。

菜鸟驿站的出现，很好地解决了这个问题：

首先，菜鸟驿站可以存放快递，跟快递柜比起来，它可以存放的包裹更多，而且对客户是免费的。

其次，对快递员来说，面对大量包裹时，也不用像以前一样奔波不停，还要面对投递不到的情况。现在只需要跟客户确认一下，在家的投递，不在家的放在驿站，就可以很快速地将包裹做出最好的安排，极大地提升了投递效率。

再次,菜鸟驿站扩大了就业。现在大部分小区都设置了菜鸟驿站,有些是专用的,有些是合作的,无论哪一种,都需要配备驿站工作人员。一些包裹多的小区,每天的数量可能会超过几千单,让很多人拥有了一份收入可观的工作。

最后,菜鸟驿站可提供寄快递服务,通常的操作是客户在某个快递程序里下单,然后等着快递员上门收取。

第二节 电子商务物流管理的目标和内容

一、电子商务物流管理的目标

实施有效的电子商务物流管理,可以降低物流管理成本,实现物流管理的规模效益和协助运作效应的目标,具体如下。

(一)降低物流管理的成本

物流成本是指从原材料供应开始一直到将商品送达消费者手上所发生的全部物流费用。狭义的物流成本指产品在包装、装卸、运输、储存、流通加工等各物流活动中所支出的人力、财力和物力的总和。

在整个企业生产流通过程中,物流领域是占用时间价值最大的一块,据有关资料显示,工业生产中物流所占用的时间几乎为整个生产过程的90%。但是物流技术、配套设备和管理上的不完善或落后,导致物流领域成为企业管理中浪费最严重、消耗最多、成效又不大的一个管理盲点,物流领域也被管理大师彼得·德鲁克称为管理上的"黑大陆"。因此,现代物流管理的首要目的就是要在保证物流正常运作和确保物流服务水平的同时,进一步降低物流成本,进而挖掘和创造"第三利润源"。

对于企业而言,降低物流管理的成本,在于对物流的各个功能环节进行必要的成本及效益分析,杜绝浪费现象,减少各种原材料及其他生产资料的消耗。对于在物流过程中的一些不产生附加价值的无用功,如放置物品、寻找工具等,通过工序分析或流程再造使之最小化,相应增加推进工序前进、创造商品价值和使用价值的有用功的比重,从而减少浪费、降低成本。例如,在实际的物流作业中,两次搬运、倒换等均属于不产生价值的无用功,它们的存在大大地增加了企业生产的运作成本。若能通过工序或流程再造,使之在生产中所占的比重降低,就能有效地节省企业的运营成本,对企业的获利将起到一个良好的推进作用。

(二)提高物流管理的规模效益

规模效益具体体现在物流管理中,主要是通过对各个物流环节的统筹安排,对企业各部门所需使用的原材料及其他生产资料等,通过订货、销售的集中,使得集装货的规模扩大，从而获得因扩大规模而产生的生产、经销商品的单位成本降低，进而实现单位获取利益增加所带来的经济效益。

物流作为企业经营过程中涉及环节众多的一个必需的流程，是企业较容易实现规模效益的领域之一。通过组建物流总部来对企业的物流活动在综合的层面上进行统一的计划、组织和实施，将有效地使企业在节省物流成本的同时扩大物流效益，达到规模经营的效果。例如，通过对本公司物流活动相关环节的计划与运筹安排，巧妙合理地将公司所需的物品与公司产品的订货进行分析和汇总，实现采购与销售的规模化与稳定化，这样就能够使企业的订货或销售形成规模效益。

（三）实现物流管理的协助运作效应

由于物流活动涉及很多方面，对于企业而言，如何对资源进行优化配置，将有限的资源放置到企业自身具有核心优势的项目中去，是企业经营者所必须考虑的一个问题。在物流管理中，企业对资源进行优化配置最好的方法就是根据协助运作效应来合理配置资源。物流管理中的协助运作效应一般是指企业将部分不涉及企业核心优势或竞争力的物流服务业务外包给具有提供该业务服务优势的第三方物流来执行，通过资源共享的方式实现企业和第三方物流之间合作的"1+1>2"的增值效应。

实现物流管理协助运作效应的重点在于各个物流运作部门和相关企业具有符合企业物流要求的核心竞争力和优势。为了实现协助运作效应，企业需对其所建立的物流服务网络的资源进行统一规划，强调互利合作，将各个部门间或相关企业间的服务链附加长期性的合作因素，将更多有关合作的信息在运作部门或相关企业间进行公开，通过实时的信息传递与交换在各个运作部门或相关企业间建立一个互动的合作平台，确保企业的物流业务能够及时有效地完成，从而达到协作的多赢效应。

二、电子商务物流管理的内容

电子商务下的物流管理是指社会再生产过程中，根据物质资料实体流动的规律，应用管理的基本原理和科学方法，对电子商务物流活动进行计划、组织、指挥、协调、控制和决策，使各项物流活动实现最佳的协调和配合，以降低物流成本，提高物流效率和经济效益。简单来说，电子商务物流管理就是研究并应用电子商务物流活动规律，对物流全过程、各环节、各方面进行的管理。

电子商务物流管理的过程包括运输、存储、包装、装卸搬运、流通加工、配送等环节，它们相互联系，构成了物流系统的功能组成要素：①电子商务的起点——商品包装；②电子商务的动脉——商品运输；③电子商务的中心——商品存储；④电子商务的接点——商品装卸；⑤电子商务的后勤保障——配送；⑥电子商务的中枢神经——物流信息。

电子商务物流管理各部分内容的关系如图1-2所示。

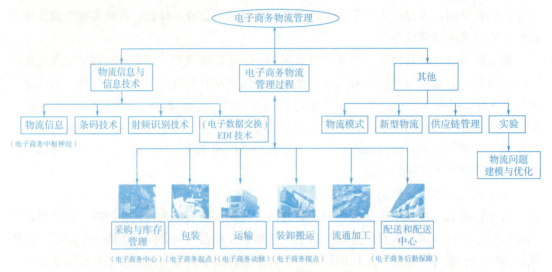

图1-2　电子商务物流管理各部分内容的关系

知识链接 1-1

沃尔玛降低运输成本的学问

沃尔玛是世界上最大的商业零售企业，在物流运营过程中，尽可能降低成本是其经营之道。

沃尔玛有时采用空运，有时采用船运，还有一些货品采用卡车运输。在中国，沃尔玛百分之百地采用公路运输，所以，降低卡车运输成本，是沃尔玛物流管理面临的一个重要问题。对此，沃尔玛主要采取了以下措施：

（1）沃尔玛使用尽可能大的卡车，大约有16米加长的货柜那么长，比普通集装箱运输卡车更长或更高。公司员工把卡车装得非常满，商品从车厢的底部一直装到最上部，这样非常有助于节约成本。

（2）沃尔玛的车辆都是自有的，司机也是公司的员工。沃尔玛的车队大约有5000名非司机员工，还有3700多名司机，车队每周每次运输可达7000~8000千米。公司的管理者知道，卡车运输是比较危险的，有可能会出交通事故。因此，对于运输车队来说，保证安全是节约成本最重要的环节。沃尔玛的口号是"安全第一、礼貌第一"，而不是"速度第一"。在运输过程中，卡车司机们都非常遵守交通规则。公司派专人定期在运输途中对车队进行调查，如果发现司机违章驾驶，就会向公司报告，以便进行惩处，从而降低事故发生率。公司领导认为，卡车不出事故，就是节省管理，运输车队创下了300万千米无事故的纪录。

（3）沃尔玛采用全球定位系统对车辆进行定位，因此在任何时候，调度中心都知道这些车辆在什么地方，离商店有多远，还需要多长时间到达商店，这种估算可以精确到小时。沃尔玛借助信息技术手段极大地提高了物流系统的效率,降低了运营成本。

（4）沃尔玛连锁商场物流部门的员工24小时工作,无论白天还是晚上,都能为卡车及时卸货。沃尔玛的车队则利用夜间运输,当日下午集货,夜间进行异地运输,翌日上午送货上门,保证15~18小时内完成整个运输过程,这是沃尔玛在速度上取得优势的重要保证。

（5）沃尔玛的运输车队把商品运到商场后,商场物流部门的员工将之全部卸下,无须对每个商品进行逐一检查,这样就节省了很多时间和精力,加快了沃尔玛物流的循环过程,从而降低了成本。这里有一个非常重要的先决条件,就是沃尔玛的物流系统能够确保商场收到的货物与发货单完全一致。

（6）沃尔玛的运输成本比供应商的低,因此厂商也利用沃尔玛的卡车把产品从工厂直接运送到商场,从而大大节省了商品流通过程中的仓储成本和转运成本。

沃尔玛的配送中心把上述措施有机地整合在一起,进行了最经济合理的安排。

思考:

（1）沃尔玛为什么要使用尽可能大的卡车来运输商品?这是为了实现运输的规模经济还是距离经济?

（2）"沃尔玛的车辆都是自有的,司机也是公司的员工。"你认为自营物流和物流外包哪个更有利?为什么?

第三节 电子商务物流管理的未来发展方向

在电子商务时代,企业销售范围的扩大,企业和商业销售方式以及消费者购买方式的转变,使得电子商务物流成为一项极为重要的新型服务产业。信息化、全球化、多功能化、一流的服务、信息化、全球化和标准化已成为电子商务时代的物流企业追求的目标。

一、多功能化——物流产业发展方向

（一）一体化配送中心

在电子商务时代,物流发展到集约化阶段,一体化的配送中心不仅要提供仓储和运输服务,还必须开展配货、配送和各种提高附加值的流通加工服务项目,并可按客户需要提供其他服务。企业追求全面的、系统的综合效果,而不是单一的、孤立的局部效益。

（二）合同型物流方式

在经营形式上,采取合同型物流。配送中心通过签订合同,为一家或数家企业（客户）提供长期服务,而不是为所有客户服务。这种配送中心可能由公用配送中心管理或自行管理,但主要是提供物流服务;也有可能所有权属于生产厂家,交由专门的物流公司进行管理。

（三）服务多样性

以往商品经由制造、批发、仓储、零售各环节间的多层复杂途径，才最终到消费者手里，而现代流通业已简化为由制造经配送中心直接送到各零售点。这将使未来的产业分工更加精细，产销分工日趋专业化，大大提高了社会的整体生产力和经济效益，使流通业成为整个国民经济活动的中心。

（四）技术多样性

在电子商务时代，许多新技术得到了应用，如准时制。销售时点（Point of Sale，POS）信息管理系统的应用，可使商店将销售情况及时反馈给工厂的配送中心，有利于厂商按照市场调整生产，配送中心及时调整配送计划，使企业的经营效益得到增长。

二、一流的服务——物流企业的追求目标

（一）扩大服务区域

在电子商务时代，物流业是介于供货方和购货方之间的第三方，它以服务作为第一宗旨。从当前物流业的发展现状来看，物流企业不仅要为本地区服务，还要进行长距离的服务。客户不但希望得到很好的服务，而且希望服务点不是一处，而是多处。因此，如何提供高质量的服务便成了物流企业管理的中心课题。

（二）改变服务观念

服务观念实现由"推"到"拉"的变革。配送中心应更多地考虑"客户要我提供哪些服务"，而不仅仅是考虑"我能为客户提供哪些服务"。例如，有的配送中心起初提供的是区域性物流服务，之后发展到提供长距离服务，而且能提供越来越多的服务项目。又如，配送中心派人到生产厂家"驻点"，直接为客户发货。越来越多的生产厂家把所有物流工作全部委托给配货中心，从某种意义上讲，配送中心的工作已延伸至生产厂家。

（三）注重服务质量和水平

如何按客户需要把货物送到客户手中，取决于配送中心的服务质量和水平。配送中心不仅与生产厂家保持紧密的伙伴关系，还直接与客户联系，以及时了解客户的需求信息，实现连接厂商和客户的桥梁作用。例如，美国普雷兹集团公司（APC）就是一家以运输和配送为主的公司，该公司不仅要为货主提供优质的服务，而且需要了解运输、仓储、进出口贸易等知识，深入研究货主公司的生产经营流程。优质的服务使物流企业与货主企业结成战略伙伴关系，一方面，有助于货主企业的产品迅速进入市场，提高竞争力；另一方面，可使物流企业具有稳定的资源。可见，对物流企业而言，服务质量和服务水平正逐渐成为比价格更为重要的选择因素。

三、信息化——现代物流业的必由之路

（一）建立良好的信息处理系统

在电子商务时代，要提供最佳的服务，物流系统必须要有良好的信息处理和传输系统。例如，美国洛杉矶西海报关公司与码头、机场、海关等均已联网，当货物从世界各地起运

时，客户便可以从该公司获得到达的时间、到岸的准确位置，使收货人与各仓储、运输公司等做好准备，使商品在几乎不停留的情况下快速流动，直达目的地。又如，美国橡胶公司（USCO）的物流分公司设立了信息处理中心，接受世界各地的订单，IBM（美国国际商用机器公司）只需敲击键盘，即可接受USCO公司的订货，通常在几小时内便可把货送到客户手中。因此，良好的信息系统能提供极好的信息服务，赢得客户的信赖。

（二）建立ECR和JIT系统

高效客户反应（Efficient Customer Response，ECR），是指客户要什么就生产什么，而不是生产出东西等顾客来买。例如，某种仓库商品的周转次数为每年20次左右，若利用ECR这一有效手段，就可增加到每年24次，这样，可使仓库的吞吐量大大增加。建立JIT（Just In Time）系统，物流企业可从零售商店很快地得到销售反馈信息，进而大大提高服务水平。欧洲某配送公司通过远距离的数据传输，将若干客户的订单汇总起来，在配送中心采用计算机系统编制出"一笔画"式的路径优化"组配拣选单"，配货人员只需到仓库转一次，即可配好订单上的全部货物。可以说，没有现代化的信息管理，就没有现代化的物流。

四、全球化——物流企业竞争趋势

（一）全球化的物流模式

全球化的物流模式，使企业面临许多新的问题。例如，当北美自由贸易区协议达成后，其物流配送系统已不是仅仅从东部到西部的问题，还有从北部到南部的问题，这里面有仓库建设问题，也有运输问题。又如，从加拿大到墨西哥，存在着如何运送货物、如何设计合适的配送中心、如何提供良好服务的问题。此外，还有信息共享问题，很多企业有不少企业内部的秘密，物流企业很难与之联网。因此，如何建立信息处理系统，以及时获得必要的信息，对物流企业来说是个难题。同时，在将来的物流系统中，能否做到尽快将货物送到客户手里，是提供优质服务的关键因素之一。

（二）全球化的战略定位

全球化的趋势使物流企业和生产企业更紧密地联系在一起，形成了社会大分工。生产厂商集中精力制造产品、降低成本、创造价值，物流企业则花费大量时间、精力从事物流服务。例如，在配送中心，可以对进口商品代理报关业务，进行暂时储存、搬运和配送以及必要的流通加工等，为客户提供一条龙服务。

五、标准化——现代物流合理化的基础

物流标准化是以物流作为一个大系统，制定系统内部设施、机械设备、专用工具等各个分系统的技术标准；制定系统内各个分领域，如包装、装卸、运输等方面的工作标准；以系统为出发点，研究各分系统与分领域中技术标准与工作标准的配合，统一整个物流系统的标准；研究物流系统与其他相关系统的配合，进一步谋求物流大系统标准的统一。鉴于物流标准化的重要性，国际物流界一直都在不断探索其标准化的措施，可以说，物流标

准化是今后物流发展的重要趋势之一。

案例 1-4

索尼公司在美国的物流业务

索尼公司拥有和经营分布于全世界的 75 家工厂和 20 多个全球性的销售网络。据国际物流专家估计,仅仅在电子产品方面,迄今索尼集团公司每年的全球集装箱货运量已经超过 16 万(标准)箱,是世界上规模比较大的生产厂商和发货人之一。

索尼集团总公司要求索尼集团分公司必须切实做到:竭尽全力缩短从产品出厂到客户手中的过程和所用的时间,特别是要缩短跨国转运、多式联运和不同类型运输方之间货物逗留的时间,保证"零逗留时间、零距离、零附加费用、零风险",大力加强索尼集团公司和物流服务供应方之间的合作关系,始终保持电子数字信息交换联系的畅通,最终确保索尼物流增收节支。

索尼物流公司在美国各地总共拥有 9 家零配件采购基地,其员工总数不过 300 人;同时索尼物流公司在美国各地拥有 106 家成品配送中心,其员工总数仅仅 700 人。职工队伍人数很少,却能以少胜多,创造出了令人瞩目的物流业绩。

索尼公司认为,仓储成本过高对于物流十分不利。索尼物流在美国年均产生仓储费用高达 2000 万美元,其中还没有包括昂贵的内陆公路和铁路运输费用、集装箱货物被盗窃产生的货损、货差赔偿费用和集装箱货物运输保险费用。减少物流仓储必然会减少物流成本,加快供应链运转速度和确保物流的安全操作。

任何事物都是一分为二的。索尼物流公司将其在美国西海岸的几乎全部物流业务集中在洛杉矶附近的卡森物流中心确实存在一定的风险,但是索尼公司认为这些风险在目前经营管理技术条件下是可以克服的,其最大的优势是可减少管理层面。把原来错综复杂的物流业务集中到一个中心,不仅可避免不必要的财力、物力、人力等资源的浪费,进一步减少物流基础设施的投资总额,而且可提高物流的效率和效益。迄今为止,索尼公司在美国经营的物流配送所发生的成本是世界上最低廉的。

思考: 分析"零逗留时间、零距离、零附加费用、零风险"的现实意义。

第四节 仓储配送中心相关岗位职责

一、信息调度员职责

(1)货品到货后,信息的第一时间核对、录入,核对到货新品的基本相关信息并对货品信息进行采集,沟通采购部、信息部对无码货品进行新品加码。

(2)将当天采购下发的要货数据生成商品派送单、拣货信息总单,并打印出该店的商品清单用于分拣货品。

（3）货品入库后根据采购要求对所需送货的门店立即进行配送，同时负责处理采购或门店的加急配送事宜，同时协助仓管人员分拣货品及打印单据并做信息、系统的复核，分派车辆及驾驶员做特殊送货。

（4）入库单据、派送单据的整理及对接财务核销相关账目。

（5）负责对配送中心系统的使用，并对使用情况进行反馈；在使用过程中发现异常，做好登记并立即与信息部取得联系，并通知部门经理协调解决。

（6）协同本部门其他岗位完成安排的工作。

（7）完成领导临时交办的其他工作。

二、配送中心仓管主管职责

（1）认真做好下属员工的储备工作。

（2）对经理负责，及时与上级沟通，定期向上级汇报工作。

（3）传达公司的政策和解决工作中的问题。

（4）接受门店、采购部、财务的查单，签发收货凭证给相关部门及人员。

（5）控制人员的进出，执行货物的收退程序。

（6）对无码的商品，必须在收货区域内协调处理完毕后才可以收货，收货后有责任指导相关人员正确处理无码货品。

（7）严格执行质量检查程序，对商品的品质、保质期等进行检查及做好相应信息登记。

（8）加强信息调度员、仓管员、送货司机的沟通协作，保障所收货品的及时送达及仓库货品的正常存放。

（9）管理周转库，保证仓库货物的合理摆放和安全码放。

（10）负责收货用具的正常维护和报修保养。

（11）档案管理整齐、有序、完整，便于查档。

（12）当天必须完成核对报表工作，解决遗留问题不能超过两天。

（13）负责本部门员工的培训工作，包括员工业绩考核、评估升迁等。

（14）保障所有收货区域，包括办公区、收货区、周转区、分拣区的干净整洁，负责本部门员工的安全操作和预防工伤的发生。

（15）负责车辆的调度工作，检查驾驶员与门店的交接情况，发现差错及时查清。

三、配送中心仓管员职责

（1）负责根据仓储中心往期计划及进度对分管商品进行合理规划，（食品）库存报警周转不得超过30天，保证货品安全及完整。

（2）凭有效单据进行配货、分拣、打包等工作，做到单据与实物商品、条码、名称、

数量相符。

（3）端正态度，工作仔细谨慎，严格按配送单上的商品条码、数量进行配货。严防出错，尽可能加快速度，争取提前发货。

（4）配送单有差错的地方应及时与信息员沟通确认，配好货后签字确认，将配送单交打单员审核、打单，并告之驾驶员装车发车。

（5）负责库存商品的安全保管，防止商品过期及丢失被盗，要注意防火、防潮、防鼠工作；防止闲杂人员进出库存区。

（6）清楚库存商品的名称、数量和存放位置及使用状态。

（7）做好仓库设施的安全使用，对仓库内的灭火器、门窗、门锁等定期检查，发现问题要及时上报。

（8）按配送单上的数量、规格配货、分拣、打包，严禁多配，也不得少配（除非仓库库存不够），除特殊情况外，一律不允许擅自加量。

（9）拼箱商品的箱子外面必须标明内有几个品种；拼箱商品要考虑安全性，严禁易碎商品与重量型号商品混装。

（10）对发出的商品完好性与完整性负责。

（11）商品配备的礼袋或赠品必须随商品同时送到各门店。

（12）码放时重下轻上，易碎、易变形的放在上面，严禁违规码放。

（13）负责整理临时库区、待发货区的货物。

（14）接收退、返货的商品，进行单、货核对的验收工作，并指导厂商送货人员正确码放，做好与厂商送货人员的交接工作。

（15）配货时遵守先进先出原则。

（16）负责仓库内的商品、地面卫生。

（17）配货设备的维护工作。

（18）完成上级交办的其他任务。

四、打单员职责

（1）负责商品的采购入库单、调拨单、残次退货单的审核及打印。

（2）认真、仔细完成商品的数据审核及录入，核实数据的完整性和真实性。

（3）登记各分店来电，并协助部门经理或主管，及时查询相关商品的库存。

（4）配合财务部及其他部门做好各种资料的查询工作。

（5）节约纸张等办公用品，减少浪费。

（6）受理并检查所有供应商的送货订单是否符合要求（修改过的地方必须有供应商签名，每张送货订单上必须有收货人签名和残次库盖章），并验收入库。

（7）完成当天验收入库单、门店调拨单、门店退货单、供应商退货单的电脑录入工作，并将单子整理登记，交财务做账。

（8）所有单据的交接工作。

（9）接收总部的有关电脑、电话、书面通知并告知经理及相关人员，做好交接。

（10）完成电脑与主机的数据交换，核查收货资料是否正确并对已完成的收货进行系统的定案确认工作，当天的工作必须当天完成。

（11）配送部所有电脑设备的维护，保养终端的使用管理。

（12）做好收货办公室的清洁卫生工作。

（13）其他需要电脑完成的工作。

五、分拣车间管理员职责

（1）遵守公司的各项规章制度，认真完成每天的配送分拣任务。

（2）分拣及时准确，打码无误，商品包装完好。

（3）经常对设备进行检查，要认真管理好计算机和喷码机，按操作流程作业，定期做好两机保养工作，发现异常及时上报和维修，保证设备经常处于良好状态。

（4）分拣所用耗材和工具要有专人负责，严禁私拿乱用，禁止私人对卷烟进行喷码。

（5）非工作人员禁止进入分拣车间内，车间内禁止为他人存放任何物品，下班禁止带包等物品出入。

（6）认真按照国家局、省局规定开展仓储数据工作。

（7）按省局规定每天上报专卖内管数据工作。

（8）按照公司质量工作。

（9）按照省局财务处规定编制财务预算工作。

（10）搞好仓库安检，及时排查事故隐患，杜绝水、电等对商品造成损坏等事故的发生。对不胜任工作的员工，向经理提出改进或劝退申请。

六、配送中心车队队长职责

（1）负责公司配送车辆的维修和保养，每天检查车辆的使用情况，及时发现问题，消除隐患。

（2）发现车辆损坏后，应及时修理。选择修理技术好、配件纯正的特约维修站修理，以保证维修质量，保障公司车辆正常使用。

（3）按照车辆保修手册的要求，定期更换机油、三芯等部件，做好车辆保养，使车辆处于良好的使用状态。

（4）团结车队同事，定期组织驾驶员学习交通法规，交流驾驶经验，提高驾驶员技术和自身素质。

（5）监督检查驾驶员使用车辆情况，及时纠正驾驶员存在的不良驾驶习惯，防止车辆损坏。

（6）督促检查驾驶员进行车辆保养、清洁、清扫工作，保持车辆的整洁美观。

（7）合理控制车辆使用费用，降低营运成本。

（8）对主管上级负责，服从上级管理。

七、配送中心驾驶员职责

（1）负责将总仓商品安全、准确、及时送达目的地。

（2）保证车辆行驶安全，严禁违章和违规开车。

（3）负责所开车辆的保养维修，每天填写车辆安全检查记录，发现问题及时上报。在负责人不在公司时，自行维修保养，保证车辆随时处于良好的状态。

（4）保持车辆干净、整洁、美观。

（5）发车前检查车辆状况，保证机动车安全行驶，严禁把车辆借给他人驾驶。

（6）运输过程中必须确保商品的完整性和安全性，如到门店后发现商品破损是人为的，后果自负。

（7）必须协助送货员装货、卸货并协助与门店清点。

电子商务下的物流是伴随电子商务技术和社会需求的发展而出现的，它是实现电子商务真正的经济价值不可或缺的重要组成部分。由于电子商务所独具的电子化、信息化、自动化等特点，以及高速、廉价、灵活等诸多优势，电子商务下的物流在其运作、管理等方面也有别于一般物流。

电子商务物流管理目标是要降低物流管理的成本，获得物流管理的规模效益，实现物流管理的协助运作效应。

电子商务的未来发展方向是要实现多功能化、一流的服务及信息化、全球化和标准化。

电子商务仓储与配送非常重要，要掌握仓储配送中心各个岗位的职责。

1. 简述电子商务与现代物流的关系。
2. 分别简述电子商务物流管理的目标和内容。
3. 分析电子商务物流的未来发展趋势。
4. 简述仓储配送中心各岗位的职责。

拓展阅读

戴尔公司的供应链管理模式

20世纪70年代后期，个人计算机市场开始迅猛发展。当时的个人计算机销售模式以间接渠道为主，苹果、IBM、康柏、惠普等众多著名公司都是利用经销商、零售商将自己的产品间接地投放到市场上。戴尔公司却自创立开始就采用了截然不同的经营理念：绕过中间的销售商，以更低廉的价格直接提供产品给顾客。

戴尔直销模式侧重于缩短订单的执行时间以及减少库存。前者保证戴尔公司以最快的速度提供顾客所需的产品,从而显著提高了顾客的满意程度和忠诚度;后者则有效地降低了公司的成本,从而显著提升了公司的盈利水平和竞争力。简而言之,戴尔直销模式具有如下几个特点。

1. 机动灵活、成本低廉的配送系统

据康柏公司的一项调查显示,在传统的间接销售模式下,通过分销商和零售商配送产品所产生的渠道费用通常为销售收入的13.5%~15.5%;在戴尔的直销模式下,由于中间环节的省略,这一费用被显著降低到2%。与此同时,戴尔公司在产品配送方面具有了极大的自主权和自由度,简约的直销模式有效地缩短了信息和产品在整条供应链上传送所需的时间。1994年,戴尔公司的库存需要保持35天销售所需的产品;进入2000年,戴尔公司只需要保持5天销售所需的产品就可以应付任何市场变化。迅速的反应能力使得戴尔公司在产品生命周期不断缩短的计算机市场上占尽先机。

2. 直接客户关系

在传统的间接销售模式下,计算机生产商无法保证零售商和分销商会优先处理客户对其产品的投诉或者服务要求。在戴尔公司的直销模式下,公司与客户直接发生销售和售后服务关系,中间环节的省略显著降低了客户信息传送的时间,同时有效减少了信息的损耗。由于省略了零售商环节,客户的售后服务要求通过电话热线直接传送到戴尔公司,后者则聘请了数以千计的技术支持人员24小时接听电话,以保证90%的问题可以当场在通话过程中解决,从而极大缩短了售后服务所需的时间和费用。1998年美国《计算机世界》的用户调查显示,戴尔公司客户的满意程度排名第一。这进一步显示了直销模式可以在降低企业经营成本的同时显著提高对客户的服务水平。

3. 接单后生产及准时化的生产方式

传统管理方式下,生产在很大程度上依赖需求预测,订单的模式多为"A公司在两个星期内需要5000台计算机"。然而,在戴尔公司的直销模式下,客户与公司直接发生销售关系,这使得客户在确定产品类型和数量上具有极大的自由度。这种情况下,订单的模式就成为"明天早上7点钟运送28台A型计算机到B公司C仓库的D门"。为了能够满足客户日趋个性化、多样化的要求,戴尔公司采用了接单后生产(Build To Order)及准时化(Just In Time)的生产方式,其装配车间不设置任何仓储空间,原配件由供应商直接运送到装配线上,生产出来的产品直接运送给指定客户,原配件和成品均实行零库存制。这一先进的生产管理方式极大地降低了库存成本,同时有效提高了客户的满意度和忠诚度。

4. 产品和服务定位于特定的客户群体

在直销模式下,客户通过网页、热线电话或者邮件直接向戴尔公司订货。这就决定了戴尔公司的产品和服务并非定位于整个计算机用户市场。初次使用计算机的用户通常需要在零售商的销售地点实际接触到计算机才会确定购买,只有具备足够的计算机知识的用户才会选择以直销模式订货,因为他们更加重视产品的性价比,更加需要自由确定计算机的设置(如硬盘的大小、运算能力的高低等)。随着计算机技术的不断推广,熟练用户的比重不断攀升,戴尔的直销模式必将有更大的用武之地。

思考:戴尔直销模式对我国物流管理的启示是什么?

电子商务物流信息系统

【知识目标】
1. 了解京东青龙系统的组成。
2. 了解物流信息系统的关键技术。
3. 了解物流信息系统的主要功能。

【技能目标】
1. 掌握物流信息系统的关键技术。
2. 掌握物流信息系统的使用方法。

【知识导图】

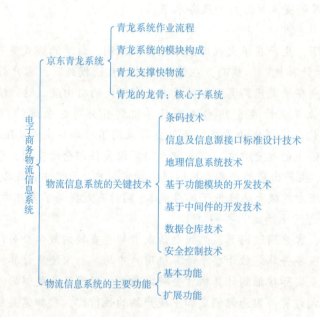

殊途同归——阿里、京东、顺丰和"三通一达"都在打造智慧物流

有物流人这么形容智慧物流:在智慧物流中,云平台是大脑,自动仓储设备是躯干,标准化是肌肉,信息是血液,包装是手和脚,连接升级需要全身心的配合。

一、智慧物流万亿蓝海

京东联合中物联发布的"中国智慧物流 2025 蓝皮书"指出,中国智慧物流未来发展的三大支柱要素为智慧化平台、数字化运营、智能化作业。该蓝皮书指出,2016 年物流数据、物流云、物流技术服务的市场规模超过了 2000 亿元,预计到 2025 年,中国智慧物流服务的市场规模将超过万亿元。

未来智慧物流的市场前景已纷纷被企业看好,且国家相关部门已经发布《中国制造 2025》《关于深入实施"互联网＋流通"行动计划的意见》《关于确定智慧物流配送示范单位的通知》《关于做好 2017 年降成本重点工作的通知》等诸多支持政策。

虽然主要的物流企业及平台已经开始探索智慧物流,且已经获得了不少成果。诸多物流及商贸企业已经就"智慧物流是降本增效的重要手段"达成共识,然而目前绝大多数的物流企业还处于"互联网＋"转型升级、推行运行自动化阶段。

二、菜鸟网络:持续推动智慧物流升级

中国快递业的迅猛发展让马云在 2016 年的全球智慧物流峰会上赞叹:"物流行业才真正是中国过去十年诞生的最了不起的奇迹。"而物流业下一个 10 年的奇迹则需要"智慧物流"来创造。

1. 新零售的基础

阿里不遗余力推行"五新"战略的基础是新零售,而实现新零售的关键则是通过智慧物流帮助企业消灭库存。毋庸置疑的是,智慧物流将直接影响阿里新零售的实现。

2016 年,菜鸟网络 CEO 童文红说:"如果我们不能做到全链条的库存节约,互联网＋物流也就不能发挥真正作用。"2017 年菜鸟网络为了提升其科技范儿,甚至换了全新的标识,并对外解释称"菜鸟新标识融合了货物和数据的流动,包含了人工智能和世界通用的技术语言,意味着菜鸟将持续运用大数据和智能,推动智慧物流升级"。

2. 技术支撑

其实菜鸟网络在推进智慧物流方面一直很卖力。在打造智慧物流的技术方面,菜鸟网络先后推出了电子面单、智能分单、四级地址库、智能发货引擎、物流云、智能云客服等产品。

菜鸟电子面单渗透率已经达到 85%,在仓储领域,菜鸟已经在广州、嘉兴等地启用全自动化的智能仓库,通过大型流水线和各种类型的机器人,实现了智能物流规模

化运营和复杂场景下灵活调度的平衡。

在配送方面,菜鸟网络推行了一项代号为"ACE"的未来绿色智慧物流汽车计划。该计划推出的新能源物流车搭载了"菜鸟智慧大脑",可以实现与驾驶员的语音交互,改变目前依靠人工调度的现状,实现智慧跑、智能送。

菜鸟网络总裁万霖表示,菜鸟将推动国际尖端智能设备在物流业的使用,更注重智能设备的平台化和快速落地,目标是让绝大多数物流企业都能用得起世界领先的技术,推动行业从局部优化进入全局优化。将大数据和算法深入赋能到物流的毛细血管,加快推进国际化,打造eWTP的基础设施,使智慧物流从中国连接世界升级为世界连接世界。

三、京东:打造智能商业体依赖智慧物流

京东在智慧物流方面的表现也毫不逊色。

2017年4月25日宣布独立的京东物流子集团的目标是,以科技创新打造智慧供应链的价值网络,并最终成为中国商业重要的基础设施之一。

1. 无人仓、无人车、无人机

京东立志于成为一个通过人工智能技术和机器人技术相结合,打造一个"类似于无人的商业体",智慧物流已经成为京东技术成果的展示平台。

2017年7月4日,京东宣布北斗卫星导航系统规模化落地京东,京东物流自营干支线、城配线路上全部加载北斗系统的车辆超过6000辆,2万多名京东配送员配备北斗导航系统智能手环设备。

在2017年的"618"年中大促上,京东全面展示了其智慧物流发展成效。无人仓、配送机器人、无人机开始崭露头角,启用9个现代化智能物流中心"亚洲一号",增加济南、武汉、北京、上海的无人仓数量……

2. 打造智慧物流产业基地

2017年5月22日,京东集团与西安航天基地签订了京东全球物流总部、京东无人系统产业中心、京东云运营中心合作协议,将打造京东集团全国最大的综合性智慧物流产业基地。根据双方协议,京东将投资205亿元与西安航天基地展开深入合作,在智慧供应链领域进行全方位、系统性布局,建立融合智慧物流平台、飞行运管平台、大数据运营三大平台,打造智能制造、智慧物流、云计算、特色小镇四大产业。

四、顺丰和"通达"系开启智慧物流探索

在智慧物流方面,除了阿里和菜鸟之外,顺丰和"通达"系所做的努力和优化同样值得物流人肯定。

2016年顺丰研发投入共5.6亿元,旨在打造简洁高效的业务流程。到2017年5月,顺丰在无人机领域的专利数量达64项,包括发明专利34项、实用新型25项以及外观专项5项,物流产业中物品的存储、分拣、运输等系统是顺丰始终如一的研发核心。

顺丰集团CTO兼顺丰科技CEO田民在"腾讯·云+未来"峰会上表示,顺丰科技

第二章　电子商务物流信息系统

的定义是要把最好的、最实用的技术整合到业务场景中。顺丰已经在2016年搭建了人工智能团队，哪里对人工需求量大，我们就要解决哪里的问题，物流企业在不久的将来会实现智能化。

"通达"系也已经开始注重物流技术及人才方面的投入。在加盟制快递企业中，转运中心自动化程度由高到低排序，依次是，韵达→圆通→中通→申通。从韵达员工结构看，韵达的技术人员更多，能从侧面看出其更重视内在技术的积累。圆通已经获批筹建物流信息互通共享国家实验室，并在陕西投资设立西北国际货运航空圆通科技公司。此外，在2017年6月26日才向美国提交IPO招股书的百世物流也一直重视科技投入。

案例分析：

传统物流转型升级，新一代智慧物流正在革新、优化物流产业链条上的各个环节，提高行业效率，降低行业成本，减少行业风险，创造新的价值点。

第一节　京东青龙系统

作为阿里巴巴系最主要的竞争对手，京东通过其在物流方面的多年耕耘，逐渐在竞争中体现出其特有的优势。

京东根据用户的大数据分析，能够预测核心城市各片区的主流单品的销量需求，提前在各个地区物流分站预先发货，客户下单后会在2小时左右享受到极速的物流服务。这远远超出了原来的"211限时达"、次日达等服务。这背后是"用户大数据＋青龙系统＋O2O"的运营体系的有效支撑。

一、青龙系统作业流程

物流无疑是京东的核心竞争力之一，在每一个用户的订单处理背后，如何实现看似简单的发货与收货，这背后实际上隐藏着一套复杂的物流系统，京东将其称为"青龙"。青龙系统的核心要素包括仓库、分拣中心、配送站、配送员，如图2-1所示。

（1）仓库负责根据客户订单安排生产，包括面单打印、拣货、发票打印、打包等。它是一个个订单包裹生成的地方。

（2）仓库生产完毕后，将订单包裹交接给分拣中心，分拣中心收到订单包裹后进行分拣、装箱、发货、发车，最终将包裹发往对应的配送站。

（3）配送站进行收货、验货交接后，将包裹分配给不同的配送员，再由配送员负责配送到客户手中。

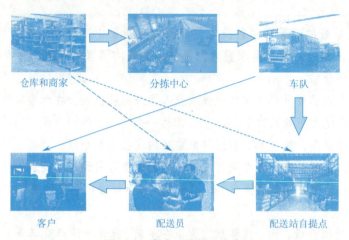

图 2-1 青龙系统核心要素

在整个配送网络中，物流、信息流与资金流的快速流转实现了货物的及时送达、货款的及时收回、信息的准确传递。

二、青龙系统的模块构成

解析整个青龙系统，其模块结构主要由整体系统架构和核心子系统模块组成。

（一）整体系统架构

在主体架构上，整个青龙系统成为京东物流的内核，前端接口开放给所有平台，后端直接开放给内部的物流运营机构和第三方物流企业。青龙系统的整体架构如图 2-2 和图 2-3 所示。

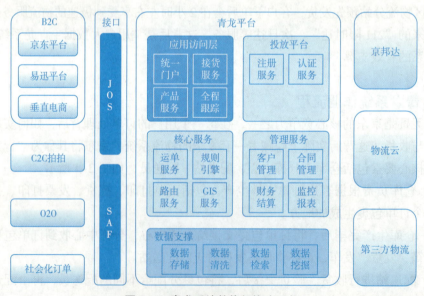

图 2-2 青龙系统整体架构（一）

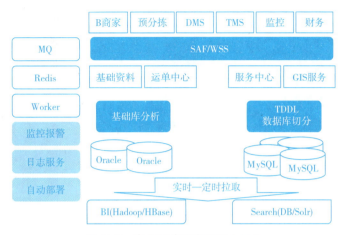

图 2-3 青龙系统整体架构（二）

（二）核心子系统模块

青龙系统的核心子系统由六大核心结构组成，涉及对外拓展、终端服务、运输管理、分拣中心、运营支撑、基础服务。青龙系统的核心子系统模块如图 2-4 所示。

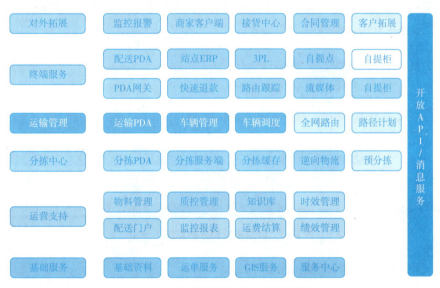

图 2-4 青龙系统的核心子系统模块

三、青龙支撑快物流

运营体系的核心为预分拣子系统，其流程架构如图 2-5 所示。预分拣是承接用户下单到仓储生产之间的重要一环，可以说没有预分拣系统，用户的订单就无法完成仓储的生产，而预分拣的准确性对运送效率的提升至关重要。

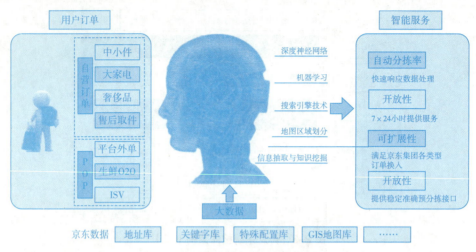

图 2-5　预分拣子系统流程架构

青龙配送系统在预分拣中采用了深度神经网络、机器学习、搜索引擎技术、地图区域划分、信息抽取与知识挖掘，并利用大数据对地址库、关键字库、特殊配置库、GIS 地图库等数据进行分析和使用，使订单能够自动分拣，且保证 7×24 小时的服务，能够满足各类型订单的接入，提供稳定准确的预分拣接口。该配送系统主要服务于京东自营和开放平台（POP）。

（1）预分拣算法：经验值（图 2-6）。

图 2-6　青龙系统预分拣算法（一）

（2）预分拣算法：特征值（图 2-7）。

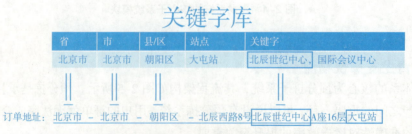

图 2-7　青龙系统预分拣算法（二）

（3）预分拣算法：特殊配置（图2-8）。

需要提前人工维护关键字，依赖于关键字的准确性。因此，为保证分拣的准确性，系统需要提前人工配置相应的站点。

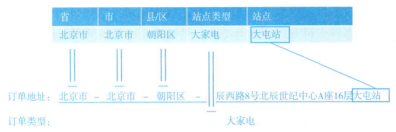

图2-8　青龙系统预分拣算法（三）

（4）预分拣算法：地理信息系统（图2-9）。

图2-9　青龙系统预分拣算法（四）

四、青龙系统的龙骨：核心子系统

如果说预分拣系统是京东物流的心脏，那么青龙的核心子系统则扮演着龙骨的角色。整个青龙配送系统是由一套复杂的核心子系统搭建而成的，在各个环节当中有相应的技术进行配合。

（一）终端系统

通常会看到，京东的快递员手中持有一台PDA（Personal Digital Assistant，掌上电脑）一体机，这台一体机实际上是青龙终端系统的组成部分，在分拣中心、配送站都能看到它的身影。据了解，目前京东已经在测试可穿戴的分拣设备，推行可穿戴式的数据采集器，解放分拣人员的双手，提高工作效率。此外，像配送员 APP、自提柜系统也在逐步覆盖，用来完成"最后一公里"物流配送业务的操作、记录、校验、指导、监控等内容，极大地提高了配送员的作业效率。

（二）运单系统

这套系统是保证人们能够查看到货物运送状态的系统，它既能记录运单的收货地址等基本信息，又能接收来自接货系统、PDA 系统的操作记录，实现订单全程跟踪。同时，运单系统对外提供状态、支付方式等查询功能，供结算系统等外部系统调用。

（三）质控平台

京东对物品的品质有着严格的要求，为了避免因为运输造成的损坏，质控平台针对业务系统操作过程中发生的物流损等异常信息进行现场汇报收集，由质控人员进行定责。质控系统保证了对配送异常的及时跟踪，同时为降低损耗提供质量保证。

（四）监控和报表

为了给管理层和领导层提供决策支持，青龙系统采用集中部署方案，为全局监控的实现提供了可能。京东集团可以借此及时监控各个区域的作业情况，根据各环节顺畅度及时做出统筹安排。

（五）地理信息系统

基于地理信息系统（Geographic Information System，GIS），青龙系统将其分为企业应用和个人应用两个部分。企业方面利用 GIS 可以实现站点规划、车辆调度、GIS 预分拣、北斗应用、配送员路径优化、配送监控、GIS 单量统计等功能；而对个人来说，则能够获得 LBS 服务、订单全程可视化、预测送货时间、用户自提、基于 GIS 的 O2O 服务、物联网等诸多有价值的物流服务。青龙系统通过对 GIS 的深度挖掘，使物流的价值进一步得到扩展。

第二节　物流信息系统的关键技术

从京东的青龙系统中可以知道，当前的物流信息系统越来越依赖于各类计算机技术完成智能化。下文列出了部分在物流信息系统中较为关键的几项技术。

一、条码技术

条码技术是实现 POS 系统、电子数据交换、电子商务、供应链管理的技术基础，是物流管理现代化的重要技术手段。条码技术包括条码的编码技术，条码标识符号的设计、快速识别技术以及计算机管理技术，它是实现计算机管理和电子数据交换不可缺少的前端采集技术。

（一）条码的分类

条码按照不同的分类方法、不同的编码规则可以分成许多种，现在已知的世界上正在使用的条码有 250 多种。条码的分类主要依据条码的编码结构和性质。例如，按条码的长度来分，可分为定长条码和非定长条码；按排列方式分，可分为连续型条码和非连续型条码；按校验方式分，又可分为自校验型条码和非自校验型条码等。

条码可分为一维条码（图 2-10）和二维条码（图 2-11）。一维条码是通常我们所说的传统条码。一维条码按照应用可分为商品条码和物流条码。商品条码包括 EAN（European Article Number）条码和 UPC（Universal Product Code）条码，物流条码包括 128 条码、ITF 条码、39 条码、库德巴条码等。二维条码根据构成原理、结构形状的差异，可分为两大类型：一类是行排式二维条码（2D Stacked Barcode），另一类是矩阵式二维条码（2D Matrix Barcode）。

图 2-10　一维条码

图 2-11　二维条码

（二）条码技术的特点

条码技术是电子与信息科学领域的高新技术，所涉及的技术领域较广，是多项技术结合的产物，经过多年的长期研究和实践应用，现已发展成为较成熟的实用技术。

在信息输入技术中，采用的自动识别技术种类很多，条码作为一种图形识别技术，与其他技术相比，其特点见表 2-1。

表 2-1　条码技术的特点

特点	具体描述
简单	条码符号制作容易，扫描操作简单易行
信息采集速度快	普通计算机键盘录入速度是 200 字符/分钟，而利用条码扫描的录入信息的速度是键盘录入的 20 倍
采集信息量大	利用条码扫描，依次可以采集几十位字符的信息，而且可以通过选择不同码制的条码增加字符密度，使采集的信息量成倍增加
可靠性强	键盘录入数据，误码率为三百分之一，利用光学字符识别技术，误码率约为万分之一。而采用条码扫描录入方式，误码率仅为百万分之一，首读率可达 98% 以上
灵活、使用	条码符号作为一种识别手段可以单独使用，也可以和有关设备组成识别系统，实现自动化识别，还可以和其他控制设备联系起来实现整个系统的自动化管理。同时，在没有自动识别设备时，也可以实现手工键盘输入
自由度大	识别装置与条码标签相对位置的自由度要比光学字符识别（OCR）大得多
设备结构简单、成本低	条码符号识别设备的结构简单，容易操作，无须专门训练。与其他自动化技术相比，推广应用条码技术所需费用较低

(三）条码在物流信息系统中的应用

条码技术从诞生的第一天起就与物流结下了不解之缘。条码技术像一条纽带，把产品生命期中各阶段发生的信息连接在一起，可跟踪产品从生产到销售的全过程。条码在物流系统中的应用主要体现在以下几个方面。

1. 生产线自动控制系统

现代大生产日益计算机化和信息化，自动化水平不断提高，生产线自动控制系统要正常运转，条码技术的应用就成为不可或缺的了。因为现代产品性能日益先进，结构日益复杂，零部件数量和种类众多，传统的人工操作既不经济也不现实。例如，一辆汽车要由成千上万个零部件装配而成，所需要的零部件的品种和数量也不同，而且不同型号、款式的汽车往往要在同一条生产线上装配，如果使用条码技术对每一个零部件进行在线控制，就能避免差错、提高效率、确保生产顺利进行。使用条码技术成本低廉，只需先对进入生产线的物品赋码，在生产过程中通过安装于生产线的条码识读设备获取物流信息，从而随时跟踪生产线上每一个零部件的情况，形成自动化程度高的电子车间。

2. 销售时实点信息系统

目前条码技术应用最为广泛的领域是商业自动化管理，即建立销售实点信息系统（POS系统）。该系统利用现金收款机作为终端机与主计算机相连，借助于识读设备为计算机录入商品上的条码符号，计算机从数据库中自动查询对应的商品信息，显示出商品的名称、价格、数量、总金额等信息，反馈给现金收款机开出收据，迅速准确地完成结算过程，从而节省顾客购买结算时间。更为重要的是，它使商品的零售方式发生了巨大的变革，由传统的封闭柜台式销售变为开架自选式销售，大大便利了顾客采购商品。同时，计算机还可根据购销情况对货架上各类商品的数量、库存进行处理，及时提出进、销、存、退的信息，供商家及时掌握购销行情和市场动态，提高竞争力，增加经济效益；对商品制造商来说，则可以及时了解产品销售情况，及时调整生产计划，生产适销对路的商品。

3. 仓储管理系统

仓储管理无论在工业、商业，还是物流配送业中都是重要的环节。现代仓储管理所要面对的产品数量、种类和进出仓频率都大为增加，继续原有的人工管理不仅成本昂贵，而且难以为继，尤其是对一些有保质期控制的产品的库存管理来说，其库存期不能超过保质期，必须在保质期内予以销售或进行加工生产，否则就有可能因变质而遭受损失。人工管理往往难以真正做到按进仓批次在保质期内先进先出。利用条码技术，这一难题就迎刃而解了，只需在原材料、半成品、成品入仓前先进行赋码，进出仓时读取物品上的条码信息，从而建立仓储管理数据库，并提供保质期预警查询，使管理者可以随时掌握各类产品进出仓和库存情况，及时准确地为决策部门提供有力的参考。

4. 自动分拣系统

现代社会物品种类繁多，物流量庞大，分拣任务繁重，如邮电业、批发业和物流配送业，人工操作越来越不能适应分拣任务的增加，利用条码技术实行自动化管理就成为时代的要求了。运用条码技术对邮件、包裹、批发和配送的物品等进行编码,通过条码自动识别技术建立自动分拣系统,就可大大提高工作效率,降低成本。例如,邮政运输局是我国较早配备自动分拣系统的单位之一,该系统的流程是,在投递窗口将各类包裹的信息输入计算机,条码打印机按照计算机的指令自动打印条码标签,并将条码标签贴在包裹上,然后通过输送线汇集到自动分拣机上,自动分拣机通过全方位的条码扫描器识读、鉴别包裹,并将它们分拣到相应的出口溜槽,这样可以大大提高工作效率,降低成本,减少差错。在配送方式和仓库出货时,采用分货、拣选方式,需要快速处理大量的货物,利用条码技术便可自动进行分货、拣选,并实现有关的管理。其流程如下:中心接到若干个配送订货要求,将若干订货汇总,每一品种汇总成批后,按批发出所在条码的拣货标签,拣货人员到库中将标签贴于每件货物上,自动分拣。分货机始端的扫描器对处于运动状态分货机上的货物进行扫描,一方面是确认所拣出货物是否正确,另一方面是识读条码上的用户标记,指令商品在确定的分支分流,到达各用户的配送货位,完成分货、拣选作业。

5. 售后服务系统

一般来说,大件商品或一些耐用消费品,其售后服务往往决定着其市场销售情况和市场占有率。因此对此类商品的生产者来说,搞好客户管理和售后服务尤为重要。利用条码进行客户管理和售后服务管理不仅简便易行,而且成本低廉,厂商只需在产品出厂前进行赋码,各代理商、分销商在销售时读取产品上的条码,向厂商及时反馈产品流通的信息和客户信息,建立客户管理和售后服务管理系统,随时掌握产品的销售情况和市场信息,为厂商及时进行技术革新和花色品种更新、生产适销对路的商品提供可靠的市场依据。可见,以条码这种标准标识"语言"为基础的自动识别技术大大提高了数据采集和识别的准确性与速度,并可实现过程中的计算意义,实现了物流的高效率运作。

二、信息及信息源接口标准设计技术

物流信息系统需要从各相关子系统中提取一定的共性和有效的信息,对于大量的共用信息需要进行标准化的组织和处理,才能确保信息流的正确、及时、高效和通畅。因此必须从平台出发,制定统一的信息标准,进而确定需要从各系统中提取信息的种类、格式和要求,并完成相应各接口的设计,实现平台与子系统间的友好连接。标准化是实现物流信息系统获取充分而有效的物流相关数据,并提供物流综合信息服务的根本保证。

三、地理信息系统技术

物流作为物体在时间和空间上的位移,对地理空间具有较大的依赖性。地理信息系统技术作为地理数据获取、存储、分析、处理等的工具,集成了计算机数据库技术和计算机图形处理技术,将多种地理数据以不同层次联系在一起构成现实世界模型,具有强大的空间数据管理、地理分析和空间分析的能力。因此,依靠地理信息系统来管理大量的物流信息和地理空间数据,具有功能上的优势。

地理信息系统是多种学科交叉的产物，它以地理空间为基础，采用地理模型分析方法，实施提供多种空间和动态的地理信息，是一种为地理研究和地理决策服务的计算机技术系统。其基本功能是将表格型数据（无论它来自数据库、电子表格文件还是直接在程序中输入）转换为地理图形显示，然后对显示结果进行浏览、操作和分析。其显示范围可以从洲际地图到非常详细的街区地图，现实对象包括人口、销售情况、运输线路以及其他内容。计算机网络技术的最新发展推动着当代地理信息系统技术的快速更新和发展，使得在互联网上实现地理信息系统应用日益引起人们的关注，建立万维网GIS（WWW GIS或Web GIS）成为近年来GIS研究领域的一个热门话题。Web GIS或互联网地理信息系统（Internet GIS）是当前地理信息系统的一个重要发展方向。

以地理信息系统为基础构筑的物流信息系统将收集、存储、管理、综合分析和处理相关空间信息与物流信息的功能集于一体，从而不仅将物流信息在空间上直观明了地显示出来，并且为物流信息的深层次挖掘和物流辅助决策提供了空间属性上的支持。因此，地理信息系统技术是构筑物流信息系统的最底层支撑技术。

四、基于功能模块的开发技术

为了满足各种用户对物流信息系统的服务请求，需要针对不同的用户主体及其服务内容，采用结构化设计思想，开发出相应的功能模块和操作界面。功能模块应与物流信息系统的数据库和应用服务器之间有良好的接口，由服务器端对相关信息进行分析和处理，并针对用户主体的服务需求做出响应，另外还应有便于用户主体操作的友好的输出界面。为保证物流信息系统的安全性和服务响应的有效性与快速性，应针对平台和用户主体在服务器端和客户端分别进行开发。

五、基于中间件的开发技术

我国学术界一般认可的定义是，中间件是指网络环境下处于操作系统、数据库等系统软件和应用软件之间的一种起连接作用的分布式软件，主要解决异构网络环境下分布式应用软件的互连与互操作问题，提供标准接口、协议，屏蔽实现细节，提高应用系统易移植性。

中国科学院软件研究所研究员仲萃豪形象地把中间件定义为"平台+通信"。这个定义限定了只有用于分布式系统中的此类软件才能被称为中间件，同时此定义还可以把中间件与支撑软件和实用软件区分开来。

（一）中间件的作用

中间件处于操作系统软件与用户的应用软件的中间。中间件在操作系统、网络和数据库的上层，应用软件的下层，总的作用是为处于自己上层的应用软件提供运行与开发的环境，帮助用户灵活、高效地开发和集成复杂的应用软件。形象地说，就是上下之间的中间。

此外，中间件主要为网络分布式计算环境提供通信服务、交换服务、语义互操作服务等系统之间的协同集成服务,解决系统之间的互连互通问题。形象地说,就是所谓左右之间的中间。中间件是一种由应用程序接口定义的软件层,它用于客户机与服务器或者服务器与服务器之间传送高级信息。中间件有很多种类型,以 CORBA(Common Object Request Broker Architecture,公共对象请求代理体系结构)为核心的一类面向对象的中间件以对象请求的方式把面向对象的技术引入分布式计算,从而有效地解决了各子系统软件在分布式异构环境下的互操作性问题。

(二)CORBA

CORBA 是由 OMG(对象管理组织)制定的一种标准的面向对象的应用程序体系规范。或者说,CORBA 体系结构是 OMG 为解决分布式处理环境(DCE)中硬件和软件系统的互连问题而提出的一种解决方案。CORBA 技术也是解决分布式异构环境的最有效的技术。信息的分布性是物流信息系统的基本特点,CORBA 是构建分布式信息系统的一种重要技术规范,它能从异构的系统中获取相关信息,以便于物流信息系统对信息资源的合理整合和优化利用,实现对不同类型信息系统的集成。此外,采用 CORBA 技术建立的物流信息系统具有良好的开放性和扩展性。

六、数据仓库技术

数据仓库的主要思想:建立一个虚拟的集成数据库,存储现有的、真实的历史数据,从而尽可能地减少物理上和语义上的不一致问题,使现有的数据不仅可以应用于简单的事务处理,也可以用于管理目的。数据仓库的概念可描述为,数据仓库是面向主题的、集成的、稳定的、不同时间的数据集合,用于支持经营管理中的决策制定过程。也就是说,数据仓库是把分布在企业网络中不同信息岛上的商业数据转换成公共的数据模型并集成到一起,存储在一个单一的集成关系型数据库中,即数据仓库是集成信息的存储中心。利用这种集成信息,可方便用户对信息的访问,便于决策人员对一段时间内的历史数据进行分析,研究事物发展的趋势,进行辅助决策。

数据仓库一般包括以下 3 个基本的功能部分:

(1)数据获取。数据获取是数据进入仓库的入口,它负责从外部数据源获取数据。数据被区分出来,进行复制或重新定义格式等处理后,准备载入数据仓库。

(2)数据存储和管理。该部分负责数据仓库的内部维护和管理,是数据仓库最为关键的部分,提供的服务包括数据存储的组织、数据的维护、数据的分发、数据仓库的例行维护等。

(3)信息访问。该部分属于数据仓库的前端,面向不同种类的最终用户,其性能主要集中在多维分析、数理统计和数据挖掘方面,而多维分析又是数据仓库的重要访问形式。相应地,进行数据访问的软件工具主要是查询生成工具、多维分析工具和数据挖掘工具等。互联网的发展使得多维分析领域的工具和产品更加注重提供基于 Web 的前端联机分析界面,而不仅仅是在网上发布数据。数据仓库的最终用户可以通过访问提取信息、分析数据

集、实施决策。

作为数据仓库系统三要素之一的信息访问部分,是最终用户从数据仓库中提取信息、分析数据、实施决策的必然途径,其最终目的也是面向高层的决策支持,但用于决策支持的信息必须通过数据挖掘才能获取。事实上,数据仓库无论是在纵向上还是在横向上都为数据挖掘提供了更广阔的发掘空间。一方面,由于数据仓库完成了数据的收集、集成、存储、管理等工作,使得数据挖掘面对的是经初步加工的数据,从而能更专注于知识的发现;另一方面,由于数据仓库所具有的新的特点,又对数据挖掘技术提出了新的更高的要求。因此,数据挖掘技术要充分发挥潜力,必须和数据仓库的发展结合起来。

七、安全控制技术

在分布式系统中,安全性是一个重要而又普遍的问题,其中信息的传输、异构环境和系统的使用等都是容易引发安全问题的因素。物流信息系统构建的是以公共对象请求代理体系结构(CORBA)为核心的中间件体系,因此,安全服务就成为针对 CORBA 公共对象安全服务的必然要求。CORBA 的安全服务主要体现在标识与鉴别、授权和访问控制、对象间的安全通信、安全审计、安全管理等方面。

具体而言,在物流信息系统的架构中,可采用以下安全技术保障物流信息系统的安全。

(一)安全套接层协议

安全套接层协议(Secure Sockets Layer,SSL)用于向基于 TCP/IP 的应用程序提供客户端和服务器的鉴别、数据完整性及信息加密等安全措施。该协议通过在应用程序进行数据交换前交换 SSL 初始信息来实现有关安全特性的审查。

(二)网络防火墙

物流信息系统在企业防火墙外建立独立的 Web 服务器供企业外部访问,同时在防火墙与企业内部系统之间设立代理服务器,以屏蔽企业内部服务器。为确保外部用户无法从 Web 服务器上访问或攻击企业的内部网络,系统通过授权机制,将管理人员的任务职责分开,使其对于不同的系统管理范围(如备份或 Web 站址配置等)有不同的权限,从而保护系统免遭外部攻击。

(三)登录安全

安全数据库登录要求对所有的参与方(包括用户和物流企业服务方)进行身份确认,只有经过安全验证的用户才能访问经过访问许可认证的数据。用户跟踪记录则对登录用户的所有操作执行记录,以备核查。考虑到物流业务的分散性和互联网的开放性,平台应保证在线数据的安全性和完整性。

(四)传输数据加密

平台可采用对称加密技术对传递的物流数据加密,物流交易双方采用相同的加密算法并交换共享的专用密钥。每次交换的信息可以生成唯一的对称密钥并用公开密钥进行加密,再将加密后的密钥和用该密钥加密的信息一起发送给对方。

第三节 物流信息系统的主要功能

为实现物流的整体良好、智能运转，物流信息系统的功能一般包括基本功能和扩展功能两大部分，如图 2-12 所示。

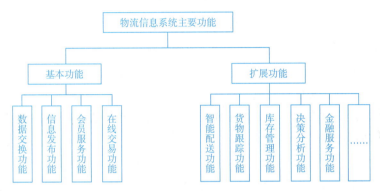

图 2-12 物流信息系统的主要功能

一、基本功能

（一）数据交换功能

这是信息系统的核心功能，主要是指电子单证的翻译、转换和通信，包括网上报关、报检、许可证申请、结算、缴税、退税、客户与商家的业务往来等与信息系统连接的用户之间的信息交换。在数据交换功能中，所有需要传递数据的企业都与物流信息系统相连，要传递的单证信息先传递到物流信息系统，再由物流信息系统根据电子数据中的接收方转发到相应企业，接收企业将收到的电子单证信息经转换后送到内部系统进行处理。此外，其还有一项很重要的功能，即存证管理功能。存证管理是将用户在信息平台上产生的单证信息加上附加信息，按一定的格式以文件形式保存下来，以备将来发生业务纠纷时查询、举证之用。

（二）信息发布功能

该功能以 Web 站点的形式实现，企业只要通过互联网连接到信息平台的 Web 站点上，就可以获取站点上提供的物流信息。这类信息包括水、陆、航空、多式联运价格体系，新闻和公告，电子政务指南，货源和运力，航班航期，空车配载，铁路车次，适箱货源，联盟会员，职业培训，政策法规等。此项功能要求物流信息系统基于 B/S 模式组建应用，内部应建立管理信息服务系统，同时在物流服务前端现场配备工作站，实行计算机全程管理，并采用公告板方式及时发布、收集、下载有关信息，具体设计公告板时，可采用公益性公告服务和付费性公告服务两种形式。

（三）会员服务功能

该功能的目的是为注册会员提供个性化服务。其服务内容主要包括会员单证管理、会员的货物状态和位置跟踪、交易跟踪、交易统计、会员资信评估等。在此功能模块中，要建立接口系统，接入合作伙伴信息系统、客户信息系统及业务管理系统，实行订单管理、物流服务查询及物流信息反馈。

（四）在线交易功能

交易系统为供方和需方提供一个虚拟交易市场，双方可发布和查询供需信息，对感兴趣的信息可与发布者做进一步洽谈，交易系统可以为双方进行交易撮合。例如，货主在互联网的公告板上输入托运单，让承运人为这些托运单竞标，可通过交易市场公开竞标和企业自由竞标两种方式。物流信息系统支持物流服务提供的规格、拍卖规则和成交的自动撮合。在这个功能模块中，要建立商务信息系统，以电子数据处理、互联网络、数据交换和资金汇总技术为基础，集信息交流、商业谈判、订货、发货、运输、报关、保险、商检、动植物检验和银行结算为一体，加速业务开展，并规范整个电子商务环境下的商贸业务的发生、发展和结算过程。

二、扩展功能

（一）智能配送功能

智能配送功能要求利用物流中心的运输资源、商家的供货信息和消费者的购物信息进行最优化配送，使配送成本最低，在用户要求的时间内将货物送达。通常的解决方法是建立数学模型，由计算机运用数学规划方法给出决策方案，管理人员再根据实际情况进行选择。智能配送要解决的典型问题包括：路线的选择、配送的发送顺序、配送的车辆类型、客户限制的发送时间。

为保证该功能的实施，设计以下子功能：

（1）建设 GPS 货物跟踪系统，方便用户随时随地通过电话或互联网查询自己货物的状态和位置，并动态提供最佳路线。

（2）建设与结算支付相关的金融、保险、税务、外汇系统，以真正实现一体化的网上交易。

（3）建立基于 Web 的电子交换系统（EDI），这样通过互联网也能获得 EDI 服务。

（二）货物跟踪功能

货物跟踪功能采用 GPS/GIS 系统跟踪货物的状态和位置。状态和位置数据存放在数据库中，用户可通过呼叫中心（Call Center）或 Web 站点获得跟踪信息。

（三）库存管理功能

库存管理功能利用物流信息系统对整个供应链进行整合，并对库存实施监控，使库存量能在满足客户服务的条件下达到最低。最低库存量的获得需要大量历史数据的积累和分析，要考虑客户服务水平、库存成本、运输成本等方面的综合因素，最终使总成本达到最小。可解决的典型问题包括下一轮生产周期应生产的产品数量、补充货物的最佳数量、补充货物的最低库存点（安全库存）等。企业可以根据物流信息系统的监控信息，采用最经济的库存方式来满足订货的需求，降低由于配送和库存产生的费用，针对不同客户的运送时间的要求来定义库存管理规则。

（四）决策分析功能

决策分析功能的目的是建立物流业务的数学模型，通过对已有数据的分析，帮助管理人员鉴别、评估和比较物流战略和策略上的可选方案。典型的分析包括车辆日程安排、行驶路线选择、仓储设施选址、客户服务分析等。

（五）金融服务功能

在有关电子商务与物流的法律法规的建立和网络安全技术的进一步完善后，可通过物流信息系统网络实现金融服务，如保险、银行、税务、外汇等。在此类功能服务中，物流信息系统起到了一个信息传递的作用，具体业务在相关部门内部进行处理，处理结果通过物流信息系统反馈给客户。

（六）运输管理功能

电子商务基于协作的特点，运输管理功能是物流信息系统的客户共享运输管理工具的基础。货主和多式物流服务提供商可以通过共同的运输管理功能支持诸如托运单的合并装载，不同的运输模式与相应的服务提供商之间的匹配，以降低运输成本。

同时，物流信息系统支持运输优化，可以为承运人和运输工具所有者提供增值服务。通过开放和安全可靠的实时物流信息，物流信息系统可以支持用户使用运输优化工具来实现动态的运输路线安排、运输工具的实时调度等。

（七）进出口申报作业管理功能

贸易全球化趋势要求物流信息系统能够针对进出口环节复杂的作业程序提供相应的解决方案。物流信息系统可以通过支持国际贸易环境下的作业处理和单证管理，如提供与通关作业相集成的应用环境来满足物流客户的需求。

（八）费用结算功能

物流信息系统应能追踪供应链管理的全过程，其管理能力可以一直延伸到供应链周期的结束阶段，通过集成化的工具监督整个物流服务过程，如费用审计、发票的生成、清款、收款、付款等作业流程，可以让货主和承运人加速物流的结算业务。

（九）合同及协议管理功能

物流信息系统必须具备支持多样化的服务协议管理的能力，包括更好的运输安排、更准确的总成本计算模式及标准化的协议条款选择，以提高交易双方的谈判效率和合同的签订成功率，并以第三方的角色监督物流服务在协议合同约束下的履行情况。

（十）第三方认证功能

物流信息系统在提供网上实时交易功能时，应融入第三方认证（CA）功能。第三方

认证功能包括对用户的身份验证、物流单据的认证、与外部接口的认证等。

电子商务的发展为物流创造了巨大的市场,同时,物流行业的发展和水平的提升,可以进一步促进电子商务的健康发展。电子商务是指通过互联网进行的销售商品、提供服务等经营活动。电子商务的基本组成要素包括互联网、用户、认证中心、物流配送(配送中心)、银行、商家等。电子商务模式主要包括 B2B、B2C、C2C 和 O2O 模式。当前,我国电子商务发展正在进入密集创新和快速扩张的新阶段,日益成为拉动我国消费需求、促进传统产业升级、发展现代服务业的重要引擎。

物流是物品从供应地向接收地的实体流动过程。电子商务物流是电子商务环境下的现代物流,是指电子化、网络化后的信息流、商流、资金流下的物资或服务的配送活动,包括无形商品的网络传送和有形商品的物理传送。电子商务物流的一般过程包括订购(采购)、运输、储存、装卸搬运、流通加工、包装和配送等基本环节。电子商务物流模式主要有3种:自营物流模式、第三方物流模式、战略联盟模式。

根据电子商务物流的功能以及特点,在电子商务物流中使用的信息技术主要有条码技术、射频识别技术、传感技术、地理信息系统、网络技术、EDI 系统、POS 系统等。

1. 京东青龙系统的核心子系统包含哪些内容?
2. 物流信息系统化中的关键技术有哪些?
3. 物流系统的基本功能和拓展功能分别有哪些?

沃尔玛的信息化物流系统

沃尔玛百货有限公司是世界第一大零售连锁集团。目前,沃尔玛在全球开设了超过 5400 家商场,员工总数 160 多万,分布在美国、墨西哥、波多黎各、加拿大、阿根廷、巴西、中国、韩国、德国和英国 10 个国家。每周光临沃尔玛的顾客近一亿四千万人次。

2010 年沃尔玛全球的销售额达到 4082 亿美元,连续多年荣登《财富》杂志世界 500 强企业和"最受尊敬企业"排行榜。沃尔玛巨大的商品销售数量必然要有一个同样巨大和高效的商品配送系统与之相适应。

早在 20 世纪 60 年代中期,公司创办人山姆·沃尔顿只拥有几家商店的时候,他就已经清醒地认识到,管理人员必须能够随时随地获得他所需的数据。例如,某种商品在沃尔玛的商店里的数量是多少?它上一周的销售量是多少?它前一天的销售量是多少?它去年的销售量是多少？商店订购了多少这种商品？什么时候可以到货？在管理信息系统应用之前，这样的工作必须通过大量的人工计算与处理才能得到。因此，实时控制处于任何地点的商店的想法只是一个梦想而已。要在现有的基础上扩大经营规模，只有密切追踪信息处理技术的进步。

在信息技术的支持下，沃尔玛能够以最低的成本、最优质的服务、最快速的管理反应进行全球运作。1974年，沃尔玛开始在其分销中心和各家商店运用计算机进行库存控制。1983年，沃尔玛的整个连锁商店系统都用上了条码扫描系统。

1984年，沃尔玛投入4亿美元巨资，与美国休斯公司合作发射了一颗商业卫星，在此基础上，又投入数亿美元建立了目前的计算机及卫星交互式通信系统。凭借这套系统，沃尔玛内部、分销中心和零售店之间可以快捷地进行对话。沃尔玛直接从工厂进货，实行统一订货、统一分配，尽量减少中间流通环节，从而大大降低了成本，各分店的订货单都先汇总到总部，然后由总部统一订货，从而享受最低的批发价。这一切的优势都来自沃尔玛积极地应用最新的技术成果。通过采用最新的信息技术，员工可以更有效地做好工作，更好地做出决策以提高生产率和降低成本。在沃尔玛的管理信息系统中，最重要的一环就是它的配送管理。通过全球网络，沃尔玛可以在1小时内对其全球5400多家商场的每种商品的库存、上架、销售量全部盘点一遍，并通知货车司机最新的路况信息，调整车辆送货的最佳线路。

20世纪80年代末，沃尔玛开始利用EDI系统与供应商建立了自动订货系统，该系统又称为无纸贸易系统。自动订货系统通过网络系统，向供应商提供商业文件、发出采购指令、获取收据和装运清单等，同时也让供应商及时准确地把握其产品的销售情况。沃尔玛还利用更先进的快速反应系统代替采购指令，真正实现了自动订货。该系统利用条码扫描和卫星通信，与供应商每日交换商品销售、运输和订货信息。凭借先进的电子信息手段，沃尔玛做到了商店的销售与配送保持同步，配送中心与供应商运转一致，提高了工作效率，降低了成本，使得沃尔玛超市所售货物在价格上占有绝对优势，成为消费者在购物时的重要选择对象，所以在沃尔玛超市，不会发生缺货情况。科学技术为沃尔玛的发展提供了强大的后勤保证。

20世纪90年代，沃尔玛提出了新的零售业配送理论：集中管理的配送中心向各商店提供货源，而不是直接将货品运送超市。其独特的配送体系大大降低了成本，加速了存货周转，形成了沃尔玛的核心竞争力。

沃尔玛每销售一件商品，都会即时通过与收款机相连的计算机记录下来，每天都能清楚地知道实际销售情况。沃尔玛各分店、供应商、配送中心之间建立的卫星通信网络系统使沃尔玛的配送系统完美无缺。这套系统的应用使配送中心、供应商及每一分店的每一销售点都能形成在线作业。在短短数小时内便可完成"填妥订单—各分店订单汇总—送出订单"的整个流程，大大提高了营业的高效性和准确性。

沃尔玛在全球拥有40多个配销中心、多个特别产品配销中心，它们分布在美国、阿根廷、巴西、加拿大、中国、法国、墨西哥、波多黎各等国家。沃尔玛公司总部与全球各家分店和各个供应商通过共同的计算机系统进行联系。它们有相同的补货系统、相同的EDI条码系统、相同的库存管理系统、相同的会员管理系统、相同的收银系统。这样的系统能从一家商店了解全世界的商店的资料。

1. 计算机系统给沃尔玛采购员的资料

它包括保存两年的销售历史，计算机一一记录了所有商品具体到每一个规格、每一种颜色的销售数据，包括最近各周的销量、存货量。这样的信息支持能够使采购员知道什么品种的商品该增加、什么品种的商品该淘汰；畅销的商品每次购进多少才能满足顾客的需求，又不会导致商品积压。

2. 计算机系统给商店员工的资料

它包括单品的当前库存、已订货数量、由配销中心送货过程中的数量、最近各周的销售数量、建议订货数量以及Telson终端所能提供的信息。Telson终端是一个无线扫描枪，它的大小如一本32开本的书，商场员工在使用它扫描商品的条码时，能够显示价格、架存数量、库存数量、在途数量及最近各周销售数量等。扫描枪的应用使商场人员丢下了厚厚的补货手册，对实施单品管理提供了可靠的数据，而且高效、准确。

3. 计算机系统给供应商的资料

它与提供给采购员的数据相同，这样翔实的数据使生产商能细致地了解哪些规格、哪种颜色的商品畅销，然后按需组织生产。

随着市场竞争的不断深化和加剧，企业建立竞争优势的关键已由节约原材料的"第一利润源泉"、提高劳动生产率的"第二利润源泉"，转向建立高效的物流系统的"第三利润源泉"。早在20世纪80年代，西方发达国家，如美国、法国和德国等就提出了物流一体化的现代理论，应用和指导其物流发展取得了明显的效果，使它们的生产商、供应商和销售商均获得了显著的经济效益。

零售业尤其是跨国经营的零售集团和大型连锁企业，现代化管理水平的提高主要依赖高科技的运用。信息的收集和传播、销售数据管理、商品分类管理、库存和商品盘点、供应链管理，都要靠高科技电子技术才能高效率地完成。大型零售商、跨国零售集团如何形成以最终需求为导向，以现代化交通和高科技信息网络为桥梁，以合理分布的配送中心为枢纽的完备和现代化的物流配送系统，沃尔玛为我们上了生动的一课。

思考： 沃尔玛采用了哪些先进的信息技术？这些技术分别起到了什么作用？

电子商务物流包装技术及管理

【知识目标】
1. 了解包装的作用。
2. 了解包装的种类。
3. 了解重要的包装技术。
4. 了解快递包装的管理。
5. 了解常见包装设备。

【技能目标】
1. 掌握包装的种类。
2. 掌握包装的技术。
3. 能够根据商品的特点选择恰当的包装方式。
4. 能够在保证安全规范的情况下使用相关包装设备。

【知识导图】

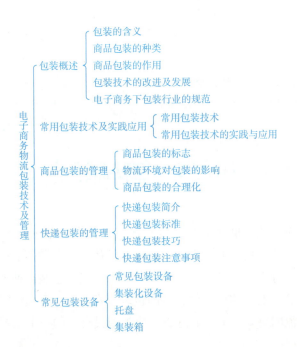

案例导入

三只松鼠的包装设计

三只松鼠股份有限公司，上线于2012年，是中国第一家定位于纯互联网食品品牌的企业，也是当前中国销售规模最大的食品电商企业。2015年11月11日，三只松鼠"双11"单日全网交易额达到2.66亿元，2015年全年销售额破25亿元人民币。公司的核心竞争力定位为独创90FS用户体验：取料原产地（Origin）、全程最新鲜（Fresh）、极致优服务（Satisfaction）。企业对于优质服务的追求在包装箱的设计上体现得淋漓尽致。

三只松鼠的包装外箱是自己品牌的松鼠头像包装箱，有个可爱的名字——鼠小箱。外包装箱的设计简洁大方，突出"松鼠"设计元素。箱上贴着一个给快递员的便条，以提醒轻拿轻放，爱护箱子。这个设计既人性化又创意无比，给消费者一种非常受重视的感觉。除此之外，外箱还有一个塑料开箱器，叫鼠小器，贴附在外箱的一角，用来戳开箱子外面的透明胶，避免消费者因收到快递用钥匙、圆珠笔等开箱带来的不便和尴尬。人性化的包装设计，可谓是想消费者之所想，将细节做到极致。

坚果的包装根据不同口味会有不同的设计风格，但基本元素都是松鼠大头。更贴心的是双层食品包装设计，外包是防水牛皮纸，内包是真空铝塑袋子，保证在物流运输过程中食品不受潮、保持新鲜度，让消费者从视觉到味觉都感到身心愉悦，给消费者带来了极致体验，实现了产品销售的快速增长。

案例分析：

通过以上案例不难看出：一方面，企业选用优质的材料包装产品，可以实现在运输、存储等物流环节保护商品的功能；另一方面，企业在外包装上融入卡通形象、加入贴心的设计，可以让消费者体验到品牌的用心专业，提升消费者认同感，促进产品销售。

第一节　包装概述

中国包装行业用20多年的时间走完了发达国家近40年的发展路程，基本上改变了"一流产品，二流包装，三流价格"的局面。包装行业已从一个分散落后的行业发展成一个拥有一定现代技术装备、分类比较齐全的完整工业体系。当今包装行业发展的显著特点是包装市场的国际化、包装业发展的全球化，各国包装业发展的相互关联及依存程度也越来越高。包装不仅成为物流的重要环节，而且逐步成为国民经济的一个重要的产业部门。

一、包装的含义

《物流术语》（GB/T 18354—2006）对包装的定义是，包装为在流通过程中保护产品、方便储运、促进销售，按一定技术方法而采用的容器、材料及辅助物等的总体名称；也指为了达到上述目的而采用容器、材料和辅助物的过程中施加一定技术方法等的操作活动。具体来讲，包装包含了两层含义：一是静态的含义，指能合理容纳商品、抵抗外力、保护宣传商品、促进商品销售的物体，如包装容器等；二是动态的含义，指包裹、捆扎商品的工艺操作过程。

人们对包装概念的理解应用，是随着社会生产的发展不断变化的。早期人们对商品进行包装，主要是为了保护商品；随着科学技术的不断进步和商品经济的发展，人们对包装的认识不断深化，对其赋予了新的内容，即要方便商品运输、装卸和保管，它是商品在生产领域的延续。现代包装又向消费领域延伸，成为"无声的推销员"。从物流的角度来看，包装是生产的终点，但却是物流的起点。

二、商品包装的种类

（一）按形态划分

按形态划分，包装可分为个装、内装和外装。

1. 个装

个装，又称为商品包装。它是市场销售的最小包装单位，是产品最直接的包装；将产品装于包裹、袋子或容器等，可作为商品标志。

2. 内装

内装，指包装货物的内部包装。它是保护产品的基本包装，以一个或两个以上单位予以整理包装；另外是为了使水分、湿气、光热、冲撞、挤压等外力因素不会引起内容物破损，还需具有促销产品的视觉展示效果。

3. 外装

外装，又称为工业包装。目的是以运输货物为主，包括木箱、瓦楞纸箱、塑胶盒、输送袋等；另外在于保护及搬运作业，并施以缓冲、固定、防湿、防水等技术；最终目的在于存储装运，以及识别产品的包装情况。

（二）按功能划分

按功能划分，包装可分为商业包装和工业包装。

1. 商业包装

商业包装，或称消费者包装或内包装，或销售包装。它通常是以零售为主，也是商业交易的对象，是商品的一部分，注重销售的易买性，以新颖和美观的外表来满足消费者，激起购买欲望，所以又称为消费性包装。在B2C这种商务模式中，商业包装应该是最重要的。

为了吸引消费者的注意力，成功的商业包装能够方便消费者、激发消费者的购买欲，并能提高商品的价格。但是，理想的商业包装从物流的角度看又往往是不合适的。例如，重量只有24克的洋参胶囊，为了引起消费者的注意，设计的包装盒体积有3100立方毫米。对于物流来说，这样做会过大地占据运输工具和仓库的空间，是不合理的。

2. 工业包装

工业包装，或称运输包装或外包装。以产品或物品的运输保管为主要包装，注重于产品的储运保护，以陆、海、空运的装载容积，促进储运的合理化。工业包装的对象包括非消费者使用的原料、零件、半成品或成品等，包装的方法据物品性质与储运的环境而定，所以又称为运输包装。在B2B商业模式中，工业包装是最重要的。

工业包装又有内包装和外包装之分，如卷烟的条包装为内包装、大箱包装为外包装。运用包装手段，将单个的商品或零部件用盒、包、袋、箱等方式集中成组，以提高物流管理的效率。这种将单个分散的商品组装成一个更大单元的方式称为成组化或集装化。

（三）按包装材料划分

按包装材料划分，包装可分为纸制品包装，塑料制品包装，木制容器包装，金属容器包装，玻璃、陶瓷容器包装，纤维容器包装，复合材料包装，其他材料包装等。

（1）纸制品包装：成本低廉、透气性好，且印刷装饰性较好。

（2）塑料制品包装：种类繁多，综合性能比较好。

（3）木制容器包装：一般用在重物包装以及出口物品的包装等方面，现在有很大一部分已经被瓦楞纸箱代替。

（4）金属容器包装：主要有罐头、铁桶和钢瓶。

（5）玻璃、陶瓷容器包装：耐腐蚀性较好，比较稳定。

（6）纤维容器包装：麻袋和尼龙袋。

（7）复合材料包装：利用两种以上的材料复合制成的包装。

（8）其他材料包装：竹、藤、苇等制成的包装。

（四）其他划分方法

（1）按物资运输工具的不同，包装可分为铁路货物包装、卡车货物包装、船舶货物包装、航空货物包装等。

（2）按包装方法划分，包装可分为防湿包装、防锈包装、缓冲包装、收缩包装、真空包装等。

（3）按包装商品种类划分，包装可分为食品包装、药品包装、蔬菜包装、机械包装、危险品包装等。

（4）按包装容器划分，包装可分为包装袋、集装袋、一般运输包装袋、小型包装袋（或称普通包装袋）、包装盒、包装箱、瓦楞纸箱、木箱——木板箱、框板箱、框架箱、塑料箱、集装箱、包装瓶、包装罐（筒）、小型包装罐、中型包装罐和集装罐。

（5）按包装使用次数划分，包装可分为一次性使用包装和重复使用包装。

三、商品包装的作用

一般来说，商品包装的作用主要有以下 4 个方面。

（一）保护商品

这是最重要的作用，它是指保护被包装的商品，防止风险和损坏，如渗漏、浪费、偷盗、损耗、散落、掺杂、收缩和变色等。产品从生产出来到使用之前这段时间，保护措施是很重要的，如不能保护好里面的物品，这种包装则是失败的。

（二）促进销售

促进某种品牌的销售，在自选商店里更是如此。在商店里，包装吸引着消费者的注意力，并能把他们的注意力转化为兴趣。有人认为，每个包装箱都是一个广告牌。良好的包装能够提高新产品的吸引力，包装本身的价值也能引起消费者购买某个产品的动机。此外，提高包装的吸引力比提高产品单位售价的代价要低。

（三）方便物流

制造者及营销者要把产品从一个地方搬到另一个地方，牙膏或钉子放在纸盒内可以很容易在库房里搬动，酱菜和洗衣粉不方便包装，已被现在的小包装取代，这使制造者及营销者运送起来就非常方便。

（四）方便消费

为了辨别，包装上必须注明产品型号、数量、品牌以及制造厂家或零售商的名称。包装能帮助库房管理人员准确地找到产品，也可帮助消费者找到他想买的东西。

四、包装技术的改进及发展

（一）单元载货系统化

物流系统效率化的关键在于使单元载货系统化。所谓单元载货系统化是把货物归整成一定数量的单件进行运输，其核心是自始至终采用托盘运输，即从发货至到货后的装卸，全部使用托盘运输方式。为此，在物流过程中所有的设施、装置、机具均应引进物流标准概念。

物流标准是指为实现标准化，提高物流效率，将物流系统各要素的基准尺寸体系化，其基础就是单元货载尺寸。

单元货载尺寸是运输车辆、仓库、集装箱等能够有效利用的尺寸。一般情况下，托盘以 1100 毫米 ×1100 毫米和 1000 毫米 ×1200 毫米为标准。将这一标准数值进行整数分割或组合而成的 69 种数的正方形尺寸和 40 种数值的长方形尺寸作为运输包装系列尺寸的规格。采用这种运输包装系列尺寸，企业可以使货物恰好不多不少地码放在托盘上，既不易溢出，也不留有空隙。卡车的车厢规格，也最好按单元货载尺寸的要求制造，使装载货物时既不致超出也不至于空余。

物流托盘标准化的思想就是把运输包装系列尺寸、单元货载尺寸、车厢尺寸和一系列的规格尺寸作为一个整体联系起来。

（二）包装大型化

随着交易单位的大型化和物流过程中搬运的机械化，单个包装也趋大型化，如作为工业原料的粉粒状货物，就使用以吨为单位的柔性容器进行包装。

大批量出售日用杂货或食品的商品因为销售量大，只要不是人力搬运，也无须用20千克的小单位包装。包装单位大型化可以节省劳力，降低包装成本，与包装大型化同步的是最近在有的批发商店里，直接将工业包装的货物摆在柜台上，可见对这种大型化包装应给予足够的重视，由此也可以看出包装的发展趋势。

（三）包装机械化

包装过去主要是依靠人力作业的人海战术，进入大量生产、大量消费时代以后，包装机械化也就应运而生。包装机械化从逐个包装机械化开始，直到装箱、封口、捆扎等外包装作业完成。此外，还有使用托盘堆码机进行的自动单元化包装，以及用塑料薄膜加固托盘的包装等。在超级市场，预先包装（原包装）业已普及，就是从保证卫生出发，食品包装机械化也是非常必要的。

如上所述，包装机械化对于节省劳动力、货物单元化、提高销售效率以及采取无人售货方式等均是必要的、不可缺少的。

（四）包装的循环再生

包装的寿命很短，多数到达目的地后便废弃了，但随着物流量的增大，垃圾公害问题提上了议事日程。随着对"资源有限"认识的加深，包装材料的回收利用和再生利用受到了重视。今后应尽可能地积极推行包装容器的循环使用，并尽可能地回收废弃的包装容器予以再生利用。这是非常重要的，特别是过大包装、过分包装、包装废弃物问题，回收再生利用等包装与社会机制协调的问题将日益突出。

五、电子商务下的包装行业规范

包装印刷作为印刷行业新秀，极大地满足了社会和人们的需求，成为行业新的增长点。而随着电商时代的来临，产品流通模式发生了巨大的变化，进而对产品外包装的要求也进一步提升，这对包装印刷行业既是机遇也是挑战。尽管国家和行业内还没有统一的规范，但在新兴事物出现之时，第一时间满足市场与客户的需求，将会给行业带来巨大的商机。

（一）电商时代对产品外包装的要求

随着电商时代的强势推入，现在网购已成为社会普遍存在的现象。产品流通已进入新模式，相应地，对产品的外包装也提出了以下新的要求。

1. 安全性

这里提到的安全性主要包括两个方面：产品安全和用户信息安全。保护商品作为产品外包装的基本属性，在电商这种销售模式下，更好地保证商品在运输过程中的完好。同时，产品外包装上还会有相应的客户信息，便于后续运输过程的分拣及客户签收，这裸露的个人信息会轻易地被别人获取，成为极大的安全隐患。

2. 低成本

电商模式主要就是借助互联网平台,缩短产品流通的中间环节,从价格、时效方面冲击着传统商业模式,给客户群一种全新的体验。从成本角度来讲,电商模式下额外的产品包装及运输会增加运营成本,而这一部分成本的降低也是商家比较关注的一个方面。

3. 环保性

环保是近年来一直谈论的话题,在当今时代,网购的产品种类繁多,与人们生活相关的食品、药品也在其中。那么关于产品外包装的环保性也成为人们随之关注的内容。如何保证外包装的环保性,避免产品在运输过程中被混合污染也应该是包装印刷企业所要考虑的问题。

4. 宣传性

可以说现在的市场经济就是"眼球经济",谁抓住了客户的眼球,谁就能在市场中占据先机,所以无论是商家还是网络销售平台都会通过各种方式来宣传自身产品,如唯品会的瓦楞纸箱外包装上面印制的色彩分明的 Logo 就具有很好的宣传效果。所以产品外包装还要具备美观效果,包括印制一些商家的店铺或者产品信息。

(二) 包装行业的规范措施

电商时代改变了传统的产品销售模式,包装印刷行业作为服务型行业,同样也需要随之调整。应建立完善的服务机制,制定相应的标准,为电子商务提供稳妥健康的服务,创造一种和谐共赢的局面。

1. 分门别类,划定产品安全等级,制定外包装印制标准

近两年来,环保风越吹越紧,印刷包装企业的准入门槛提高,环保印刷模式已逐渐实现。但网购商品种类繁多,不同安全级别的产品外包装所涉及的原材料及印制成本有很大的差异。所以要结合国家政策对产品安全等级进行分类,根据各类产品的用途来制定相应外包装的耗材及后续加工的标准,如真空包装的食品类产品可以适当降低外包装的印制环保级别,生鲜类等易污染的产品则严格控制产品外包装所选用的耗材以及后续印制加工方面的环保等级,对于图书等一般的产品则符合正常的印刷标准即可。总之,在满足产品的安全运输的前提下尽量降低成本。

2. 外包装规格标准化,建立外包装重复利用或者回收机制

现今网购产品种类繁多,产品形状大小不一,相关的包装规范也不完善,各路商家基本上都是各自为战,除几家比较大型的网络销售平台有自己统一的产品外包装外,大多数商家的产品外包装都很随意,主要表现在外包装规格五花八门,在包装内填充质量差的泡沫等白色污染物。并且现今没有完善的外包装回收机制,产品外包装基本上都是在完成使命后被丢进垃圾桶,给环境治理带来很大的不便,同时其一次性使用率也极大地浪费着社会资源。

在这种现状下,应该由政府或者行业内龙头企业牵头,建立完善的包装行业机制,并颁布相应的法律法规进行支持,规范电商市场下产品外包装的管理。

外包装的规格标准化是外包装进行重复利用的前提,在这种思路下,适当提升外包装

的质量,如由三层瓦楞纸改成五层瓦楞纸、对大号文件封制作时添加覆膜工艺等,以此来增加产品外包装的可重复利用性,同时对于不同规格的外包装价格化,顾客在签收产品后可就近去一些网购代理网点兑现。外包装规格的标准化可以使之在各商家混用,当然有条件的商家可以建立自己的回收机制,以便外包装的宣传,也可以通过在外包装上粘贴不干胶印刷品来达到宣传目的。在这种模式下,产品的包装成本会远远降低,其社会效益不可估量。

3. 结合社会资源,提升外包装性能

产品外包装上面的信息,主要是顾客的个人信息、商家的简单宣传,前者对客户的信息泄露存在很大的隐患。在数字化异常发达的今天,完全可以通过技术的革新来弥补,商家将客户的邮寄信息生成二维码,产品在运输过程中工作人员可以通过扫码(仅显示区域信息)进行分拣,当产品到达终端或者代理点时通过扫码自动推送取件信息,客户在物流终端或者代理点进行扫码取件,能够很好地保证客户的信息安全,同时也会给物流从业人员及顾客带来便利。其中,二维码可以通过简单的单色喷墨印刷设备、选用不干胶耗材来完成打印及张贴。

产品外包装行业的规范会为电商模式的长远发展提供一个良好的平台,对社会资源的优化利用也有很大的推进作用,在这种共赢的局面下,包装印刷行业才会越走越远。

第二节 常用包装技术及实践应用

案例 3-1

可口可乐的玻璃瓶

商品包装作为商品设计的延续,已经成为商品营销的一个基础元素。富有创意的经典包装,已经成为企业提升品牌价值最简单、最有效的方法。

说起可口可乐的玻璃瓶包装,至今仍为人们所称道(图3-1)。1898年,鲁特玻璃公司年轻的工人亚历山大·山姆森在同女友约会中,发现女友穿着一套筒形连衣裙,显得臀部突出,腰部和腿部纤细,非常好看。约会结束后,他突发灵感,根据女友穿着这套裙子的形象设计出一个玻璃瓶。经过反复修改,亚历山大·山姆森不仅将瓶子设计得非常美观,很像一位亭亭玉立的少女,还把

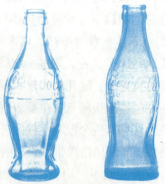

图3-1 可口可乐的玻璃瓶

瓶子的容量设计成刚好一杯水大小。瓶子试制出来之后，获得大众称赞。有经营意识的亚历山大·山姆森立即到专利局申请专利。

当时，可口可乐的决策者坎德勒在市场上看到了亚历山大·山姆森设计的玻璃瓶后，认为非常适合作为可口可乐的包装。于是，他主动向亚历山大·山姆森提出购买这个瓶子的专利。经过一番讨价还价，最后可口可乐公司以600万美元的天价买下此专利。要知道，在100多年前，600万美元可是一笔巨大的投资。然而实践证明，可口可乐公司这一决策是非常成功的。

亚历山大·山姆森设计的瓶子不仅美观，而且使用非常安全，易握不易滑落。更令人叫绝的是，其瓶形的中下部是扭纹形的，如同少女所穿的条纹裙子；而瓶子的中段则圆满丰硕，如同少女的臀部。此外，由于瓶子的结构是中大下小，当它盛装可口可乐时，给人的感觉是分量很多的。采用亚历山大·山姆森设计的玻璃瓶作为可口可乐的包装以后，可口可乐的销量飞速增长，在两年的时间内翻了一倍。从此，采用亚历山大·山姆森玻璃瓶作为包装的可口可乐开始畅销美国，并迅速风靡世界。600万美元的投入，为可口可乐公司带来了数以亿计的回报。

思考：这个案例给你带来了什么样的启示？

商品包装技术是针对产品的特殊需要而采用的包装技术和方法。由于产品特性不同，在流通过程中受到内外各种因素影响，其物性会发生人们所不需要的变化，或称变质，有的受潮变质，有的受震动冲击而损坏。所以，需要采用一些特殊的技术和方法来保护产品免受流通环境各因素的影响。此类技术和方法也称特殊包装技法，它所包括的范围极为广泛，如缓冲、保鲜、防潮、防锈、脱氧、充气、灭菌等。

一、常用包装技术

（一）防震包装技术（缓冲包装技术）

防震包装是指为减缓内装物受到的冲击和震动，保护其免受损坏而采取一定防护措施的包装。防震包装的作用主要是克服冲击和震动对被包装物品的影响，减轻冲击和震动，保护内装物免受损坏。

常用的防震包装材料有泡沫塑料、木丝、弹簧等。发泡包装是缓冲包装的较新方法，它是通过特制的发泡设备，将能生产塑料泡沫的原料直接注入内装物与包装容器之间的空隙，约经几十秒钟即引起化学反应，进行50~200倍的发泡，形成紧裹内装物的泡沫体。对于一些形体复杂或小批量的商品最为合适。

（1）克服冲击所采用的方法通常叫缓冲，所用材料叫缓冲材料。

（2）克服震动所采用的方法通常叫防震、隔震，所用材料叫防震材料、隔震材料。

防震包装是综合考虑了冲击和震动的影响而采用的方法，所用材料叫防震缓冲材料或防震材料、缓冲材料，如图 3-2 所示。

图 3-2　几种主要的防震材料

（二）防湿包装技术

防湿（水）包装的目的就是隔绝大气中的水分对被包装物品的作用，但每种物品吸湿特性不同，因而对水分的敏感程度各异，对防湿性能要求也有所不同。防湿包装设计就是防止水蒸气通过或将水蒸气的通过减少至最低限度。

一定厚度和密度的包装材料可以阻隔水蒸气的透入，其中金属和玻璃的阻隔性最佳，防潮性能较好；纸板结构松弛，阻隔性较差，但若在表面涂上防潮材料，就会具有一定的防潮性能；而塑料薄膜有一定的防潮性能，其透湿强弱与塑料材料有关，特别是加工工艺、密度和厚度的不同，其差异性较大。

一般的防湿包装方法有两类：防止被包装物品失去水分的防湿包装，防止被包装物品增加水分的防湿包装。为了提高包装的防潮性能，可用涂布法、涂油法、涂蜡法、涂塑法等方法。涂布法，就是在容器内壁和外表加涂各种涂料，如在布袋、塑料编织袋内涂树脂涂料，在纸袋内涂沥青等涂油法，如增强瓦楞纸板的防潮能力，在其表面涂上光油、清漆或虫胶漆等；涂蜡法，即在瓦楞纸板表面涂蜡或楞芯渗蜡；涂塑法，即在纸箱上涂以聚乙烯醇丁醛（PVB）等。还有在包装容器内盛放干燥剂（如硅胶、泡沸石、铝凝胶）等。此外，对易受潮和透油的包装内衬一层至多层防湿材料（如牛皮纸、柏油纸、邮封纸、上蜡纸、防油纸、铝箔和塑料薄膜等），或用一层至多层防潮材料直接包裹商品。上述方法既可单独使用，又可几种方法一起使用。

（三）防锈包装技术

防锈包装是为防止金属制品锈蚀而采用一定防护措施的包装。防锈包装可以采用在金属表面进行处理。例如，镀金属（包括镀锌、镀锡、镀铬等）镀层不但能阻隔钢铁制品表面与大气接触，且电化学作用使镀层先受到腐蚀，保护了钢铁制品的表面，也可采用氧化处理（俗称发蓝）和磷化处理（俗称发黑）的化学防护法。还可采用除油防锈、涂漆防锈和气相防锈等方法，如五金制品可在其表面涂一层防锈油，再用塑料薄膜封装。涂漆处理是对薄钢板桶和某些五金制品先进行喷砂等机械处理后涂上不同的油漆。气相防锈法是采用气相缓蚀剂进行防锈的方法，目前采用的是气相防锈纸，即将涂有缓蚀剂的一面向内包装制品，外层用石蜡纸、金属箔、塑料袋或复合材料密封包装。若包装空间过大，则可添加适量防锈纸片或粉末。此外，还可采用普通塑料袋封存、收缩或拉伸塑料薄膜封存、可剥性塑料封存和茧式防锈包装、套封式防锈包装以及充氮和干燥空气等封存法防锈。

一般的防锈包装工艺有两类：第一，防锈包装前金属制品的清洁和干燥；第二，防锈封存包装。用防锈材料对金属制品表面进行处理与封包。

常用防锈包装材料与方法：

（1）防锈油脂封存包装（M-2）。将防锈油脂涂覆于金属制品表面，然后用石蜡纸或塑料袋封装，称防锈油脂封存包装。

（2）气相缓蚀剂（Vapor Phase Inhibitor，VPI）防锈封存包装（M-3）。气相缓蚀剂，也称挥发性缓蚀剂。它在常温下具有一定的蒸汽压，在密封包装内能自动挥发到达金属制品表面，对金属起防止锈蚀的作用。

（3）可剥性塑料封存包装（M-6）。可剥性塑料是以塑料为基本成分，加入矿物油、防锈剂、增塑剂、稳定剂以及防霉剂和溶剂配制而成的防锈材料。

（四）防虫害包装技术

防虫害包装技术是通过各种物理因素（光、热、电、冷冻等）或化学药剂作用于害虫的肌体，破坏害虫的生理机能和肌体结构，劣化害虫的生活条件，促使害虫死亡或抑制害虫繁殖，以达到防虫害的目的。

一般的防虫害包装技术分为4类：①高温防虫害包装技术；②低温防虫害包装技术；③电离辐射防虫害包装技术；④微波与远红外线防虫害包装技术。

（五）防霉包装技术

防霉包装是防止包装和内装物霉变而采取一定防护措施的包装。它除防潮措施外，还要对包装材料进行防霉处理。防霉包装必须根据微生物的生理特点，改善生产和控制包装储存等环境条件，达到抑制霉菌生长的目的。

第一，要尽量选用耐霉腐和结构紧密的材料，如铝箔、玻璃和高密度聚乙烯塑料、聚丙烯塑料、聚酯塑料及其复合薄膜等，这些材料具有微生物不易透过的性质、有较好的防霉效能。

第二，要求容器有较好的密封性，因为密封包装是防霉的重要措施，如采用泡罩、真空和充气等严密封闭的包装，既可阻隔外界潮气侵入包装，又可抑制霉菌的生长和繁殖。

第三，采用药剂防霉的方法，可在生产包装材料时添加防霉剂，或用防霉剂浸湿包装容器和在包装容器内喷洒适量防霉剂，如采用多菌灵（BCM）、百菌清、水杨脱苯胺、菌菌净、五氯酚钠等，用于纸与纸制品、皮革、棉麻织品、木材等包装材料的防霉。

第四，采用气相防霉处理，主要有多聚甲醛包装、充氮包装、充二氧化碳包装，也具有良好的效果。

（六）保鲜剂包装技术

保鲜剂包装，是采用固体保鲜剂（由沸石、膨润土、活性炭、氢氧化钙等原料按一定比例组成）和液体保鲜剂（如以椰子油为主体的保鲜剂，以碳酸氢钠、过氧乙酸溶液、亚硫酸与酸性亚硫酸钙、复方卵磷脂和中草药提炼的 CM 保鲜剂等）进行果实、蔬菜的保鲜。固体保鲜剂法是将保鲜剂装入透气小袋封口后再装入内包装，以吸附鲜果、鲜菜散发的气体而延缓后熟过程。液体保鲜剂法是将鲜果浸入鲜果浸涂液后取出，表面形成一层极薄的可食用保鲜膜，既可堵塞果皮表层呼吸气孔，又可起到防止微生物侵入和隔温、保水的作用。硅气窗转运箱保鲜包装，是采用塑料密封箱加盖硅气窗储运鲜果、鲜菜、鲜蛋的保鲜方法。硅气窗又称人造气窗，在塑料箱、袋上开气窗，有良好的调节氧气、二氧化碳浓度，抑制鲜菜果和鲜蛋的呼吸作用，可延长储存期。

（七）脱氧包装技术

脱氧包装又称除氧封存剂包装，即利用无机系、有机系、氢系 3 类脱氧剂，除去密封包装内游度态氧，降低氧气浓度，从而有效地阻止微生物的生长繁殖，起到防霉、防褐变、防虫蛀和保鲜的作用。脱氧包装适用于某些对氧气特别敏感的制品。

（八）充气包装和真空包装技术

充气包装是采用二氧化碳气体或氮气等不活泼气体置换包装容器中空气的包装技术方法。它是通过改变包装容器中的气体组成成分，降低氧气浓度的方法，达到防霉腐和保鲜的目的。真空包装是将制品装入气密性容器后，在容器口前抽真空，使密封后的容器基本上没有氧气的包装技术方法。一般肉类食品、谷物加工食品及一些易氧化变质商品可采用此类方法包装。

（九）高温短时间灭菌包装技术

这是将食品充填并密封于复合材料制成的包装内，然后使其在短时间内保持135℃左右的高温，以杀灭包装容器内细菌的包装方法。这种方法可以较好地保持肉、蔬菜等内装食品的鲜味、营养价值以及色调等。

（十）其他包装技术

除了以上主要包装技术外，还有为防止外部的水进入使用防水包装材料进行密封的防水包装技术；防止包装材料的劣化、剥落、开口等现象发生，保证连着性的连着封口包装技术；为使包装物品捆绑、结扎得更为结实而实施的强化捆绑技术以及为便于物品分拣识别的标识技术等。

二、常用包装技术的实践与应用

包装技术在各行业中的应用均有不同，又各有特色。例如，市面上常见的纯牛奶包装，包括无菌枕包装、无菌砖包装、屋顶盒包装、百利包装、爱克林立体式包装、塑料桶包装、玻璃瓶包装等。不同的包装材质，其作用不尽相同，下面就以纯牛奶的包装对包装实践与应用进行初探。

（一）无菌枕包装（图3-3）

包装材质：PE/纸板/铝箔。

包装成本：0.2元左右。

保质期：40~50天。

特点：

（1）纸张具有良好的阻隔性、避光性，可在常温下存放。

（2）产品保质期长，适合家庭消费，无须冷藏。

（3）加强包装成型后的挺度和硬度。

（4）成本相对较低。

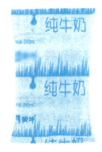

图3-3　无菌枕包装

（二）无菌砖包装（图3-4）

包装材质：PE/纸板/铝箔。

包装成本：0.4元左右。

保质期：6个月左右。

优点：

（1）产品保质期长，可大限度地保留营养和风味。

（2）安全性好，可常温储存，且便于长途运输。

缺点：

（1）抗压性能差，容易破损。

（2）设备要求较高，成本高。

图3-4　无菌砖包装

（三）屋顶盒包装（图3-5）

包装材质：PE/纸板/PE三层保鲜层。

包装成本：0.5元左右。

保质期：7~10天。

特点：

（1）独特设计可防止氧气、水分进入，有效隔光；可保持牛奶的鲜度。

（2）可以微波炉直接加热，卫生环保性好。

（3）外观时尚、货架展示效果好。

（4）拧盖设计，方便开启和倒取。

图3-5　屋顶盒包装

（四）百利包包装（图3-6）

包装材质：高密度聚乙烯。

包装成本：0.1元左右。

保质期：鲜牛奶4天左右，纯牛奶、乳饮料30天左右。

图3-6　百利包包装

优点：

（1）价格低廉、避光性很好，运输方便、存储空间小。

（2）安全卫生，具有一定的保鲜性，但较无菌枕包装和屋顶盒包装而言，保质期稍短。

缺点：

（1）饮用、携带不方便。

（2）外观落后。

（五）爱克林立体式包装（图3-7）

包装材质：碳酸钙和聚烯烃混合而成的材料。

保质期：21天左右。

特点：

（1）二次自动封口，具有更强的抗冲击强度，包装阻隔性能优越，能有效隔光、隔热、防渗漏，抵抗微生物渗透。

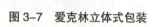

图3-7 爱克林立体式包装

（2）侧方鼓起处方便手持，不易导致过度挤压造成牛奶涌出。

（六）塑料桶包装（图3-8）

包装材质：HDPE材料/BOPP材料。

保质期：10天左右。

优点：

（1）手把的独特设计、易携带。

（2）保质期长、易储存、不易变形，不易损坏。

（3）大容量包装，适合家庭使用。

图3-8 塑料桶包装

缺点：

打开后，需要及时饮用，容易造成浪费。

（七）玻璃瓶包装（图3-9）

包装材质：玻璃瓶由纯碱、石灰石做成。

保质期：1~2天。

优点：

（1）传统的包装形式，符合环保要求，能重复使用，并且成本低。

（2）玻璃瓶能够制成多种多样的美观造型。

图3-9 玻璃瓶包装

缺点：

（1）包装材料质量大、易破碎。

（2）运输不方便且运费较高，同时增加了洗瓶和消费成本。

第三节 商品包装的管理

商品包装的管理是随着经济发展而出现的一种经济管理活动。商品包装管理的目的是通过实现包装合理化使商品流通有秩序地、协调地、富有成效地进行,并创造良好的经济效益。

一、商品包装的标志

运输包装标志主要是应物流管理的需要而产生的。商品在物流流动中要经过多环节、多层次的运输和中转,要完成各种交接,这就需要标志来识别货物;包装货物通常为密封容器,经手人很难了解内装物是什么,同时内部产品性质不同,形态不一,轻重有别,体积各异,保护要求也就不一样。物流管理中许多事故和差错常常是因为标志不清或错误而造成的,如错发、错运、搬运装卸操作不当、储存保管不善等。所有这些都说明包装标志对有效地进行装卸、运输、储存等物流活动有着重要影响。

包装标志就是指在运输包装外部采用特殊的图形、符号和文字,以赋予运输包装件传达功能。其作用有:一是识别货物,实现货物的收发管理;二是明示物流中应采用的防护措施;三是识别危险货物,暗示应采用的防护措施,以保证物流安全。因此,运输标志也区分为3类:一是收发货标志或称包装识别标志,二是储运图示标志,三是危险货物标志。

(一)标志的名称和图形

图示标志共17种,其名称和图形见表3-1。

表3-1 标志名称和图形

序号	标志名称	标志图形	含义	备注/示例
1	易碎物品	🍷	运输包装件内装易碎品,因此搬运时应小心轻放	使用示例:
2	禁用手钩		搬运运输包装件时禁用手钩	

续表

序号	标志名称	标志图形	含义	备注/示例
3	向上		表明运输包装件的正确位置是竖直向上	使用示例：(a) (b) (c)
4	怕晒		表明运输包装件不能直接照晒	
5	怕辐射		包装物品一旦受辐射便会完全变质或损坏	
6	怕雨		包装件怕雨淋	
7	重心		表明一个单元货物的重心	使用示例：
8	禁止翻滚		不能翻滚运输包装	
9	此面禁用手推车		搬运货物时此面禁放手推车	
10	禁用叉车		不能用升降叉车搬运的包装件	
11	由此夹起		表明装运货物时夹钳放置的位置	
12	此处不能卡夹		表明装卸货物时此处不能用夹钳夹持	

续表

序号	标志名称	标志图形	含义	备注/示例
13	堆码重量极限		表明该运输包装件所能承受的最大重量极限	
14	堆码层数极限		相同包装的最大堆码层数，n 表示层数极限	
15	禁止堆码		该包装件不能堆码并且其上也不能放置其他负载	
16	由此吊起		起吊货物时挂链条的位置	使用示例：
17	温度极限		表明运输包装件应该保持的温度极限	

（二）标志的尺寸和颜色

1. 标志的尺寸

标志尺寸一般分为 4 种，见表 3-2。

表 3-2　标志尺寸　　　　　　　　　　　　单位：毫米

序号	尺寸	长	宽
1		70	50
2		140	100
3		210	150
4		280	200

如遇特大或特小的运输包装件，标志的尺寸可以比表3-2的规定适当扩大或缩小。

2. 标志的颜色

标志的颜色应为黑色。

如果包装的颜色使得黑色标志显得不清晰，则应在印刷面上用适当的对比色，最好以白色作为图示标志的底色。应避免采用易于同危险品标志相混淆的颜色。除非另有规定，一般应避免采用红色、橙色或黄色。

（三）标志的使用方法

1. 标志的打印

可采用印刷、粘贴、拴挂、钉附及喷涂等方法打印标志。印刷时，外框线及标志名称都要印上；喷涂时，外框线及标志名称可以省略。

2. 标志的数目和位置

（1）一个包装件上使用相同标志的数目，应根据包装件的尺寸和形状决定。

（2）标志在各种包装件上的粘贴位置。

①箱类包装：位于包装端面或侧面。

②袋类包装，位于包装明显处。

③桶类包装：位于桶身或桶盖。

④集装单元货物：应位于四个侧面。

（3）标志的使用应按如下规定：

①标志1"易碎物品"应标在包装件所有四个侧面的左上角处（见表3-1标志1的使用示例）。

②标志3"向上"应标在与标志1相同的位置上［见表3-1中标志3示例（a）］。当标志1和标志3同时使用时，标志3应更接近包装箱角［见表3-1标志3示例（b）］。

③标志7"重心"应尽可能标在包装件所有六个面的重心位置上，至少也应标在包装件四个侧、端面的重心位置上（见表3-1标志7的使用示例）。

④标志11：

a. 只能用于可夹持的包装件。

b. 标志应标在包装件的两个相对面上，以确保作业时标志在叉车司机的视线范围内。

⑤标志16至少贴在包装件的两个相对面上（见表3-1标志16的使用示例）。

二、物流环境对包装的影响

物流环境是指货物在整个流动过程中所处的条件，有物质的和非物质的（如政策法规），而物质的又有人造系统环境和自然系统环境之分。货物的包装设计固然与其自身的特点密不可分，但也与物流环境密切相关。

（一）作业环境

作业环境是指物料处理与运输作业有关的人造系统环境。货物受损常起因于运输、保管、配送以及所选择的服务方式。如果采用自己服务的方式，使用自己的工作人员和作业工具，则货物能处于自己的控制之下，受损率可能会小一些；如果采用外包服务方式，货物可能会经历许多环节、多次装卸转运，公司对物流控制的作用极其有限，防止货损的包装措施就多一些。

在物流系统中，最容易引起货物损坏的原因是震动、碰撞、刺破和挤压。震动常见于运输过程；碰撞在运输和搬运过程中都可能发生；刺破一般在搬运时被作业场地周围的尖锐硬器所损；挤压主要发生在堆垛时，过高的堆垛会使底层货物受压变形、被压碎。

（二）自然环境

自然环境主要有温度、湿度等因素，外部自然环境主要与包装货物的稳定性和易变质性有关。有些货物在高温下会软化融解、分解变质、变色；而有些货物在低温下会爆裂、变脆或变质。值得提醒的是，对温度有要求的货物，仅仅靠包装是不够的，还需要在运输和储存条件方面采取必要的措施。水和蒸汽对货物的损害很大，危害性要超过温度，几乎绝大多数的货物在潮湿的环境中都会受到不同程度的损害，如生锈、霉变、收缩变形，严重的会发生腐蚀、潮解。除了避免将货物放置在潮湿环境中外，良好的包装是对付意外受潮情况的最有效手段。

（三）其他因素

其他因素如空气中的有害化学物质，有些货物很容易受到化学物质的污染而变质，也有些货物怕光，见光后会变色、变质，需要采取一些特殊的包装手段。

三、商品包装的合理化

商品包装作为电子商务物流的起点，对整个物流的过程起着重要的作用。因而，在设计商品包装的时候，必须进行认真的考虑，以实现商品包装的合理化。商品包装的设计必须根据包装对象的具体内容进行考虑。

（一）包装合理化的概念

包装合理化，一方面包括包装总体的合理化，这种合理化往往用整体物流效益与微观包装效益的统一来衡量；另一方面包括包装材料、包装技术、包装方式的合理组合及运用。

（二）包装不合理的表现

1. 包装不足

包装不足指的是以下几个方面：包装强度不足，从而使包装防护不足，造成被包装物的损失；包装材料水平不足，材料不能很好地承担运输防护及促进销售的作用；包装容器的层次及容积不足，缺少必要层次与不足所需体积造成的损失；包装成本过低，不能保证有效的包装。包装不足造成的主要问题是增加物流过程中的损失和降低促销能力，这一点不可忽视。我国曾经进行过全国包装大检查，经过统计分析，认定由于包装不足引起的损失一年高于100亿元。

2. 包装过剩

包装过剩指的是以下几个方面：包装物设计强度过高，如包装材料截面过大、包装方式大大超过强度要求等，从而使包装防护性过高；包装材料选择不当，选择过高，如可以用纸板却采用镀锌、镀锡材料等；包装技术过高；包装层次过多，包装体积过大；包装成本过高。包装过剩，一方面，可能使包装成本支出大大超过减少损失可能获得的效益；另一方面，包装成本在商品成本中比重过高，损害了消费者利益。

（三）包装合理化的途径

1. 包装的轻薄化

物流包装只是起保护作用，对产品使用价值没有任何意义，因此在强度、寿命、成本相同的条件下，采用更轻、更薄、更短、更小的包装，可以提高装卸搬运的效率。而且，轻薄短小的包装一般价格比较便宜，如果用作一次性包装还可以减少废弃包装材料的数量。

2. 包装的单纯化

为了提高包装作业的效率，包装材料及规格应力求单纯化，包装规格还应标准化，包装形状和种类也应单纯化。

3. 包装的标准化

包装的规格和托盘、集装箱关系密切，应考虑到和运输车辆、搬运机械的匹配，从系统的观点制定包装的尺寸标准。

4. 包装的机械化

为了提高作业效率和包装现代化水平，各种包装机械的开发和应用很重要。

5. 包装的绿色化

绿色包装是指无害少污染的符合环保要求的各类包装物品，主要包括纸包装、可降解塑料包装、生物包装和可食用包装等。这是包装合理化的发展主流。

6. 包装设计合理化

包装设计需要运用专门的设计技术，将物流需求、加工制造、市场营销及产品设计等因素结合起来考虑，尽可能满足多方面的需要。当然，对物流包装来说，设计中考虑的首要因素是货物的保护功能。包装设计基本上决定了货物的保护程度，但不能忽视费用问题。包装设计应正好符合保护货物的要求，过度的包装会增加包装费用，而且包装的尺寸大小会影响运输工具和仓库容积使用率。

案例 3-3

沃尔玛的包装

世界著名零售业巨头沃尔玛现在使用的包装材料有 70% 是 RPC（可回收塑料包装筐）而不是瓦楞纸箱，其中最重要的一个原因就是纸箱没有统一的占地标准和展示产品的功能。产品堆码整齐统一的重要性不言而喻。

例如,在一个农产品配送中心会有来自不同产地的商品,如果商品的种类繁多,而包装件的尺寸大小不一,那么如何搬运这些货物就是一个很大的难题。如果商品的包装标准化,拥有统一的占地面积,而且有一个完整的占地尺寸,和托盘的尺寸相等,这个问题就迎刃而解了。在这里,我们不妨把 RPC 与瓦楞纸箱做一下比较,明确它们各自的优势所在。

RPC 是最早实现标准化的运输材料,因为其规格一致,所以便于堆码。RPC 底部均有插槽,其堆码稳定性也优于纸箱。RPC 不仅具有标准化的优势,还具有很强的展示功能。因为 RPC 没有顶盖,可以直接看到内装的产品;不必在外包装上印刷图案,省去了一笔印刷费用而又不失包装的推销功能。瓦楞纸箱对商品的保护性能很强,其优良的抗压、抗戳穿和防潮性能是 RPC 不能与之相比的。RPC 是经回收后重复使用的包装产品,因而至少从外观上看是比较陈旧的,而纸箱却是干净美观的。现在纸箱企业间的竞争十分激烈,随着价格的透明化,利润也越来越薄。但值得注意的是,纸箱行业正在受到 RPC 的挑战。有很多纸箱企业现在已经意识到,它们的客户不再像以前一样执着地选择纸箱作为产品的外包装,而是把注意力转向其他种类的包装形式,其中 RPC 对纸箱的冲击尤为突出。

由于人们对包装储运和销售功能的双重要求提高,纸箱在包装市场中的重要地位已经开始动摇,尤其是农产品的包装。究其原因,其实就是观念在作怪。纸箱厂通常只关心客户的订单,而不过问纸箱送达客户之后的情况。纸箱只是供应链的一部分,要能从这一部分想到另一部分,纵观整个供应链才能找出关键所在。RPC 在这一点上做得要远远好于纸箱。

沃尔玛公司有关负责人道出了纸箱产品存在的最重要的两个弊端:

首先,纸箱的规格成千上万,这对于追求个性化包装的商家当然是重要的,但却给整个物流环境带来很大麻烦,不便于堆码、运输,还会占用大量的宝贵空间,集装箱就是一个典型例子。

其次,由于其结构封杀了产品自身展示的功能,虽然可以在包装箱的外面印刷精美的图案,但这需要加大包装成本。

FEFCO(欧洲瓦楞纸制造商联合会)与 FBA(美国纸箱协会)和一些大型纸箱企业联合推出了《欧洲通用瓦楞纸箱占地标准》,目的就是加强瓦楞纸箱便于堆码和展示产品的功能。这一措施将有效地推动瓦楞纸箱行业的发展。更重要的是一种观念的转变,这套标准不仅改变了人们对原本在销售及堆码方面和 RPC 相比处于劣势地位的纸箱的认识,而且成了纸箱行业向更成熟的方向发展的一个标志。

思考: 这个案例给你带来了什么样的启示?

电子商务物流

第四节 快递包装的管理

一、快递包装简介

现代快递业的包装主要可分为以下3个方面。

1. 外层包装

这是快递包装最重要的组成部分，主要作用是保护和承载所寄物品，防止货物变形、破损、污染等，此类包装一般为纸袋、防水袋、瓦楞纸箱、木箱等。

2. 内层包装

内层包装为所寄物品提供收集和基本保护的功能，一般是递运货物的原包装、填充颗粒物、塑料薄膜、聚乙烯塑料薄膜、报纸等。为了保证所运货物的安全，一般快递公司都会要求必须有防水的内包装，并且当物品的尺寸小于外包装时，必须加以填充物，再进行外包装封装。

3. 快递运单

快递运单主要是为了显示所运货物的相关信息，如运输合同、签收凭据等，一般一式三联或四联。其所用材料大部分为无碳纸。

二、快递包装标准

国家质量监督检验检疫总局新修订的《快递封装用品》系列国家标准，根据减量化、绿色化、可循环的要求，对快递包装减量提出新要求。快递包装袋宜采用生物降解塑料，减少白色污染。降低了快递封套用纸的定量要求，降低了塑料薄膜类快递包装袋的厚度要求，降低了气垫膜类快递包装袋、塑料编织布类快递包装袋的定量要求，多方面对快递的包装进行了减量。根据这一标准，各快递公司制定了自己的详细标准，下面以EMS国际快递的包装标准为例进行说明。

EMS国际快递包装标准：

（1）起重费用相对续重费用较高，建议优化打包方式，合理分摊运费。

（2）EMS最新规定单边超过60厘米会计体积重量（体积重量计算公式：长×宽×高/8000 尺寸的单位是厘米），所以打包的时候应尽量保证最长边的尺寸低于60厘米。

（3）EMS国际快递对于货物的尺寸也有限制，不同国家对应4个标准。

标准1：任何一边的尺寸都不得超过1.5米，长度和长度以外的最大横周合计不得超过3米；

标准2：任何一边的尺寸都不得超过1.05米，长度和长度以外的做大横周合计不得超过2米；

标准3：东京、大阪指定区域为1.8米×3米，其他地区执行标准1；

标准4：最长一边不得超过0.6米，长、宽、高合计不得超过0.9米。圆卷形长度不得超过0.9米，直径的两倍和长度合计不得超过1.04米。

实行快递封装材料新的标准，这在技术上不是问题，但成本是个障碍。要落实这个新标准除了要建立有关检测监督制度等外，还要想办法对生产这些封装材料的企业和快递企业进行适当的补贴，对这些材料实行最高限价，对回收价值不大的包装材料，需要启动税负调节，也就是说谁使用，谁善后，倒逼非绿色包装材质退出市场。

三、快递包装技巧

（一）包裹测量与计算

一般包装内容涵盖包裹测量及计重，包装、封件及贴标签方法指引，以及有关限制货物的指引。

（1）货物尺寸及重量限制（不同快递公司对货物尺寸有不同的要求）。

例如，运送包裹重量不能超过68千克（150磅）、长度不能超出274厘米（108英寸），而长度及周长不能超出330厘米（130英寸）。

（2）计算货物长度及周长长度及周长总和的计算公式简单，计算方法如下：

先测量包裹的长度、高度、宽度，长度及周长的总和相等于包裹长度加上两倍宽度和两倍高度的总和。

（3）计算体积重量如包裹重量较其体积重量轻，则使用体积重量。如体积重量超过实际重量，则会按体积重量收费。计算体积重量的方法：

长度乘宽度再乘高度，以厘米或英寸计算；以厘米计，除以5000；以英寸计，除以305。比较体积重量与实际重量。

（二）封箱守则

封箱守则（不同公司有不同的规定）大致如下：

客户可自行选用盒盖完好无损的硬包装箱包装货物，礼品盒或鞋盒等硬纸盒须装进瓦楞外包装箱内，使用双层纸箱装载较重货件，将小包裹放进较大的外包装箱内。对于小于18厘米×10厘米×5厘米（7英寸×4英寸×2英寸）的快递货物，使用两个纸箱装载易碎物品，在较小的纸箱内四侧放进厚8厘米（3英寸）的填充物；以填充物包好各项物品，放于硬纸箱中央，与其他物品分隔，不要贴近箱边、边角、箱面及箱底；垂直放置装有液体的樽瓶，使用封孔盖。内里包装必须可盛载泄漏液体；若物品依正常处理方法包装可能会有损坏，如弄脏，则应在外包装箱上粘贴标签或标明；包装形状奇特或不规则物品时，应使用胶纸包好所有尖角或突出物；在封件前在包裹内附上另一标签、名片或印有寄件人和收件人地址及电话号码的信头；在运送货物前，应将用过的纸箱上的所有旧地址标签撕下，并确保外包装箱并无穿孔、破裂或凹陷。

（三）一般包装方法

依照两款常用包装方法，以及包装形状奇特或不规则物品的建议方法。不规则物品建议使用单盒包装法；使用坚固的外包装箱运送软性物品等非易碎物品；使用填充物如弄皱的报纸、松散填充颗粒或多气孔填充物来填充箱内的剩余空间，避免货物在运送途中在箱内移动；容易受灰尘、水浸或潮湿环境影响而变质的物品要放进塑料袋。颗粒状易散的小件物品必须整理并放在粗麻或塑料袋等完好封闭的容器中，再放进坚固的外包装箱。使用松散填充颗粒进行箱套箱包装：

在瓦楞包装箱内填进最少5厘米（2英寸）厚的多气孔填充物或泡沫塑料包好每件物品；在箱内放置弄皱的报纸、松散填充颗粒或其他填充物，以限制物品移动；使用H形封箱法，用胶纸密封内箱，以防箱子意外打开；使用较内盒长、宽及深最少15厘米（6英寸）的盒子为第二层包装箱；选用包装或填充法填充较大的硬外包装箱与内盒；独立运送易碎物品，使用最少8厘米（3英寸）厚的BubbleWrap®泡状材料等多气孔填充物包好物；使用有8厘米（3英寸）厚的多气孔填充物包好内盒，或使用最少有8厘米（3英寸）厚的松散填充颗粒或其他填充物填满内盒与外盒间的顶层、底层及四周空间；使用填充物来填充箱内的剩余空间。

（四）特别物品包装规定

特别物品的包装指南包括特别包装、封件、标签及测试指南。另有无须依照特别包装指南处理的物品的建议包装方法。

1. 独特物品的一般包装指南

（1）艺术品。在玻璃表面用皱纹胶纸做十字形固定，以避免玻璃破碎。

（2）相片及海报板。一种方法是将扁平物品用胶纸贴在坚固的材料上，如夹板、塑料或多层纤维板中间；另一种方法是将印刷品放置于瓦楞板中间，用胶纸在层板的接缝处封装。

（3）未冲印胶卷。清楚标明包裹装有未冲印胶卷。

（4）有弦乐器。放松琴弦以释放乐器颈部的压力。

（5）印刷品。包扎好印刷品以防移位。在放进双层瓦楞外包装箱前放置足够填充物。

（6）卷迭物品。使用多层胶卷或牛皮纸紧包卷迭物品，并贴上塑料包装胶纸。在物品外围包上地址卷标或使用透明袋面。

2. 易腐烂的货物的包装

易腐烂产品可能在运送至目的地的过程中，需储藏在极端的环境下，如极端的气温或湿度。快递公司对快递的货物并不会提供温度调控的服务。不过，如果小心包装，客户仍然可以为货物提供适当的温度和稳妥的保障。在货运过程中，保温及冷冻产品对如海鲜、植物、肉类、水果、奶类产品及医药化学等产品保鲜至关重要。只要能适当运用保温和冷冻材料，仍可把产品保存在指定的温度内，并维持产品冷冻或避免出现结冰情况。亦可避免产品在炎热天气下融解或融化，并减低短暂气温变化对产品带来的不良影响。

（1）保温

一般会建议使用保温材料，以减低热力经包装箱传导。最常见的保温材料为聚苯乙烯泡沫（EPS）、硬质聚氨酯泡沫塑料、反光薄膜。

（2）冷冻材料

建议使用如啫喱状冷冻剂或干冰等的冷冻材料保持易腐烂产品冷冻及冷藏。不过，切勿使用干冰来储存生猛海鲜，如龙虾，应使用啫喱状冷冻剂。使用冰块有许多缺点，包括其重量和需要符合特别的防水包装要求。

（3）包装易腐烂产品的一般指南

包装货物，以确保货物能承受处理时可能摆放于不同方向；采用可保持产品于指定温度范围内的冷冻材料。如需冷藏货品于0度（32F）至16度（60F），请使用啫喱状冷冻剂。例如，冷冻产品，请使用干冰；应使用内层最少有1~1/2英寸厚的保温泡沫塑料包装箱；将会融化、融解的易腐烂产品或包含液体的货物，装入最少2-mil厚的防漏塑料袋；再将泡沫塑料包装箱装入坚固的外包装箱；建议包装易腐烂产品时预算运送需时最少30小时。避免于周末或假期投寄易腐烂产品。

（4）如何让产品在运送过程中保持冷藏

采用啫喱状冷冻剂较冰块为佳。按制造商指引把啫喱状冷冻剂冷冻至结冰；如情况许可，预先冷冻保温容器；如客户的货物包含液体或易腐烂产品包含液体，请装入两层最少2-mil厚的防漏塑料袋，并以2-mil厚的胶膜及吸水材料包裹好泡沫塑料容器的内层；将产品置于保温容器内，并预留空间摆放冷冻剂；放入足够数量的冷冻剂于产品的上面和周围；以泡沫塑料、松散填充颗粒或多气孔衬垫物如BubbleWrap®泡状材料填满容器剩余空间，以防产品摇晃；将内层塑料袋密封；将保温容器放置在一个瓦楞包装箱内；把瓦楞包装箱子盖好，并以强力塑料胶纸密封。在箱子的所有接缝及盒盖边缘贴上胶纸。

（5）如何让产品在运送过程中保持冷冻

包装前，将产品冷冻至结冰；如情况许可，预先冷冻保温容器；如客户的货物包含液体或易腐烂产品包含液体，请将产品装进袋子或把保温容器装入最少2-mil厚的防漏塑料袋；将产品置放于保温容器内，并预留空间摆放干冰；放入足够数量的干冰于产品的上面和周围；以泡沫塑料、松散填充颗粒或多气孔衬垫物如BubbleWrap®泡状材料填满容器剩余空间，以防产品摇晃；将内层塑料袋封好（如有使用），由于必须让干冰产生的二氧化碳气体排放，请不要完全密封袋口；把保温容器盖好；将保温容器放置在一个瓦楞外包装箱内；把瓦楞包装箱子盖好，并以强力塑料胶纸密封。在箱子的所有接缝及盒盖边缘贴上胶纸；填妥所需的文件、危险品标签及识别标示。干冰货物运送规定干冰（固体二氧化碳，UN1845）被视为空运的危险/有害物品，因此需要特别处理。根据国际航空协会（IATA）/国际民航组织的规定，寄件人需事先经过危险品处理的相关职业训练，方可向快递或其空运公司投寄危险品。当干冰在密闭的空间如货运飞机内转变为二氧化碳，它便会消耗氧气。因此，干冰货物的包装结构必须避免压力形成，以防爆炸。干冰绝不可放于密封容器内。

（6）如何避免产品在运送过程中结冰

客户可以利用吸热器避免产品低于某一温度或结冰，它有助维持货物于指定温度。啫喱状凝胶剂具有良好的吸热器效果。将产品放入保温容器,并置于室温(大约 22 摄氏度或华氏 72 度)的啫喱状凝胶剂中,以防止产品结冰。以泡沫塑料或松散填充颗粒填满容器剩余空间,避免产品移动。将保温容器放入瓦楞外包装箱。

3. 鲜花及植物包装

(1)包装基本要求

确保货物装入包装箱内。保护投寄的鲜花及植物,以免运送过程中或送递至收件人地址途中因极端温差而损坏。为防止渗漏,切勿装水在花瓶或容器内,并盖好盆栽内的泥土。在包装箱表面贴上货物标签,以增加放置在正确方向的机会。确保货物符合有关运送鲜花及植物的法律。

①鲜花。

从花束的安排到运送大量鲜花,从运送幼苗到运送成熟植物,包装要求均有分别,且取决于客户的货物内容。在此,快递公司会为客户提供有效包装的指南和图样示范。花束安排确保鲜花在包装箱内排放整齐,并用绑带或束绳系在箱内或插入箱内,以免运送时货物移动。如货物包括花瓶,请同时在箱内固定好花瓶。建议客户使用瓦楞纸间隔,将花瓶与鲜花分开。如花瓶的材料易碎,请使用额外的包装材料加垫包裹花瓶,避免运送时损毁。切勿在寄送的花瓶或容器内装水,因为这会漏水、引起损坏及危害货物安全。

②植物幼苗。

植物幼苗非常脆弱,因此很难固定在货物包装箱内,需要使用特别的包装方法。建议客户利用一个瓦楞纸盆,用其盖上特别设计的顶部衬垫轻轻在幼苗顶上加盖,使幼苗在运送期间在胶盆中能固定位置。此包装方法对于长叶的幼苗最佳,而不适合较高及细长的植物。客户亦可使用胶膜包裹着幼苗,加强保护。泥土中的水分亦是在运送中需注意的。若泥土太干,幼苗很容易会移离瓦楞纸盆。如果泥土太湿,瓦楞纸盆又会变形损毁。由于不能保证瓦楞纸盆内每一幼苗的情况,可预计部分幼苗会在运送途中移位、部分泥土松脱,因此请按货物情况做出妥善安排。

(2)包装指南

①鲜花包装指南。

大量鲜花运送,把大量鲜花放入可以容纳植物体积的伸缩包装盒内。包装盒最好小于 97 厘米(38 英寸)长、61 厘米(24 英寸)高、66 厘米(26 英寸)宽。使用横向索带或绑带防止鲜花在盒内移位。选用设有防潮内层的瓦楞纸箱。因为当包装箱预先冷藏后,温度及湿度可能会令纸箱变形损坏。建议使用胶纸固定包装箱,也可以使用绑带,但是绑带在运送时很容易松脱,也可能令纸盒打开。切勿用细绳或麻线缠绑盒子做固定。建议包装时,预计鲜花及植物运送需时最少 30 小时,并避免于周末或假期投寄。

②植物包装指南。

当运送植物时,请将它们固定于包装箱内。如植物在箱内移位,可能导致植物茎部和叶子折损,因此我们建议使用瓦楞间隔锁定盆栽位置。盆内的泥土亦需要妥善装好。将盆栽装入塑料袋内，然后固定好植物的茎部。如植物并无单一主干，可用纸张隔开叶子和泥土，并固定花盆。

③兰花包装指南。

因为兰花天生质地脆弱，所以必须使用特别的装箱方法。如运送多盆兰花，应于运送箱内固定花盆，并于盆与盆之间预留足够空间进行分隔。花朵与叶之间的触碰，可能会造成损毁。因此，可以用纸张包住花朵及叶子，加强保护。低温对于热带植物如兰花会有影响。如要运送至低温地区，应确保包装能保护兰花免受温差影响。

4. 计算机及计算机零件包装

为保障计算机及接口设备避免在运送时被撞击或震动，请依照以下指南包装寄出货物。建议包装方法使用原厂包装运送，货物使用专用盒运送。运送一般计算机零件及接口设备的指南如下：

（1）显示器

如可行，将显示器卸下底座和其他配件。在运送途中显示器面朝下方放置。

（2）打印机

在运送前一定要卸下打印墨盒，为防止墨水或者墨粉泄漏至包装箱中，请将墨盒放入密封塑料袋。请把所有会移动的部分用胶纸固定（如盖子、印表头），并卸下装进纸匣，以作独立包装。

（3）扫描仪

大部分厂商建议客户固定扫描镜头，以防运送时移动。请参考用户说明书，以了解更多详情。计算机机壳（包含或不包含内部组件）的包装材料通常只为净机壳的重量而设计。如组装及装嵌了内部组件（如电路板、硬盘驱动器），请注意包装是否能负荷增加了的重量。就保证安全角度而言，在投寄货物之前，先把任何机密资料加密或清除。如使用原厂包装，请在组装包含内部组件的计算机后加上额外的包装箱。

（4）数据储存装置

在运送光盘、记忆卡、磁带或其他数据储存媒介前，请先为装置内储存的数据备份。就保证安全角度而言，客户亦应该清除或加密任何个人敏感、机密的数据或财务数据。如遇任何电子数据损失，快递公司只会就储存数据的工具承担责任。服务器、路由器、大型激光打印机，由于这些产品价值高、重量及尺寸多变，建议客户致电快递公司包装服务组要求有关包装的建议。

5. 电池包装

充电电池货物或产品包含充电电池的货物在某些环境下可能会过热而着火。一旦起火，将难以扑救或释出腐蚀性物质。

（1）湿电池

湿电池或湿电池组为典型内含腐蚀性酸性或碱性物质的充电电池，属于第8类——腐蚀性密闭式电池货物。湿电池常用于汽车、多用途系统、不受干扰能源系统及工业机器影

响。此类产品必须正确识别、分类、包装、标示及标签。此外，包装上必须附有由合资格的寄件人填妥并签署的寄件人声明书。包装湿电池时应密封以防止泄漏，紧紧固定电池于容器内，并确保内含物质开口的位置正确，以免短路或电池过热。把多个电池逐一排列，并使用非导电材料隔开。将产品装入坚固的外包装盒内。

（2）干电池

干电池为密封、无气孔电池，用于电筒或小型电器。它们通常内含锌盐及其他固体或内含多种混合金属。部分干电池属第4类——浸湿时为危险品或第8类——腐蚀性的密闭式电池货物，并必须正确识别、分类、包装、标示及标签。一般对干电池进行包装时把多个电池或包裹好的多个电池逐一排列，并使用非导电材料隔开。确保电器内置的电池在运送过程中仍在原位。紧密包装产品，并填满所有空间，以防货物在运送时移位。

四、快递包装注意事项

包装是否符合要求，对保证快件安全、准确、迅速的传递起着极为重要的作用，同时可以避免运送过程中的损坏所造成的金钱损失。快递公司认为尤其是流质和易碎物品，如果包装不妥，不但快件自身容易遭受损坏，而且还会污损其他快件，所以一定要清楚如何正确地包装好自己的物品。

1. 包装袋

快递公司一般提供包装袋，主要有牛皮纸软信封、白板纸硬包信封、塑料防水袋。在包装时应注意：

（1）上述两类纸制封套和塑料防水袋所装的物件，四周边总长须小于三类封套的总长，物件一旦装入，封口一定要粘牢。

（2）上述两类纸制封套和塑料防水袋，绝对不能直接装入小五金、小电器、光盘、带有棱角和易碎等小物件。

2. 包装要求

（1）小物品包装好后的尺寸要求：绝对不能小于"运单"的尺寸，否则将导致运单损坏，运单一旦损坏会导致运单号码无法正确读取和快件无法正确送达。

（2）禁止使用一切报刊类物品作为快件的外包装，如报纸、海报、书刊等；严禁使用各种有色垃圾袋和容易破损、较薄的类似垃圾袋的包装物。

（3）对于重复利用的旧包装材料，均必须清除原有运单及其他特殊的快件标记后方可使用，以避免因旧包装内容而影响快件的流转。

（4）易碎品的包装要求：

①根据物件的大小、重量不同，选定强度不同的外包装（瓦楞纸盒、木制箱等）。

②物件不能直接放入箱内，必须要在箱底垫上防震材料，并在物件与物件之间、物件与箱子之间填满防震材料，以不晃动为准，然后将箱口封牢。

③怕倒置的物件与易碎物品切记标明，可以向快递员索要易碎等标签。

第五节 常见包装设备

一、常见包装设备

（一）流通加工的概念

1. 流通加工

所谓流通加工，是相对于生产加工而言的。流通加工是指在物品从生产领域向消费领域流通的过程中，以促进消费、维护产品质量、提高流通效率为目的，对物品进行的加工。流通加工与一般的生产加工有较大的差别，主要表现在：

（1）加工对象不同。

（2）加工程度不同。

（3）创造的价值不同。

2. 流通加工的作用

（1）提高产品档次，增加经济效益，如工艺美术品、洋娃娃等，在流通过程中对它们进行简单的包装，改变其外观，可提高其销售价格。

（2）使各种运输方式达到最佳组合。在流通过程中，产品的运输路线基本上是生产厂家—流通加工—用户，流通加工一般都设在与用户距离较近的仓库内或包装自动生产线上。

3. 流通加工设备的种类

流通加工大都是对物品进行浅层次的初级加工，如将钢板按用户要求切割成小块，将散装的食用油灌装成小桶装，将散装的大米装成小袋，并将货物贴上商标，所有这些，除部分手工操作外，大部分都要借助于机械加工设备。按照加工的方式不同，我们可以将流通加工设备大致分为几种：包装机械、切割机械、喷印、贴标记条形码设备、拆箱设备、称重设备等。本节重点介绍包装机械。

（二）包装机械的特点及作用

（1）劳动生产率大大提高。

（2）产品质量稳定、卫生。机械化、自动化、智能化包装有效地摆脱了人为因素的影响，产品的包装自动化、自动卫生检测、质量检测及控制，故能使产品稳定、卫生、可靠。

（3）劳动条件改善。

（4）综合效益提高。

（三）包装机械与包装材料的分类

1. 包装机械分类

（1）按包装材料和容器分

按包装材料和容器分，包装机械可分为塑料包装机、纸袋包装机、玻璃瓶包装机及马口铁罐头包装机等。

（2）按被包装物物理性能分

按被包装物物理性能分，可分为液体、粉料及颗粒料包装机、黏稠体包装机等。

（3）按应用行业分

按应用行业分，可分为食品包装机、医药包装机、粮食包装机等。

（4）按包装工艺方法分

按包装工艺方法分，可分为真空包装机、收缩包装机、拉伸包装机等。

（5）按功能分

按功能分，可分为充填机，封口机，裹包机，清洗、干燥、杀菌机，标签机，集装、拆卸机等。

（6）按包装设备的控制方式分

按包装设备的控制方式分，可分为手动、机械化、自动化、智能化的包装设备。

（7）按辅助包装设备分

按辅助包装设备分，可分为多功能包装机、充填—封口机、灌装—封口机、箱成型—充填—封口机、袋成型—充填—封口机、热成型—充填—封口机、开箱—充填—封口机、开袋—充填—封口机、真空包装机、泡罩包装机等。

2. 包装材料分类

包装材料可为纸质包装、木材包装、塑料包装。纸质包装成本低、质量轻、回收容易、环保，应用广泛；木材包装通常为运输包装，其形式主要有各种箱、桶、托盘等；塑料包装由于易于成型密封也应用广泛，但不环保。

（四）常见包装充填设备

1. 常见容积式充填机（图3-10、图3-11）

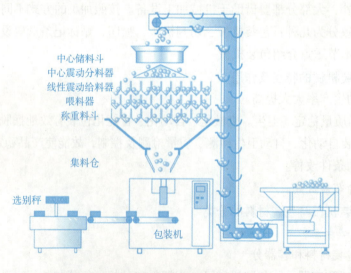

图3-10 容积式充填机（一）

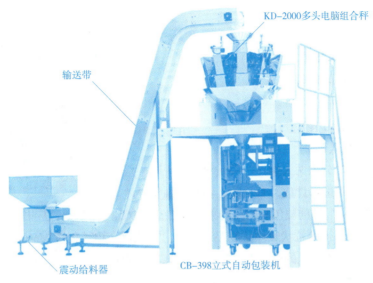

图 3-11 容积式充填机(二)

容积式充填机的主要作用是将产品按预订量的多少充填到包装容器内的机器,计量充填是产品包装的一个重要工序。充填机械一般由物料供送装置、计量装置、下料装置等组成。它可以作为一种单机单独使用,也可与各种包装机组成机组联合工作。

(1)固定式量杯充填机。

(2)螺杆充填机(图3-12)。

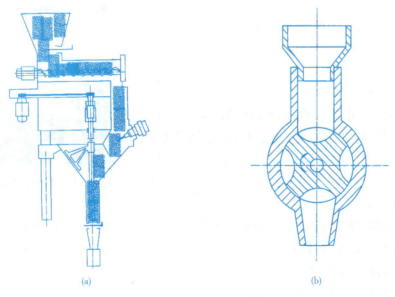

图 3-12 螺杆充填机

(3)计量泵充填机。

（4）气流充填机。

（5）定时充填机。

2. 常见称重充填机（图 3-13）

（1）单秤斗称重充填机。

（2）无秤斗称重充填机。

（3）连续称重充填机。

3. 常见计数充填机

计数定量的方法分为两大类：一类是对形状规则、整齐排列的被包装物品进行计数，有长度、容积、堆积等计数方式；另一类是从混乱的被包装物品的集合体中直接取出一定个数，常用的有转盘、转鼓、推板等形式，主要用于颗粒状或块状物品的计数。在此仅介绍被包装物品呈有规则整齐排列的计数机构，这类机构常见的有长度、容积、堆积等几种计数形式。

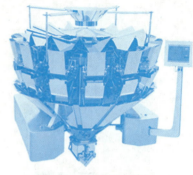

图 3-13　称重充填机

（五）常见灌装设备

在自动化的食品包装生产线上，灌装与封盖通常作为一机型设计，而且洗瓶、灌装、封盖三合一机型也得到开发应用，使包装工序紧凑，可以降低食品在传输过程中受二次污染的可能性。旋转型灌装机一般设计有多个灌装头，以提高生产率。灌装头数至少 6 头，多至 60 头以上。随着灌装头数的增加，灌装能力不断地提高，一些机型已超过 30000 瓶/小时的生产率。

图 3-14　等压式自动灌装机

（1）等压式自动灌装机（图 3-14）。

（2）真空式自动灌装机（图 3-15）。

（3）常压式自动灌装机。

（六）常见的封口机

封口机的主要作用是在包装容器内充填产品后，为了使产品得以密封保存，保持产品质量，避免产品污染变质，对容器进行封口。按照封口方式的不同，封口机可分为热压式、熔焊式、缝合式、滚压式、卷边式、旋合式六大类。

图 3-15　真空式自动灌装机

1. 热压式封口机

热压式封口机采用加热的方式封闭包装容器，所用的加热元件有加热板、加热环带、加热辊等。主要用于各种塑料袋的封口，其技术水平和机械结构简单，性能比较稳定。操作方式有手动、脚踏及全自动连续 3 种。

（1）手压封口机（图 3-16）。

（2）脚踏封口机（图 3-17）。

（3）落地自动封口机（图 3-18）。

图 3-16　手压封口机　　　图 3-17　脚踏封口机　　　图 3-18　落地自动封口机

2. 熔焊式封口机

熔焊式封口机主要用于封合较厚的包装材料，以及采用其他热封方法难以封合的材料，如聚酯、聚烯烃和无纺布等。此类封口机一般采用非接触的方式加热，使包装材料熔合而封闭包装容器。常用的有如下形式：

（1）热板熔融封合焊缝强度大，仅适用于热收缩膜，不适用于热分解膜。

（2）超声波熔焊封合封口质量好，不污染环境，包装内物不受热，尤其适用于聚酯、铝箔复合膜以及易受热变形的厚塑料材料。但超声波封口机投资费用较高。

（3）辐射熔焊封合可进行连续封合，适用于聚酯薄膜和无纺布材料。

（4）电磁感应熔焊封合能实现高速连续封合，适用于较厚的聚烯烃材料。

（5）红外线熔融封合因红外线的穿透性强，适合缝合厚度在5~6毫米及以上的薄膜。

图 3-19　缝合式封口机

3. 缝合式封口机（图3-19）

采用工业缝纫机以线作为辅助物来缝合包装袋，适用于麻袋、编织袋、布袋及多层纸袋的缝合。

常用的缝合设备有手提式缝合机和自动缝合机。其中，自动缝合机可用于缝合较重的包装袋，输送带的速度可调，能与各种包装生产线匹配，完成封口工作工序。

电源开关

钳口

电池

4. 滚压式封口机（图3-20）

滚压式封口机是利用滚轮使带胶圈的金属盖滚压变形，盖内胶圈紧贴罐头瓶瓶口径向的凸出封口线部分而形成密封封口。其密封可靠，能保存较长时间，但开启较困难。

常用的设备有半自动滚压封口机和自动滚压封口机。

半自动滚压封口机的进瓶、出瓶靠人工，瓶上升、下降、

图 3-20　滚压式封口机

抽真空封口由机器完成。

自动滚压封口机能自动完成进瓶、瓶上升、抽真空封口、瓶下降、出瓶及其他辅助功能。

5. 卷边式封口机（图3-21）

卷边式封口机习惯上称为封罐机，常用于金属罐的封口，是罐头食品生产过程中的重要机械设备之一。金属罐常采用二重卷边法，即将罐身和罐盖的结合边缘弯折变形，互相紧密钩合，实现密封封口。

6. 旋合式封口机（图3-22）

该类设备靠螺纹旋合封口，生产的罐头开启方便，有逐步取代滚压封口的趋势。

图3-21　卷边式封口机

图3-22　旋合式封口机

（1）按其自动化程度分

半自动旋合式封口机进瓶、出瓶靠人工，瓶上升、下降、抽真空旋合封口由机器完成。自动旋合式封口机自动完成进瓶、瓶上升、抽真空封口、瓶下降、出瓶及其他辅助功能。数控旋合式封口机机器由计算机控制，按已输入的源程序的指令进行工作。

（2）按瓶内真空度形成的方式分

常压封口机封口后瓶内压强与外界环境压强一致。

热排封口机封口前加热罐瓶，如中医的拔火罐，使瓶内空气排出，趁热封口，冷却后获得罐头瓶内真空度。

蒸汽喷射封口机封口时，用一定温度一定压力的蒸汽，喷射瓶口，利用热排和射流原理，抽吸瓶内空气，封口后获得瓶内真空度。

抽气封口机将罐头瓶置于密闭容积之中，用真空泵对密闭容积进行抽真空，瓶内空气密度减小，封口后获得瓶内真空度。

（七）常见的裹包设备

用挠性包装材料进行全部或局部裹包货物的包装设备称为裹包设备。裹包设备是包装设备中重要的组成部分之一。

裹包设备的共同特点是用薄型挠性包装材料，如玻璃纸、塑料膜、黏膜、各类复合膜、拉伸膜、收缩膜等将一个或多个固态货物进行裹包，广泛用于食品、烟草、药品、日用化工品、音像制品等领域。

因裹包设备种类繁多、功能各异且结构较为复杂，其调整、维修需要一定的技术水平。裹包设备有以下几种：

（1）折叠式裹包机。

（2）接缝式裹包机。

（3）覆盖式裹包机。

（4）缠绕式裹包机。

（八）常见捆扎机

捆扎机是利用带绳类材料将一个或若干个小包件捆扎在一起，属于外包装设备。捆扎机应用非常广泛，不仅在制造业，而且在运输、通信、出版、商业和服务业等非生产制造业都已大量使用。捆扎材料以钢带和塑料带的应用最为普遍。

1. 捆扎机的分类

按捆扎材料、自动化程度、传动形式、包件性质、接头接合方式及接头位置的不同，捆扎机有多种不同的形式。

（1）按捆扎材料，可分为塑料带、钢带、聚酯带、纸带和尼龙绳捆扎机。

（2）按自动化程度，可分为全自动、自动、半自动和手提式捆扎机。

（3）按接合形式，可分为人为热熔搭接式、高频振动式、超声波式、热钉式、打节式和摩擦焊接式捆扎机。

（4）按接合位置，可分为底封式、侧封式、顶封式、轨道开闭式和水平轨道式捆扎机。

2. 自动捆扎机

自动捆扎机采用电测控技术，控制捆扎机，无须手工穿带，可连续或单次自动完成捆扎。适用于纸箱、木箱、铁箱及包裹、书刊等多种包件的捆扎。

（1）普通式捆扎机。

（2）低台型自动捆扎机。

（3）水平轨道式自动捆扎机。

（4）侧置式捆扎机。

（5）双轨道式捆扎机。

（6）压力式捆扎机。

3. 捆扎机的选用

捆扎机品种是多样的，选用捆扎机时，一方面要考虑捆扎机的捆扎速度和包装件的捆扎量相匹配，另一方面要根据包装件大小确定选用捆扎机的规格。对于包装件所需的捆扎材料品种和设备维护是否方便也要综合考虑。沉重大件可用钢带捆扎，钢带自动捆扎机较少，多用手提式钢带捆扎机。

4. 捆扎机的维护保养及故障排除

在使用捆扎机的过程中，除需要按产品使用维护说明书进行日常保养外，还要注意以下几点：

（1）每天工作结束后，必须及时退出轨道和储带箱内的捆扎带，以避免捆扎带长期滞留在箱体里造成弯曲变形，致使下次捆扎时送带不畅。

（2）在捆扎过程中，塑料带因与机件摩擦而产生很多带屑，必须及时清除。否则保留在切刀、张紧器、烫头和送带轨道表面上，会影响正常的捆扎效果。

（3）应严禁在送带轮和塑料带上加油，以免造成打滑，影响捆扎。

二、集装化设备（图3-23）

（一）物流模数

图3-23 集装化设备

概念：物流模数是指为了物流系统化、合理化和标准化，而以数值关系表示的物流系统各种因素尺寸的标准。

分类：

（1）物流基础模数。基础模数尺寸是指标准化的公共单位尺寸，系统各标准尺寸的最小公约尺寸。

（2）物流集装设备模数（集装基础模数尺寸）。它是最小的集装尺寸，是在物流基础模数尺寸的基础上，按倍数推导出来的各种集装设备的基础尺寸。

（3）物流建筑模数。它主要是指物流系统中各种建筑物所使用的基础模数，在设计建筑物的长、宽、高尺寸，门窗尺寸以及跨度、深度等尺寸时，要以此为依据。

（二）物流标准化

（1）概念：简单来说是以物流为系统指定系统内部各个分系统的技术标准，通过对各分系统的研究以达到技术标准与工作标准配合一致的效果。

（2）分类：物流软件标准和物流硬件标准。

（3）作用：

①实现物流各环节衔接的一致性，加快流通速度的需要。

②进行科学化物流管理的重要手段。

③降低物流成本的有效手段。

④有利于提高技术水平，推动物流技术的发展。

⑤便于同外界系统的连接。

（4）特点：装卸速度快、货损货差少。

三、托盘

（一）托盘的种类及基本构造

1. 平托盘（图3-24）

用得最多的是木制托盘，还有钢制、塑料、复合材料以及纸制托盘。常用的托盘规格有 800 毫米 ×1100 毫米、1100 毫米 ×1100 毫米两种，适用于货车、卡车的尺寸；厚度有 16 毫米、18 毫米、20 毫米、22 毫米、24 毫米、26 毫米。

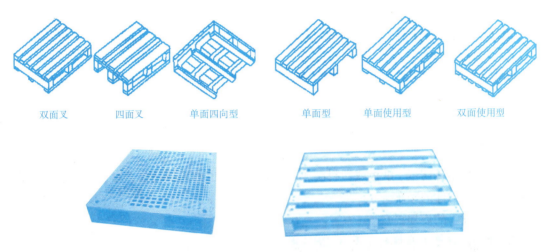

双面叉　　四面叉　　单面四向型　　单面型　　单面使用型　　双面使用型

图 3-24　平托盘

2. 柱式托盘（图 3-25）

柱式托盘是在平托盘上装有四根立柱，目的是在多层堆码保管时，保护最下层托盘货物。托盘上的立柱大多采用可卸式的，高度多为 1200 毫米左右。立柱材料多为钢制耐荷重 3 吨，自重 30 千克左右。

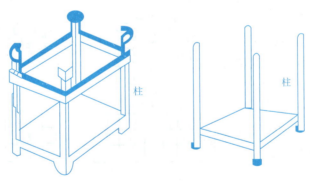

图 3-25　柱式托盘

3. 箱式托盘（图 3-26）

在平托盘上安装上部构造物制成的箱形设备，有可卸式、固定式和折叠式 3 种。特点是使包装简易并可将形式不规则的货物集装，在运输中还有不需要采取防塌垛措施的优点。

4. 滚轮箱式托盘、滚轮保冷箱式托盘（图 3-27）

在箱式托盘下部安装脚轮的构造形式，大多用于一般杂货的配送，如果在滚轮箱式托盘上部安装有保冷装置就成为滚轮保冷

图 3-26　箱式托盘

箱式托盘，可用于需要低温管理货物的配送。

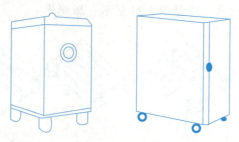

图 3-27 滚轮箱式托盘、滚轮保冷箱式托盘

5. 滑动板

滑动板是用瓦楞纸、纸板或塑料制成的板状托盘，也称薄板托盘，为了装卸这种托盘，需要带有特殊附件的叉车。

（二）托盘的使用要点

1. 货物在托盘上的堆码（图 3-28、图 3-29）

（1）多层不交错堆码：最简单的排列形式，由于各层间的货物未能啮合，会引起垛间分离，安全稳定性较差。

（2）层间纵横交错堆码：奇数层的货物之间成 90 度交叉堆码的模型。在正方形托盘一边长度为货物的长、宽尺寸的公倍数的情况下，可以采用这种模型。

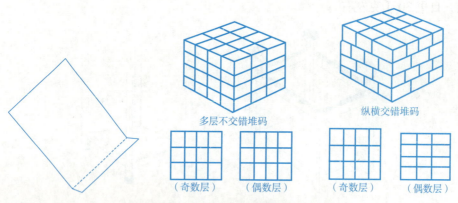

图 3-28 货物在托盘上的堆码（一）

（3）砖砌体堆码：将货物纵横排列，组合成一层，而奇数层与偶数层之间成 180 度进行堆码的模型，这个模型多用于长方形托盘装运袋包装货物的堆码。

（4）中心留孔堆码：风车型的堆码形式，在各层中改变货物的方向进行堆码。在正方形托盘中，一层排放 4 个货物，且货物的长度与宽度尺寸之和与托盘的一个边长吻合时，可采用这种模型。适用于这种模型的货物尺寸范围广，但在长度和宽度尺寸相差过大时，中央部分的无效空间也过大，致使托盘的表面利用率降低。

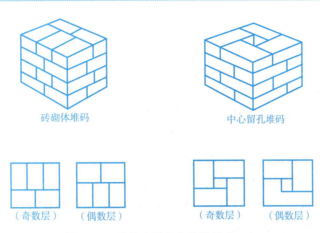

图 3-29　货物在托盘上的堆码（一）

2. 防止散垛措施

货物防散垛一般有两种：一种是直接对托盘货物做处理，一种是在运输车辆等设备中安装防止散垛装置或插入防止散垛工具。

3. 扎带方式

（1）托盘本身的防散处理

对托盘采取处置的措施：

①将托盘四周加高。

②在货物间插入止滑板。

涂胶黏结方式：缺点是胶的黏度随温度发生变化较大。

特殊包装方式：在运输车辆的车厢中基本上不需要防止散垛处置的有热缩包装、拉张方式和箱框式托盘方式。

（2）在运输车辆等设备上采用的防止散垛措施

①篷布方式、绳索捆扎方式。

②在托盘货物间隙中填设某种材料。

③使用带特殊装置的车辆。

（三）托盘标准化

托盘标准化背景：

ISO（国际标准化组织）承认的托盘规格：1200 毫米 ×800 毫米（欧洲标准）。

1200 毫米 ×1000 毫米（欧洲一部分加拿大规格）。

1219 毫米 ×1016 毫米（美国规格）。

1100 毫米 ×1100 毫米（亚洲规格）。

四、集装箱（图3-30）

（一）集装箱基本知识

1. 集装箱定义

集装箱是指海、路、空不同运输方式进行联运时用以装运货物的一种容器。香港称"货箱"，台湾称"货柜"。

2. 集装箱特点

（1）能长期反复使用，具有足够的强度。

图3-30 集装箱

（2）途中转运不用移动箱内货物，就可以直接换装。

（3）可以进行快速装卸，并可从一种运输工具直接方便地换装到另一种运输工具。

（4）便于货物的装满和卸空。

（5）具有1立方米以上的容积。

3. 集装箱组成

普通集装箱主要由梁、柱、护板、八个角配件、门、门锁构成。角配件（图3-31）位于长方形集装箱的八个角端部，用于支承、堆码、装卸和与吊钩、旋锁匹配吊装集装箱。角配件在三个面上各有一个长孔，中心有一个孔。三个孔的尺寸与集装箱装卸设备上的吊钩匹配，实现人工连接。中心一个孔与自动旋锁匹配，实现自动连接和自动化吊装。

图3-31 角配件

4. 集装箱标准

为了便于集装箱在国际上的流通，国际化标准化组织104技术委员会（简称ISO-104）制定了国际通用集装箱的外部尺寸、公差和总重量标准。国际上集装箱运输最常用的是20英尺QC型和40英尺UA型的集装箱。为便于统计，将20英尺的标准集装箱作为国际标准集装箱的标准换算单位，记为TEU，称为换算箱或标准箱（图3-32）。

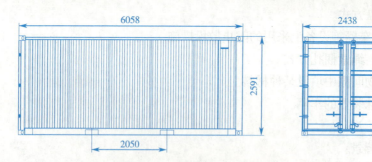

图3-32 标准箱（单位：毫米）

（二）集装箱的分类

1. 按用途分类

按用途分类，集装箱可分为以下几种。

（1）通用干货集装箱（杂货箱）（图3-33）：用来运输无须控制温度的杂货，其使用范围极广，占全部集装箱的80%以上。用来装运文化用品、化工用品、电子机械等。

（2）冷藏集装箱（图3-34）：以运输冷冻食品为主，能保持一定温度的保温集装箱。它是专为运输鱼、肉、新鲜水果而特殊设计的。目前国际上采用的冷藏集装箱基本上有两种：一种是集装箱内带有冷冻机的，称为机械式冷藏集装箱；另一种是箱内没有冷动机而只有隔热装置，在集装箱端壁上设有进气空和出气孔，箱子装在舱内，由船舶的冷冻装置供应冷气，叫作外置式冷藏集装箱。

图3-33　通用干货集装箱　　　　　图3-34　冷藏集装箱

（3）通风集装箱（图3-35）：为装运水果、蔬菜等不需要冷冻而具有呼吸作用的货物，在端壁和侧壁上设有通风孔的集装箱，如果将通风口关闭，同样可以作为杂货集装箱使用。

（4）罐式集装箱（图3-36）：专用于装运酒类、油类、液体食品以及化学品等液体货物的集装箱。

图3-35　通风集装箱　　　　　图3-36　罐式集装箱

（5）散货集装箱：是一种密闭式集装箱，有玻璃钢和钢制两种。前者由于侧壁强度较大，故一般装载麦芽和化学品等相对密度较大的散货；后者则用于装载相对密度较小的谷物。

（6）台架式集装箱（图3-37）：没有箱顶和侧壁，甚至连端壁也去掉了，只有底板和四个角柱的集装箱。这种集装箱可以从前后、左右及上方进行装卸作业，适合装载长大件和重货件，如重型机械、钢材、钢管、木材、钢锭。不能运怕水货物，用帆布装运。

（7）平台集装箱（图3-38）：这种集装箱是在台架式集装箱上再简化而只保留底板。

图3-37　台架式集装箱　　　　　图3-38　平台集装箱

（8）敞顶集装箱（图3-39）：是一种没有刚性箱顶的集装箱，但有由可折叠式或可折式顶梁支撑的帆布、塑料布或涂塑布制成的顶篷，其他构件与通用集装箱类似。这种集装箱适用于装载大型货物和重货，如钢铁、木材，特别是像玻璃板等易碎的重货，利用吊车从顶部吊入箱内不易损坏，而且也便于在箱内固定。

（9）汽车集装箱（图3-40）：一种运输小型轿车用的专用集装箱，其特点是在简易箱底装一个钢制框架，通常没有箱壁。这种集装箱分为单层和双层两种。这种集装箱一般不是国际标准集装箱。

图3-40　汽车集装箱

（10）动物集装箱：一种装运鸡、鸭、鹅等活家禽和牛、马、羊等活家畜的集装箱。通风良好，一般都装在甲板上。

（11）服装集装箱：在箱内上侧梁上装有许多根横杆，每根横杆上垂下若干条皮带扣、尼龙带扣或绳索，成衣利用成衣架上的钩，直接挂在带扣或绳索上。

（12）防弹集装箱（图3-41）。

（13）办公集装箱（图3-42）。

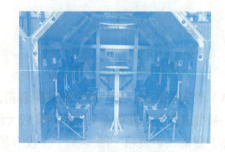

图3-41　防弹集装箱　　　　图3-42　办公集装箱

2. 按箱体材料分

按箱体材料分，集装箱可分为以下几种。

（1）钢集装箱：强度大、焊接性和水密性好，价格低，易腐蚀，使用期一般是11~12年。

（2）铝集装箱：一般由铝合金制成（镁铝合金），重量小，在同一尺寸的铝集装箱可以比钢集装箱装更多的货物，且不易生锈，外表美观。铝合金在大气中自然形成氧化膜，可以防止腐蚀，维修费低，使用年限长，一般为15~16年。

（3）玻璃钢集装箱：用玻璃纤维和合成树脂混合在一起制成薄薄的加强塑料，用黏合剂粘贴在胶合板的表面形成玻璃钢板而制成的集装箱强度大、刚性好。缺点是重量较大，

图 3-43 外柱式集装箱

，价格也较高。

强度大、不生锈、外表美观、使用率高；但价格高，初始投资大；目前一般都用作罐式集装箱。

按结构分类，集装箱可分为以下几种：
（1）内柱式和外柱式集装箱（图 3-43）。
（2）折叠式和固定式集装箱。
（3）预制骨架式集装箱和薄壳式集装箱。

（三）集装箱的标记（图 3-44）

1. 箱主代号、顺序号、核对号

图 3-44 中"1"的位置是代表箱主代号、顺序号、核对号的位置。箱主代号由四位拉丁字母表示，前三位由箱主自己规定，并向国家集装箱局登记，第四位为 U，表示海运集装箱代码，顺序号为集装箱编号，用 6 位阿拉伯数字表示，不足 6 位用 0 补之，核对号一般位于顺序号之后，用 1 位阿拉伯数字表示，并加方框以示醒目。

2. 国家代号及尺寸类型代号

图 3-44 中"2"的位置是表示国家代号及尺寸类型代号的位置。ISO 规定的集装箱类型和尺寸代码作为国际集装箱设备的必备标识符，用于国际集装箱运输 EDI 信息标识、处理与交换。用 2 个大写拉丁字母表示集装箱登记所在国的代号；后四位为集装箱尺寸与类型代号，用 4 个字符表示。

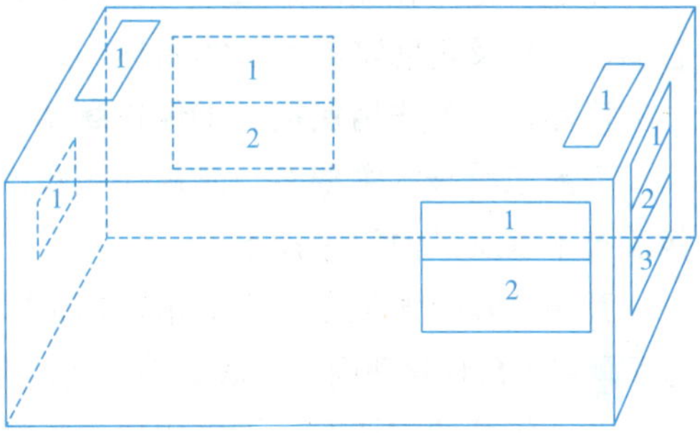

图 3-44 集装箱的标记

3. 最大总质量和箱体质量

一般以"千克"为单位标记最大总质量。另外规定，集装箱标记内容还应该包括箱主和制造厂铭牌。

（四）集装箱货物的装箱作业

1. 集装箱货物现场装箱作业的 3 种方法（图 3-45）

图 3-45 现场装箱作业

（1）全部用人力装箱作业。

（2）用叉式装卸车搬进箱内再用人力堆装。

（3）全部用机械装箱，如托盘＋货用叉车在箱内堆装。

2. 装箱时的注意事项

（1）在货物装箱时，任何情况下箱内所装货物的重量不能超过集装箱的最大装载量，集装箱的最大装货重量由集装箱的总重减去集装箱的自重求得。总重和自重一般都标在集装箱的箱门上。

（2）每个集装箱的重度是一定的，因此如箱内装载一种货物时，只要知道货物的密度，就能断定是重货还是轻货。

（3）装载时要使箱底上的负荷平衡，箱内负荷不得偏于一端或一侧，特别是要严格禁止负荷重心偏在一端的情况。

（4）用人力装货时要注意包装上有无"不可倒置""平放""竖放"等指示标志。

知识回顾

包装是指为在流通过程中保护产品、方便储运、促进销售，按一定技术方法而采用的容器、材料及辅助物等的总体名称。

商品包装的作用包括：①保护商品；②促进销售；③方便物流；④方便消费。

商品包装技术主要有：防震包装技术、防湿（水）包装技术、防锈包装技术、防虫害包装技术以及其他包装技术。

商品包装的管理是随着经济发展而出现的一种经济管理活动。商品包装管理的目的是通过实现包装合理化使商品流通有秩序地、协调地、富有成效地进行，并创造良好的经济效益。

改进包装的方法有：①采用单元货载尺寸和运输包装系列尺寸；②包装大型化；③包装机械化；④包装的循环再生。

包装是否符合要求，对保证快件安全、准确、迅速的传递起着极为重要的作用，同时可以避免运送过程中的损坏所造成的金钱损失。快递公司认为尤其是流质和易碎物品，如果包装不妥，不但快件自身容易遭受损坏，而且会污损其他快件，所以一定要知道如何正确地包装好自己的物品。

包装设备是包装环节的重要部分，是包装完成的必备环节。对包装设备使用的熟练度和规范掌握，直接影响包装的质量。

课后练习

1. 简述商品包装的作用。
2. 选择3种包装技术进行简要介绍。
3. 影响商品包装的因素有哪些？

4. 快递包装有哪些需要注意的问题？
5. 常见包装设备的使用规范和操作方法有哪些？

香奈尔 5 号香水瓶

1921 年 5 月，当香水创作师恩尼斯·鲍将他发明的多款香水呈现在香奈尔夫人面前让她选择时，香奈尔夫人毫不犹豫地选出了第五款，即现在誉满全球的香奈尔 5 号香水。然而，除了那独特的香味以外，真正让香奈尔 5 号香水成为"香水贵族中的贵族"却是那个看起来不像香水瓶，反而像药瓶的创意包装。

服装设计师出身的香奈尔夫人，在设计香奈尔 5 号香水瓶形上别出心裁。"我的美学观点跟别人不同：别人唯恐不足地往上加，而我一项项地减除。"这一设计理念，让香奈尔 5 号香水瓶简单的包装设计在众多繁复华美的香水瓶中脱颖而出，成为最怪异、最另类，也是最成功的一款造型。香奈尔 5 号以其宝石切割般形态的瓶盖、透明水晶的方形瓶身造型、简单明了的线条，成为一股新的美学观念，并迅速俘获了消费者。从此，香奈尔 5 号香水在全世界畅销 80 多年，至今仍然长盛不衰。

1959 年，香奈尔 5 号香水瓶以其所表现出来的独有的现代美荣获"当代杰出艺术品"称号，跻身于纽约现代艺术博物馆的展品行列。香奈尔 5 号香水瓶成为名副其实的艺术品。对此，中国工业设计协会副秘书长宋慰祖表示，香水作为一种奢侈品，最能体现其价值和品位的就是包装。"香水的包装本身不但是艺术品，也是其最大的价值所在。包装的成本甚至可以占到整件商品价值的 80%。香奈尔 5 号的成功，依靠的就是它独特的、颠覆性的创意包装。"

思考：

（1）香水的包装成本可以占到整件商品价值的 80%，在高价策略下，购买香水的人却只增不减的原因是什么？

（2）为什么香奈儿 5 号香水能够成为"香水贵族中的贵族"？

第四章 电子商务采购与存储管理

【知识目标】
1. 了解采购管理的内容和功能。
2. 了解采购管理的流程。
3. 了解存储的功能和流程。
4. 了解库存管理的方式。
5. 了解库存成本包含项目。

【技能目标】
1. 掌握商品采购、存储流程。
2. 掌握库存控制的方式。
3. 掌握仓储管理系统软件的操作方式。

【知识导图】

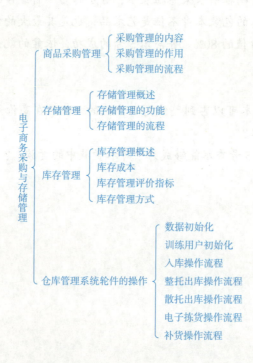

案例导入

一次成功的跨国采购

苏州XX电气有限公司创建于2008年，是XX集团旗下全资子公司，公司拥有现代化全套数控生产、加工、测试设备，拥有较强的高新技术研发及生产制造力量，系高低压成套开关设备、母线槽、电缆桥架、开关元器件、智能元件及相关软件产品的专业制造商、供货商，并集研发、设计、生产、销售、服务于一体的高新技术企业，在结合自身开发实力的基础上，广泛与国内重点院校、科研机构深入合作，先后获得江苏名牌产品企业、质量—信誉—服务先进单位等荣誉称号。

该企业在生产运营过程中需要采购大量的机电五金产品，如塑壳断路器、微型断路器、电线电缆、绝缘件等。

下面是该企业一个常见的采购需求单。

苏州××电气有限公司
SUZHOU×× ELECTRIC CO.,LTD
采购需求单

工程名称：×××　　　　　　　　　　日期：××—××—××

序号	元件名称	型号及规格	单位	数量	品牌
1	塑壳断路器	NSX100N TMD 25 3P3DF	只	31	施耐德
2	塑壳断路器	NSX100N TMD 32 3P3DF	只	4	施耐德
9	塑壳断路器	NSX100N TMD 40 3P3DF	只	1	施耐德
10	塑壳断路器	NSX100N TMD 50 3P3DF	只	7	施耐德
11	塑壳断路器	NSX100N TMD 63 3P3DF	只	4	施耐德
12	塑壳断路器	NSX100N TMD 80 3P3DF	只	6	施耐德
13	塑壳断路器	NSX160N TMD 100 3P3DF	只	2	施耐德
14	塑壳断路器	NSX160N TMD 125 3P3DF	只	2	施耐德
15	塑壳断路器	NSX250N TMD 200 3P3DF	只	1	施耐德
16	塑壳断路器	NSX400N MIC2.3 250 3P3DF	只	3	施耐德
17	塑壳断路器	NSX630N MIC2.3 630 3P3DF	只	1	施耐德
18	塑壳断路器	NSX100F TMD 16 3P3DF	只	7	施耐德
19	塑壳断路器	NSX100F TMD 63 3P3DF	只	5	施耐德
20	塑壳断路器	NSX100F TMD 80 3P3DF	只	1	施耐德
21	塑壳断路器	NSX160F TMD 100 3P3DF	只	1	施耐德
22	塑壳断路器	NSX160F TMD 125 3P3DF	只	1	施耐德
23	塑壳断路器	NSX100F MA 12.5 3P3DF	只	37	施耐德
24	塑壳断路器	NSX100F MA 25 3P3DF	只	36	施耐德
25	塑壳断路器	NSX100F MA 50 3P3DF	只	10	施耐德
26	塑壳断路器	NSX100F MA 100 3P3DF	只	8	施耐德
27	塑壳断路器	NSX250F MA 150 3P3DF	只	1	施耐德
28	塑壳断路器	NSX250F MA 220 3P3DF	只	1	施耐德

苏州XX电气有限公司采购需求单

通过分析上述采购需求单，发现本次用户采购的产品主要是塑壳断路器，产品品牌为施耐德，总计型号28种，订单总数量170只。用户将采购需求单提交给上级供

应商的时候，供应商查询库存情况并提供交货期和价格。而本次采购需求单中，供应商并不能及时提供所有的产品型号。少数型号的产品交货期相当长。

当用户的采购需求无法满足的时候，自然而然会寻找其他的供货商，或者直接与产品的品牌商联系获得支持。该产品品牌商施耐德电气有限公司（Schneider Electric SA）是总部位于法国吕埃的全球化电气企业，全球能效管理和自动化领域的专家。集团2016财年销售额为250亿欧元，在全球100多个国家拥有超过16万名员工。该公司于1836年由施耐德兄弟建立。

施耐德电气有限公司已经成立了B2B事业部，并在2014年年底入驻工品汇，开设施耐德官方旗舰店，共同开拓B2B电商事务。

工品汇是由苏州工品汇信息科技有限公司投资自主研发的B2B工业品线上电子商务网站，是国内领先的一站式MRO工业品采购平台。产品主要有：切削工具、生产加工工具、工程用品、作业类工具、环境安全用品、物流保管产品、研究管理产品、办公住宅用品等。

工品汇供应链电商平台支持30万工业品标准化商品数据的价格实时查询。工品汇移动端服公众号可以提供移动端实时价格查询服务。施耐德和工品汇共享库存，为工品汇线上采购订单提供品牌厂家直发。

案例分析：

苏州××电气有限公司在通过工品汇这个B2B电子商务采购平台，很方便地对接到本次采购需求的产品厂家施耐德的库存，并完成了该次采购需求订单。本次采购过程，流程更简便，时效性得到了满足，采购的安全性也能有保障。

第一节　商品采购管理

采购管理是对物料从供应商到组织内部物理移动的管理过程，是企业经营管理和生产运作管理的一个重要方面，是物流仓储管理的起始环节。

一、采购管理的内容

（一）供应商管理

采用供应商投标竞价等方法选择供应商，并建立供应商信息资料库，后期维护供应商关系，必要时可外延进行供应商培训等。

（二）最佳采购批量与时期管理

根据历史统计消耗情况建立模型，用最佳经济批量计算，并考虑实际情况进行修改后，在合理的提前期发出订单进行采购，保证原料的及时供应并控制冗余。

（三）采购价格管理

对不同供应商，可采取招标竞价的方法确定合理价格。

对长期供应商，可采取批量采购打折的方法确定价格。

对价格建立数据库，应及时更新。

对公司有剩余能力生产的原材料，与相关生产部门共同决定外购或自制政策。

（四）付款时间管理

合理利用供应商的赊销期及相关现金折扣，与财务部门共同确定付款时间，按期付款。

二、采购管理的作用

（一）保障供应的必要前提

供应物流是保证企业生产经营正常进行的必要前提，因此，采购为企业保证供应、维持正常生产和降低缺货风险创造了条件。物资供应是生产的前提条件，生产所需要的原材料、设备和工具都要由采购来提供；没有采购就没有生产条件，没有物资供应就不可能进行生产。

（二）保证质量的重要环节

采购供应的物资的质量好坏直接决定着企业产品质量的好坏。能不能生产出合格的产品，取决于采购所提供的原材料以及设备工具质量的好坏。

（三）控制成本的主要手段

采购的成本构成了生产成本的主体部分，其中包括采购费用、购买费用、进货费用、仓储费用、流动资金占用费用以及管理费用等。采购的成本太高，将会大大降低生产的经济效益，甚至导致亏损。因此，加强采购和供应的组织与管理，对于节约占用资金、压缩存储成本和加快营运资本周转起着重要的作用。

（四）企业与市场的信息接口

采购人员虽然直接和资源市场打交道，但是资源市场和销售市场是交融混杂在一起的，都处在大市场之中。所以，采购人员也可以为企业及时提供各种各样的市场信息，供企业进行管理决策。

（五）加强客户关系的有效途径

采购是企业和资源市场的关系接口，是企业外部供应链的操作点。只有通过采购部门人员与供应商的接触和业务交流，才能把企业与供应商联结起来，形成一种相互支持、相互配合的关系。

三、采购管理的流程

采购管理流程是指有生产或消费需求的企业购买所需要的各种产品的全过程。一般来说，一个完整的采购过程大体上应该包括以下几个步骤。

（一）接受采购任务，制定采购单

这是采购工作的任务来源，通常是企业各个部门把任务报到采购科来，采购科给各个采购员下采购任务单。也有很多是采购科主动根据企业的生产销售情况，自己来安排各种物资的采购计划，给每个采购员下采购任务单。

（二）制订采购计划

采购员在接受采购任务单后，要制订具体的采购工作计划。首先要进行资源市场调查，包括对商品、价格、供应商的调查分析，选定供应商，确定采购方法、采购日程计划及运输方法、货款支付方法等。

（三）联系供应商

通过各种方式，如出差、电话、E-mail 等和供应商取得联系。

（四）洽谈、成交，签订合同

这是采购工作的核心步骤。要和供应商反复进行磋商谈判、讨价还价，讨论价格、质量、送货、服务及风险赔偿等各种限制条件，最后把这些条件用订货合同的形式规定下来，形成订货合同。签订订货合同后，才意味着已经成交。

（五）运输进货及进货控制

订货成交后就是履行合同，就要开始运输进货。运输进货可以由供应商负责，也可以交给专业的运输公司负责或者自己提货。无论采取哪种方式，采购员都要监督进货进程，确保按时进货。

（六）到货检验、入库

采购员要监督有关人员进行检验、验收和入库，包括数量和质量的检验与入库。

（七）支付货款

货物到达后按照合同的规定支付货款。

（八）善后处理

一次采购完成后，要进行采购直接评估，并妥善处理好一些未尽事宜。但是不同类型的企业，在采购时又有不同的特点，具体实施起来还要与企业的实际情况相结合。

第二节　存储管理

一、存储管理概述

（一）存储管理的含义

存储管理是指商品生产出来之后，没有到达消费者手中之前所进行的商品保管过程。

（二）存储管理的目标

（1）存储管理应力求做到最大化利用空间，最有效使用劳力及设备。在存储区内进行的大部分活动是货品的搬运，需要大量的人力及设备来进行物品的搬进、搬出，因此人力和机械设备操作应达到经济和安全的需要。

（2）存储应力求随时准备存取所有物品。因为存储创造了商品时间价值，所以应能做到一旦有求，货品马上变得有用。

（3）保护货物。良好的管理、清楚的通道、干净的地板、适当且有次序的存储及安全的运行，都将使存储工作变得有效率并促进工作士气的提高。

二、存储管理的功能

存储系统是企业物流系统中不可缺少的子系统。物流系统的整体目标是以最低成本提供令客户满意的服务，存储系统在其中发挥着重要作用。由于存储在时间上协调原材料、产成品的供需，起着缓冲和平衡调节的作用，企业可以为客户在需要的时间和地点提供适当的产品，从而提高产品的时间效益。存储活动能够促进企业提高客户服务的水平，增强企业的竞争力。存储在物流系统中的重要作用主要表现在以下几个方面。

（一）降低运输成本、提高运输效率

大规模、整车运输会带来运输的经济性。在供应物流方面企业大多是从多个供应商分别小批量购买原材料并运至仓库，然后将其拼箱并整车运输至工厂。整车运输费率低于零担运输费率，因此这将大大降低运输成本、提高运输效率。在销售物流方面，企业将各工厂的产品大批量运到市场仓库，然后根据客户的要求小批量运到市场或客户。这种仓库的作用不仅是拼箱装运，而且可按客户要求进行产品整合。

（二）进行产品整合

如果考虑到颜色、大小、形状等因素，企业的一个产品线包括了数千种不同的产品。这些产品经常在不同工厂生产，企业可以根据客户要求将产品在仓库中进行配套、组合、打包，然后运送给各地客户。否则，从不同工厂满足订货将导致不同的交货期。仓库除了满足客户订货的产品整合需求外，对于使用原材料或零配件的企业来说，从供应仓库将不同来源的原材料或零配件配套组合在一起，整车运到工厂以满足需求也是很经济的。

（三）支持企业的销售服务

仓库合理地靠近客户，使产品被适时地送到客户手中，将提高客户的满意度并扩大企业销售，这一点对于企业产成品仓库来说尤为重要。

（四）调节供应和需求

由于生产和消费之间或多或少存在时间或空间上的差异，存储可以提高产品的时间效益，调整均衡生产和集中消费或均衡消费与集中生产在时间上的矛盾。

三、存储管理的流程

存储管理的作业流程，是指以保管活动为中心，从仓库接收商品入库开始，到按需要把商品全部完好地发送出去的全部过程，如图4-1所示。

（1）进货管理，包括货物接运、货物验收和货物入库3个作业环节。

（2）存储保管，保管原则和保管方式。

（3）出货管理，核对凭证、备货（包括拣货、库内加工等）、出验。

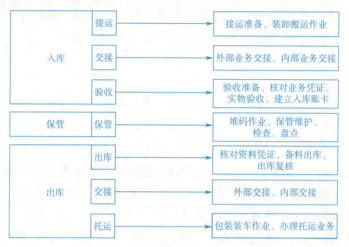

图 4-1 存储业务流程

案例 4-1

ZARA 的存储管理

ZARA 是西班牙 Inditex 集团旗下的一个子公司，它既是服装品牌，也是专营 ZARA 品牌服装的连锁零售品牌。1975 年建立于西班牙的 ZARA，隶属于 Inditex 集团，为全球排名第三、西班牙排名第一的服装商，在世界各地 56 个国家，设立了超过两千家的服装连锁店。该公司坚持自己拥有和运营几乎所有的连锁店网络的原则，同时投入大量资金建设工厂和物流体系，以便于"五个手指抓住客户的需求，另外五个手指掌控生产"，快速响应市场需求，为客户提供"买得起的快速时装"。

在新产品设计过程中，ZARA 密切关注潮流和消费者的购买行为，收集客户需求的信息并汇总到西班牙总部的信息库中，为设计师设计新款式提供依据，以快速响应市场需求。在与生产、运营团队一起决定一个具体的款式用什么布料、如何剪裁以及如何定价时，设计师必须首先访问数据库中的实时信息。ZARA 借助自主开发的信息系统对产品信息和库存信息进行管理，控制原材料的库存，并为产品设计提供决策信息。卓越的产品信息和库存管理系统，使得 ZARA 的团队能够管理数以千计的布料、各种规格的装饰品、设计清单和库存商品，使存货不超过下季度出货量的 20%。

在 ZARA 的仓库中，产品信息都是通用的、标准化的，这使得 ZARA 能快速、准确地准备设计，对裁剪给出清晰的生产指令。ZARA 的团队也能通过这个系统提供的信息，以现存的库存来设计一款服装，而不必去订购原料再等待它的到来。

设计方案确定后，生产计划和采购人员开始订单履行流程的管理：制订原材料采购计划和生产计划，监视库存的变化，分配生产任务和外包生产，跟踪货源的变化情况，防止生产不足和生产过剩。

ZARA 公司在西班牙拥有属于自己的 22 家工厂，50% 的产品通过自己的工厂来完成生产，这些工厂都有自己的利润中心，进行独立管理。其他 50% 的产品则由 400 余家外部供应商来完成生产，这些供应商 70% 位于欧洲，主要分布在西班牙和葡萄牙。ZARA 公司希望这样能够进行有效管理，保证供应商能对其订单的变化迅速做出反应，要求与其合作的供应商都把它作为自己的第一选择。

产品究竟自产还是外包，这个决定也是由采购人员做出的。选择的标准有：产品需求的速度和市场专家的意见、成本效益原则、工厂的生产能力。ZARA 公司自己生产产品，原材料尽量从 Inditex 集团内的厂家购买，其中大约有 40% 的布料供应来自内部。这其中又有 50% 的布料是未染色的，这样就可以迅速应对夏季颜色变换的潮流。为了防止对某一个供应商的依赖，同时也鼓励供应商更快地做出反应，ZARA 剩余的原材料供应来自 260 家供应商，每家供应商的份额最多不超过 4%。

ZARA 的供应链依靠精确的预测和更多即时的市场信息，反应速度比一般公司快，低存货量和精确的库存数据不仅降低了成本，还大大提高了 ZARA 的核心竞争力。

思考：本案例中 ZARA 是怎样通过采购管理和库存管理的有效结合，实现了快速供货及低库存量的目标的？

第三节 库存管理

一、库存管理概述

（一）库存

库存是指处于储存状态的物品或商品。库存与保管概念的差别在于前者是从物流管理的角度出发强调合理化和经济性，后者是从物流作业的角度出发强调效率化。库存具有整合需求和供给，维持各项活动顺畅进行的功能。

（二）库存管理

库存管理是根据外界对库存的要求、企业订购的特点，预测、计划和执行一种补充库存的行为，并对这种行为进行控制，重点在于确定如何订货、订购多少、何时订货。

库存管理的核心是库存控制，其重点是对周转库存的控制。周转库存是企业成本效益中最重要的一环。市场瞬息万变，超时过量的库存，占用了企业的资金，不但造成企业资金的困难，影响正常经营活动的开展，而且增加了产品的保管费用，同时增加了库存风险和库存损耗。

(三)库存业务

库存业务通常指仓库中的物资进、出、存的业务。从经营者的角度看,库存业务是一种经营业务。例如,一个超市所从事的就是购进物资,储存并进行销售的典型经营业务。经营者强调经营,要讲究效益和成本,就需要通过科学管理来获取利润,也只有从这个角度出发,才能认真研究库存业务,管理库存业务。

一个完整的物资库存经营过程,包括以下4个过程。

1. 订货

订货过程是从发出订单之日起,到订货成交为止所经历的过程。通过订货企业在名义上的库存量将增加。

2. 进货

进货过程是从订货成交之日起,到把物资从对方仓库运到自己仓库并将物资入库为止的过程。它是一个物流过程。通过进货过程,自己仓库的库存量会实实在在地增加。

3. 保管

保管过程指从物资入库之日起,到该物资出库之日为止的时间间隔,它也是一个物流过程。保管过程不会使仓库存量发生变化(不考虑库存损失)。

4. 销售出库

销售出库过程指从物资点交到物资出库发运为止的过程。它既是一个商流过程,也是一个物流过程。通过销售出库过程,物资库存量无论在名义上还是在实际上都会减少。

由以上4个过程可以看出,订货、进货过程使库存量增加,销售出库过程使库存量减少,而保管过程库存量保持不变。所以,为了进行库存量的控制,既可以控制销售出库过程,也可以控制订货、进货过程。

知识链接 4-1

库存控制的单据与报表

在库存业务中,还需要进行库存控制的单据与报表的填制和管理,下面介绍几种常用的库存控制的单据与报表。

一、物料请购单

日期: NO.000001

制单号码	料号	需求数量	库存数量	请购数量	预定进厂时间	备注

经理   主管   物控

二、物料进度计划表

日期：　　　　　　　　　　　　　　　　　　　　　　　　　　　NO.000001

订购日	订单号码	料号	品名规格	订购量	进料计划	供应商	备注

审核　　　　　　　　　　　　　　　　　　　　　　　　　　制表

三、材料使用预算表

材料编号	品名规格	单位	后三个月预算用量	平均月用量	预估月用量	存量管理方式	购备时间	安全存量	请购点	请购量	最高存量

四、存量基准设定表

材料编号	品名规格	单位	采购方法	去年平均月用量	设定月用量	安全存数	请购点	设定请购量	备注

五、常备材料控制表

变更日期	预估月用量	购备时间	安全存量	请购点	请购量	最高存量	日期	进厂量	发出量	库存量	请购未到量	请购参考量

六、物料需求分析表

材料名称	存量	制单需求预计	不足数量	上次订单余量	订购	预计入库日期	备注

七、材料使用差异分析表

材料编号	品名规格	单位	近三个月实际用量①	当月预算用量②	差异量 ①~②	差异率 (①~②)/②	异常原因	处理对策	备注

二、库存成本

库存成本是整个物流成本的一个主要组成部分,库存成本主要由以下几种费用构成。

(一)订货费用

订货费用是指订货过程中发生的与订货有关的全部费用,包括差旅费、订货手续费、通行费、招待费及订货人员有关费用。

订货费用的特点:在一次订货中,订货费用与订货量的多少无关,每次的订货费用是一定的,在一定时期内总订货费用与订货次数成正比。订货次数越多,总订货费用越高。

(二)进货费用与购买费用

进货费用是指进货途中为进货所花费的全部费用,即运杂费,包括运费、包装费、装卸费、租赁费、延时费、货损货差等。购买费用,即购买物资的原价。

二者的特点:当订货的数量、订货的地点确定以后,总的购买费用和总的进货费用就是确定不变的,不会随着进货批量变化而变化。也就是说,进货费用与购买费用都与订货批量无关,批量大小都不会影响其总进货费用和总的购买费用。

(三)保管费用

保管费用是指在保管过程中为物资保管所花费的全部费用,包括入、出库时的装卸、搬运、堆码、检验费用;保管用具、用料费用;仓库房租、水电费;保管人员有关费用;保管过程中的货损货差;保管物资资金的银行利息等。

保管费用的特点:保管费用与被保管物资数量的多少和保管时间的长短有关。被保管物资的数量越多,保管的时间越长,所承担的保管费用就越高。

(四)补货费用

补货费用是指当用户来买货时,仓库没有现货供应,但不丧失销售机会,而是要求用户仍然在这里订货,承诺马上进货,待到货后,马上补货给用户,为了实现补货,往往发生补货费用。补货是一种实时需求的进货响应,意味着企业经营风险的降低,但也在一定程度上影响了客户服务水平。因此,为了维持一定的客户关系,需要投入一定的招待费、感情费、回扣费,或是为客户提供一定的优惠服务和优惠价格。

(五)缺货费用

缺货费用是指当用户来买货时,仓库因为没有现货供应而丧失了这次销售机会,这种现象就是缺货。缺货会造成损失,也就是缺货费用。缺货费用对不同的对象影响是不同的。对仓库来说,轻则丧失了销售机会,重则误了合同,遭受罚款,更重则失去了用户,失去竞争能力,进而失去市场。对于用户而言,轻则多花些差旅费到别处去买,重则停工待料、停产改产。

三、库存管理评价指标

库存管理的评价指标主要有平均库存值、可供应时间和库存周转率。

(1)平均库存值指某时间段内全部库存物品的价值之和的平均值。这个指标可以让企业管理者了解企业资产的库存占用状况。

（2）可供应时间指现在库存能够满足多长时间的需求，计算公式为

$$可供应时间 = \frac{平均库存值}{相应时间段内单位时间的需求}$$

（3）库存周转率指在一定期间库存周转的速度，计算公式为

$$库存周转率 = \frac{一定时间销售额}{一定期间平均库存值} \times 100\%$$

提高库存周转率对于加快资金周转、提高资金利用率和变现能力具有积极的作用。可通过重点控制耗用金额高的物品、及时处理过剩物料、合理确定进货批量和消减滞销存货等方式来提高库存周转率。但是库存周转率过高将可能发生缺货现象，而且存在因采购次数增加使采购费用增加的缺点。

四、库存管理方式

库存管理方式是指用于库存量的检查和订货的方式（什么时候应当发出订货单和确定订货数量）。常用的有以下库存管理方式。

（一）ABC 分类管理法

1. ABC 分类管理法的含义

ABC 分类管理法又称帕累托分析法、主次因素分析法、重点管理法、ABC 管理法。ABC 分类管理法是将库存物品按品种和占用资金的多少，分为特别重要的库存（A 类），一般重要的库存（B 类）和不重要的库存（C 类）3 个等级，然后针对不同等级分别进行管理与控制。

ABC 分类管理法是通过对库存进行统计、综合、排列、分类，找出主要矛盾、抓住重点进行管理的一种科学有效的管理方法。把品种小、占用资金多、采购较难的重要物品归为 A 类，把品种多、资金少、采购较易的次要物品归为 C 类，把处于中间状态的归为 B 类。

2. ABC 分类

ABC 分类管理表见表 4-1，观察第三栏品类数累计百分比和第八栏平均资金占用额累计百分比，将品类数累计百分比为 5%~15%、平均资金占用额累计百分比为 60%~80% 的前几个物品确定为 A 类，将品类数累计百分比为 20%~30%、平均资金占用额累计百分比也为 20%~30% 的物品确定为 B 类，其余为 C 类。C 类的情况正好和 A 类相反，品类数累计百分比为 60%~80%，而平均资金占用额累计百分比仅为 5%~15%。

表 4-1 ABC 分类管理

物品名称	品类数累计	品类数累计百分比	物品单价	平均库存	物品平均资金占用额	平均资金占用额累计	平均资金占用额累计百分比	分类结果
①	②	③	④	⑤	⑥ = ④ × ⑤	⑦	⑧	⑨

3. 绘制 ABC 分类管理图

以品类数累计百分比为横坐标，以平均资金占用额累计百分比为纵坐标，按 ABC 分类管理表第三栏和第八栏所提供的数据，在坐标图上取点，并连接各点曲线，则绘成 ABC 分类管理曲线。按 ABC 分类管理曲线对应的数据，根据 ABC 分类管理表确定 ABC 三个类别的方法，在图上标明 A 类、B 类、C 类，则制成 ABC 分类管理图，如图 4-2 所示。

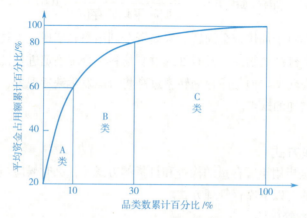

图 4-2　ABC 分类管理图

4. 确定重点管理要求

按 ABC 分类管理结果，权衡管理力量与经济效果，对以下 3 类库存物品进行有区别的管理。

A 类库存，实行重点管理。该类库存物资数量虽少，但是对企业最为重要，是最需要严格管理和控制的库存。企业必须对该类库存定时盘点，详细记录及经常检查分析物资使用、存量增减、品质维持等信息，加强进货、发货、运送管理，在满足企业内部需要和客户需要的前提下，维持尽可能低的经常库存量和安全库存量，加强与供应链上下游企业合作，降低库存水平，加快库存周转率。

B 类库存，实行一般控制。该类库存属于一般重要的库存，进行正常的例行管理和控制。

C 类库存，采用简便方法管理。该类库存物资数量最大，但对企业的重要性最低，因而视为不重要的库存。对该类库存，一般进行简单的管理和控制。

（二）定量订货法

定量订货法又称连续检查控制方式或订货点法。其工作原理是，连续不断地监视库存余量的变化，当库存余量下降到某个预定数值时，就向供应商发出固定批量的订货请求，经过一段订货时间，订货到达后补充库存。

所谓定量订货，就是预先确定一个订货点和订货批量，随时检查库存，当库存下降到订货点时，就发出订货请求，订货量取一个订货批量的方法。这个订货的方式核心体现为以下两个方面：①确定订货点，解决什么时候订货；②确定订货批量，解决一次批量订多少货。

1. 订货点的确定

订货点就是发出订货的时机。在定量订货法中，是以库存水平作为参照点的。当库存下降到某个库存水平时就发出订货请求，发出订货请求时的这个库存量水平称为订货点，即企业为每种物料设置一个最大库存量和安全库存量（Q_0），实际操作中使库存量 Q 不低于 Q_0，由于物料供应需要一段时间，所以库存补充必须有一定的提前期（天），当库存 $Q=Q_0+d_x$ 日需求量时，下达订单来补充库存，此时库存量 Q 为订货点，如图 4-3 所示。

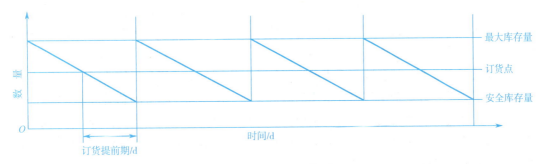

图 4-3　定量订货模型

订货点是一个决策变量，是直接控制库存水平的一个关键变量。订货点不能取得太高，也不能太低。订货点如果太高，则订货物资订回来后，原有的库存物资还没有卖完，这样新旧物资合在一起，库存量太高；订货点如果太低，则订货物资还没有订回来，旧的库存物资就已卖光，造成缺货。

合适的订货点主要取决于两个因素：一是需求速率，也就是供应或销售的快慢，需求速率越大，订货点也越高；二是订货提前期，即从发出订货到所订物资入库所需要的时间长度，订货提前期越长，订货点也就越高。

订货点可以表达为

$$订货点 = 需求速率 \times 订货提前期 + 安全库存量$$

案例 4-2

应用实例

某企业是一家经销计算机的零售商。经测算，其最佳订货批量为 120 台，安全库存量为 60 台，每天平均销售量为 30 台，订货提前期为 2 天，试确定其订货点。

解：订货点量 $=30\times2+60=120$（台）。

分析如下：

在第一天，最佳订货批量 120 台全部到货，加上安全库存量 60 台，总库存量为 180 台，在第三天，总库存量下降到 120 台，到了订购点。因为订购到收到物资需要 2 天，在这段时间要售出 60 台；在正常情况下不动用安全库存，所以当总库存量为 120 台时就得补充订货。

如果订货后一天库存量就下降到 60 台，这时上次订货尚未收到，周转库存已用完，以后发货需动用安全库存。如果安全库存也消耗完了，第二次订货误期到达，那么就会发生缺货现象。由此企业确定订货点为120台。

2. 订货批量的确定

所谓订货批量，就是一次订货所订的物资数量。订货批量的高低直接影响库存量的高低，也直接影响物资的供应满足程度，是不能随意确定的。因为订货批量太大将使库存量过高，成本升高；订货批量太低，库存量虽然可以降下来，但不一定能保证满足客户的需要，所以订货批量要选取恰当。

要降低库存成本，就要制定适当的订货策略，协调订货费用与保管费用的比例。订货批量的大小关系到订货费用与保管费用的高低。在一定期间，物资的总需求量一定时，订货批量大，订货次数就会减少、订货费用就会降低，而保管费用会提高；若订货批量小，保管费用就会降低，而订货次数会增加。通常，我们根据总费用（保管费用＋订货费用）最省的原则来确定经济订货批量。

（1）设一定时期内物资的总需求量为 D（件/年），单位订货费用为 C（元/次），单位库存保管费用为 H（元/件×年），经济订货批量为 Q_0。

一定时期内的保管费用总额为

$$Y_1 = \frac{1}{2}QH$$

一定时期内的订货费用总额为

$$Y_2 = \frac{D}{Q} \times C$$

一定时期内的总费用总额为

$$Y = Y_1 + Y_2 = \frac{1}{2}QH + \frac{D}{Q} \times C$$

使得 Y 取最小值，解得，经济订购批量为

$$Q = \sqrt{\frac{2CD}{H}}$$

（2）还有另一种推算公式，介绍如下。

订货批量 Q 依据经济批量（EOQ）的方法来确定，即总库存成本最小时的每次订货数量。通常，年总库存成本的计算公式为

年总库存成本 = 年购置成本 + 年订货成本 + 年保管成本 + 缺货成本

假设在不允许缺货的条件下，年总库存成本 = 年购置成本 + 年订货成本 + 年保管成本，即

$$TC = DP + \frac{DC}{Q} + \frac{QH}{2}$$

式中：TC——年总库存成本；

D——年需求总量；

P——单位商品的购置成本;

C——每次订货成本,元/次;

H——单位商品年保管成本,元/年($H=PF$,F为年仓储保管费用率);

Q——批量或订货量。

经济订货批量就是使库存总成本达到最低的订货数量,它是通过平衡订货成本和保管成本两方面得到。其计算公式为

$$\text{EOQ}=\sqrt{\frac{2CD}{H}}=\sqrt{\frac{2CD}{PF}}$$

经济订货批量,此时的最低年总库存成本 $TC=DP+H(\text{EOQ})$。

年订货次数 $N=\dfrac{D}{\text{EOQ}}=\sqrt{\dfrac{DH}{2C}}$。

平均订货间隔周期 $T=\dfrac{365}{N}=\dfrac{365\text{EOQ}}{D}$。

案例 4-3

应用实例

某电商所售 A 商品年需求量为 30000 个,单位商品的购买价格为 20 元,每次订货点成本为 240 元,单位商品的年保管费为 10 元,求:该商品的经济订购批量,最低年总库存成本,每年的订货次数及平均订货间隔周期。

解:经济订购批量:$Q=\sqrt{\dfrac{2\times240\times30000}{10}}=1200$(个)

最低年总库存成本:$TC=30000\times20+10\times1200=612000$(元)

每年的订货次数:$N=\dfrac{30000}{1200}=25$(次)

平均订货间隔周期:$T=\dfrac{365}{25}=14.6$(天)

思考:通过案例 4-3 和案例 4-4,你可以自己进行定量计货吗?

第四节　仓库管理系统软件的操作

电子商务时代,物流信息化是电子商务的必然要求。信息技术在物流中的应用将会彻底改变世界物流的面貌。因此,如何操作仓库管理系统软件进行仓储管理,是每一个仓储管理者、电商必备的基本技能。下面以 Logis 仓储管理系统(全国物流大赛版)操作手册为例,

从信息存储方面介绍物品的仓储和库存控制。

一、数据初始化

（1）在PC机上打开IE输入网址如图4-4所示。

（2）单击【教师管理系统】输入用户名：admin，密码：dev（图4-5）。

（3）单击【确定】进入系统。

（4）单击【硬件数据生成】初始化货位、货品和库存等基本信息（图4-6）。

①货位信息：录入当前库房内的【货架数】、【层数】和【截面数】，单击【保存】。

②收货人信息：录入收货人信息。

图4-4　仓储管理系统

图4-5　仓储管理系统的登录

图 4-6　货品信息录入

③货品信息：录入【货品名称】、【货品条码】及货品的大小，【包装单位】及换算关系。【存储区间】：该货品存放到某区的某货位之间，【储位／电子货位】：该货品存放在琉璃货架的哪个储位上，【补货点】：用于电子拣选货架的补货设置，当电子拣选货架的库存数量低于补货点，并且托盘货架区有库存时，可以录入补货订单，进行补货操作，单击【保存】。

④初始化库存信息：选择哪个区、哪个储位、什么货品、数量是多少及包装单位，如果在托盘货架要指定当前在库的托盘标签号，单击【保存】。

⑤完成后单击【提交】，完成后的页面如图 4-7 所示。

图 4-7　提交完成的页面

二、训练用户初始化

（1）单击【硬件数据导入】进入用户信息维护界面（图 4-8）。

（2）单击【新增分组】【批量新增】【批量导入】，通过录入、批量录入或批量导入建立实训用户分组信息，如图 4-9 所示。

105

图 4-8　用户信息维护界面

图 4-9　【新增分组】操作

录入后单击【保存】，回到列表界面。

（3）选中实训用户分组信息，单击【授予权限】，如图 4-10 所示。

勾选当前岗位（至少要选择订单管理岗、仓储设置岗和仓储作业岗），单击【提交】完成授权。

图 4-10　【授予权限】操作

（4）选中实训用户分组信息，单击【数据导入】，如图4-11所示。

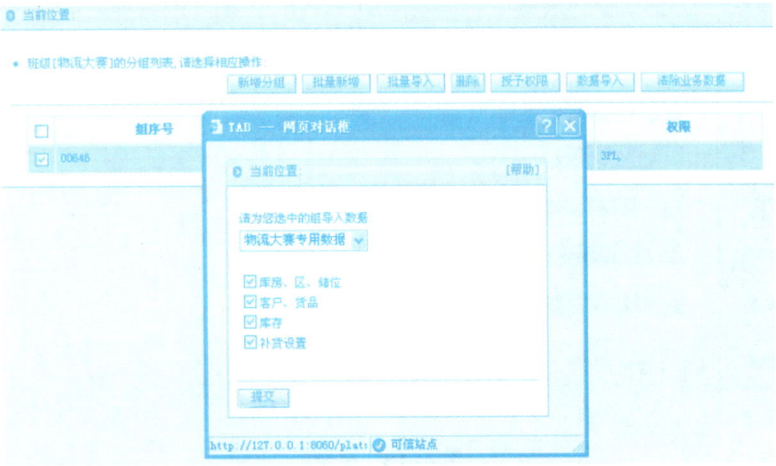

图4-11 【数据导入】操作

勾选中当前所有，单击【提交】，完成对选中用户的数据初始化操作。
到这里数据的初始化操作已经完成。

三、入库操作流程

（1）信息员在系统中录入订单（图4-12）。

图4-12 录入订单

（2）输入分配的账号（如1，密码：1）登录（图4-13）。

图 4-13 登录

（3）单击【查看最新】即可显示进入模块的快捷方式，单击相应的按钮，进入对应的模块，单击【入库订单】，则跳转到入库订单页面（图 4-14）。

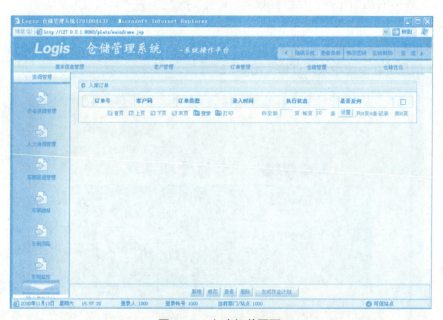

图 4-14 入库订单页面

（4）单击【新增】则进入入库订单维护页面，录入相应的订单信息（图 4-15）。录入完成后单击【保存订单】，完成订单录入（图 4-16）。

（5）返回到列表界面单击【生成作业计划】（图 4-17），再单击【确认生成】订单（图 4-18）即提交到作业环节，如图 4-19 所示。

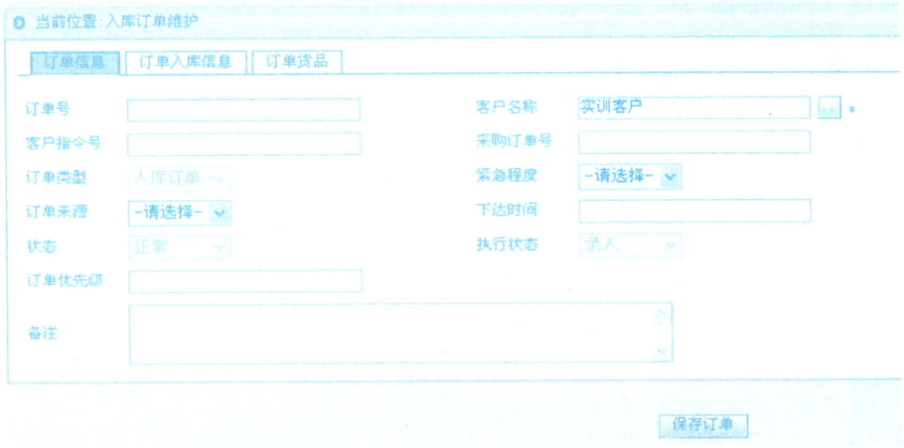

图 4-15　进入入库订单维护页面

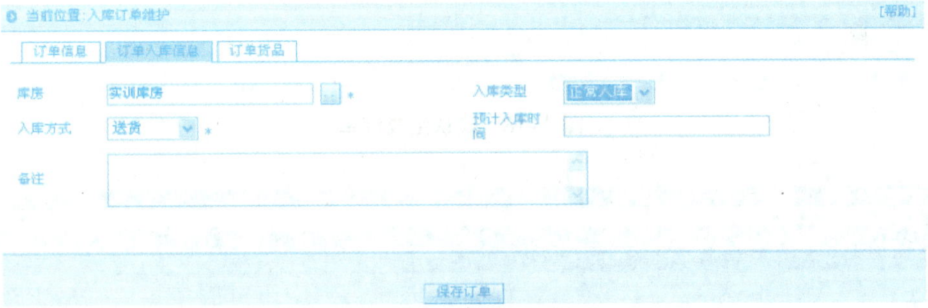

图 4-16　保存订单

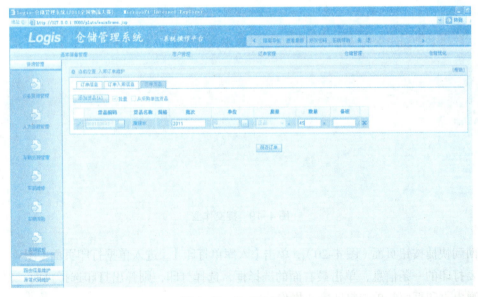

图 4-17　生成作业计划

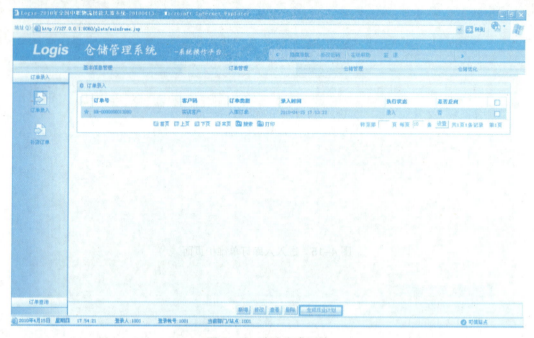

图 4-18 确认生成订单

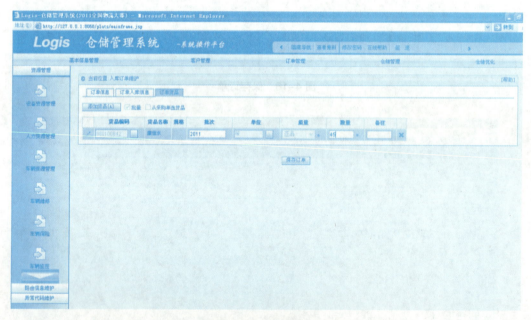

图 4-19 提交作业

回到快捷按钮页面（图 4-20），单击【入库单打印】，进入单据打印页面（图 4-21），选中要打印的一条信息，单击最右面的选择框，选择打印，则弹出打印选择页面。单击打印，弹出打印页面，单击打印完成操作。

图 4-20 快捷按钮页面

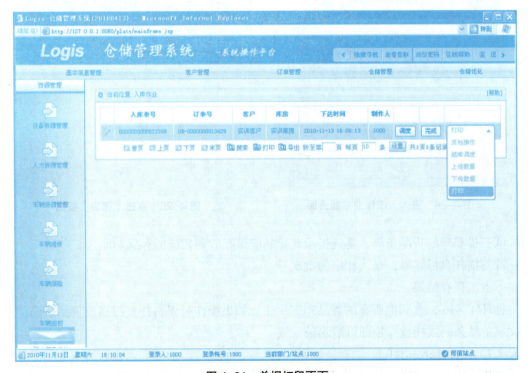

图 4-21 单据打印页面

111

以下操作在手持上完成（图4-22、图4-23）：

图4-22 用户登录

图4-23 仓储作业系统

（6）入库理货。

①手持登录：使用与信息员相同的账号密码进行登录。

②点击入库作业，进入入库作业功能页面，如图4-24所示（说明：每个按钮前面的数字是快捷键，并不是操作顺序，在手持上点击相应的数字，与点击效果相同）。

③点击图4-25列表上的【理货】按钮，转到下一界面（图4-26）。

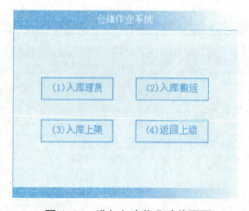

图4-24 进入入库作业功能页面

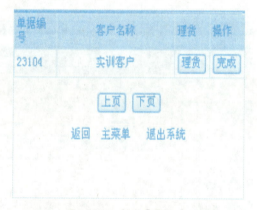

图4-25 点击【理货】按钮

④扫描要理的货品条码，系统提示此货品应该存放到相应的存储功能区。

⑤扫描托盘标签号，录入相应的批次号。

⑥点击保存结果。

循环④~⑥，直到把所有的货品理完（注：如果操作时误将托盘扫描成货品条码，点击文字货品条码或托盘标签即可清除录入域）。

（7）入库搬运。

理货完成后，从图4-24点击【入库搬运】，进入图4-27所示页面。进入这个页面后，首先要查看下面的任务列表中有没有需要作业的任务,如果没有,返回上一页面,然后重新进入这个页面刷新任务列表。

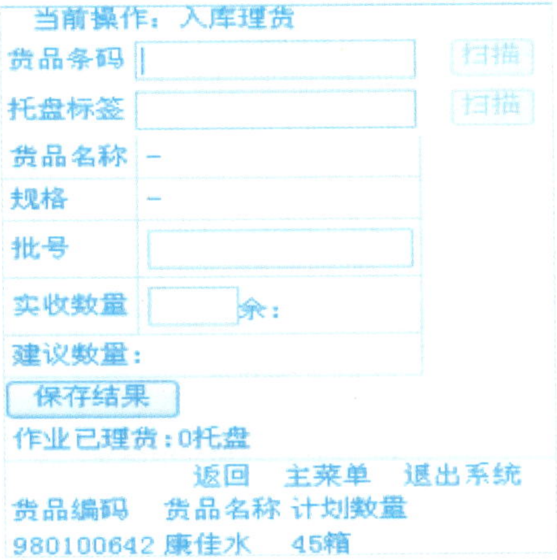

图 4-26 【入库理货】页面 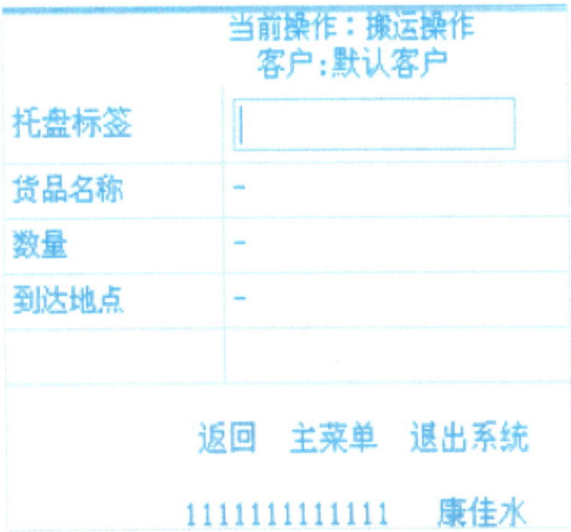　　图 4-27 【入库搬运】页面

操作步骤:

扫描待搬运的托盘标签,系统读出该托盘上的货品名称和所要搬运到达的地点,如图 4-28 所示。

图 4-28 【搬运操作】页面

点击【确认搬运】完成该托盘的搬运工作。

(8)入库上架。

从图 4-24 中点击【入库搬运】,进入图 4-29 所示页面。

①扫描待上架的托盘标签,系统读出该托盘上的货品名称和所要上架的货位,如图 4-30 所示。

②扫描上架的货位，扫描的货位必须与系统分配的货位相同，否则不允许上架。

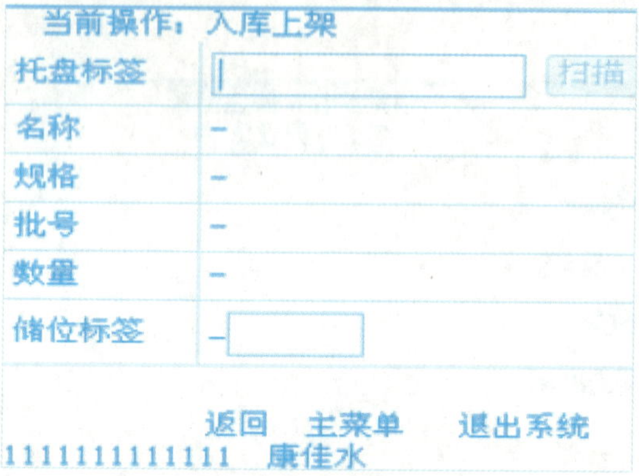

图 4-29 【入库上架】页面 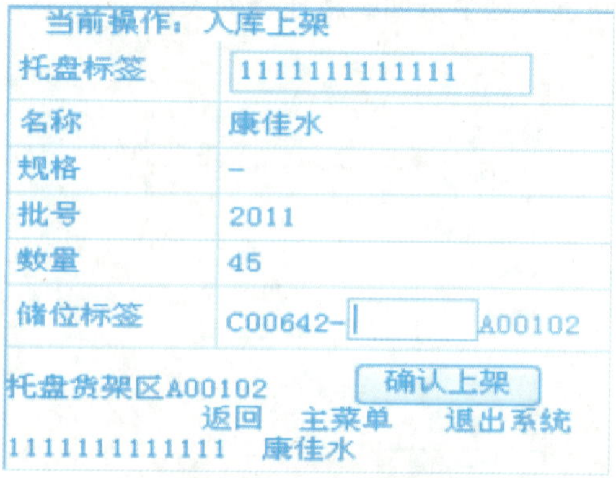　　图 4-30 扫描后的数据

③点击【确认搬运】完成该托盘的搬运工作。

（9）入库理货。

上架操作完成后，再次进入【理货】操作界面（图 4-25），点击列表中的【完成】，结束该作业任务。入库作业完成。

四、整托出库操作流程

1. 订单录入

信息员登录系统成功后，进入图 4-13 所示页面，单击【查看最新】【出库订单】按钮，进入图 4-31 所示页面。

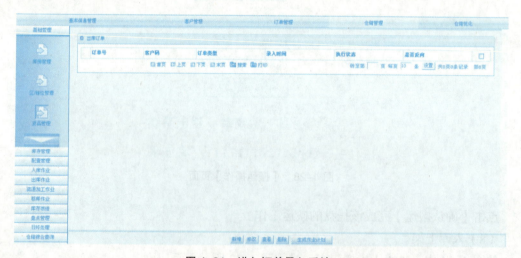

图 4-31　进入订单录入系统

单击【新增】按钮，进入订单录入页面，如图 4-32 所示。

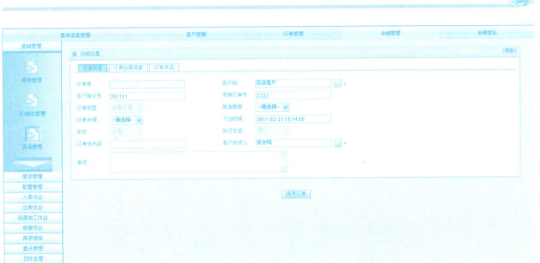

图 4-32　订单录入页面

根据比赛要求录入正确的订单信息、订单出库信息、订单货品信息等。确认无误后，单击【保存订单】按钮。

2. 生成作业计划

选中要操作的记录，单击【生成作业计划】，信息核对无误后，单击【确认生成】按钮下达作业指令。如图 4-33、图 4-34 所示。

3. 出库单打印

单击【查看最新】按钮，进入功能选择页面；单击【出库单打印】按钮，进入图 4-35 所示页面。

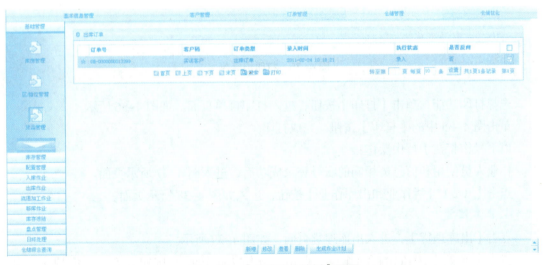

图 4-33　【生成作业计划】页面

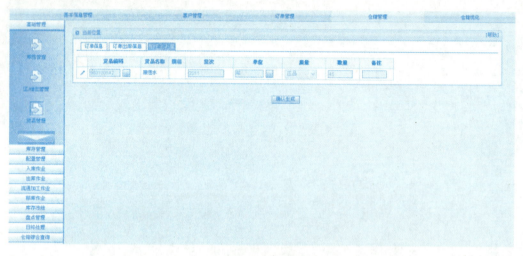

图 4-34 确认生成

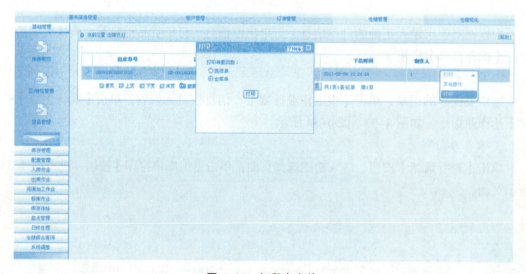

图 4-35 打印出库单

选择打印功能,单击【打印】按钮,进入打印订单页面。如图 4-36 所示。

单击图 4-35 中的【打印】按钮,完成打印。

以下操作将在手持中操作:

作业人员使用和信息员相同的账号登录成功后,进入图 4-37 所示页面。

点击【(2)补货作业和出库作业】按钮,进入如图 4-38 所示页面。

4. 出库理货

点击【出库理货】,进入出库理货页面,如图 4-39 所示。

点击【开始】按钮,启动作业。点击【开始】按钮后,按钮会变成【完成】,如图 4-40 所示。这表示作业已经启动。

图 4-36 出库单

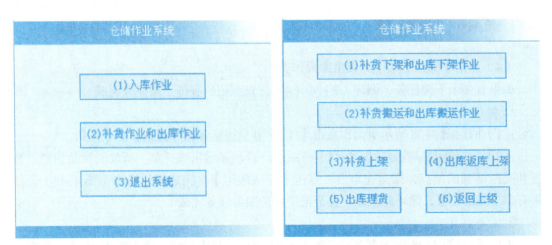

图 4-37 登录仓储作业系统　　　图 4-38 【（2）补货作业和出库作业】页面

图4-39 出库理货页面

图4-40 启动作业

5. 出库下架

（1）点击【（1）补货下架和出库下架作业】按钮，进入下架页面。进入页面后首先要查看下面的任务列表是否有需要下架的任务，如果没有任务，需要返回到上级菜单，然后再回到这个页面，达到刷新列表的目的。

（2）如果有任务，根据任务列表中的任务，在图4-41中，扫描托盘标签号，系统会自动显示出货品信息和所要上架的货位信息。

（3）扫描目标货位。扫描货位必须与系统分配货位相同（图4-42）。

图4-41 出库拣货页面

图4-42 扫描目标货位

（4）点击【确认下架】完成出库操作。

如果有多个下架任务，循环（2）~（4），直至把所有待下架任务完成。

6. 搬运作业

（1）回到图4-38所示页面，点击【（2）补货搬运和出库搬运作业】按钮。

（2）扫描托盘标签号（图4-43），系统会自动显示出该托盘上所放的货品信息、数量和要搬运到的地点，搬运完毕后，点击【确认搬运】，完成搬运操作（图4-44）。如果有多个搬运任务，循环此操作，直至把所有待搬运任务完成。

7. 出库理货

（1）回到图4-38所示页面，点击【（5）出库理货】按钮，进入图4-40所示页面，点击【理】进入图4-45所示的出库理货页面。

（2）理货操作。

点击下面任务的托盘标签号，系统会自动显示该托盘的信息，如图4-46所示。

（3）点击【保存结果】按钮，完成该托盘的理货结果。

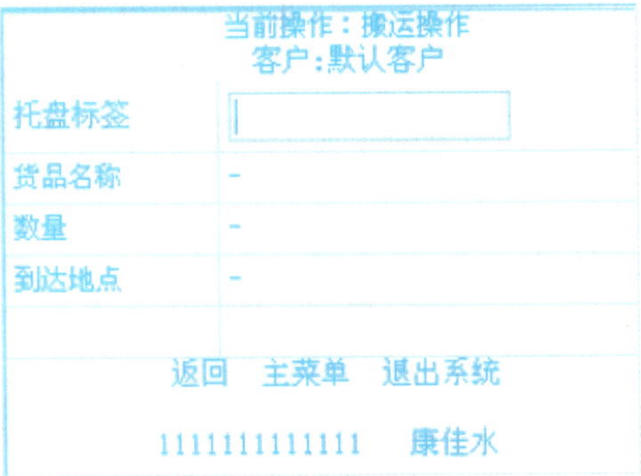

图 4-43　搬运操作页面

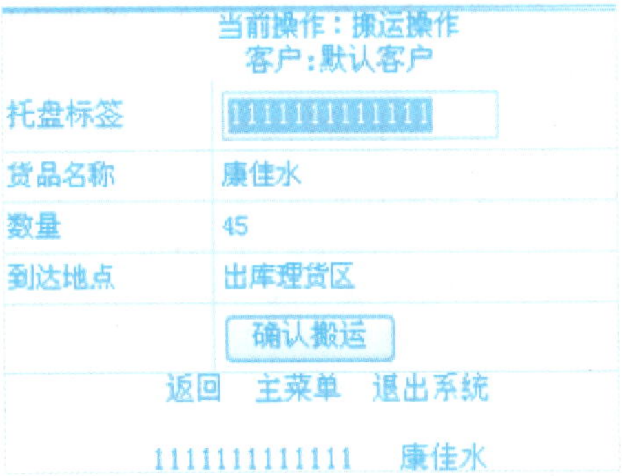

图 4-44　点击【确认搬运】

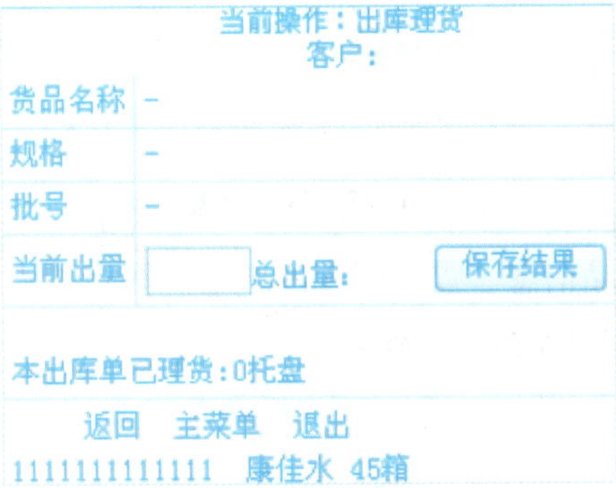

图 4-45　出库理货页面

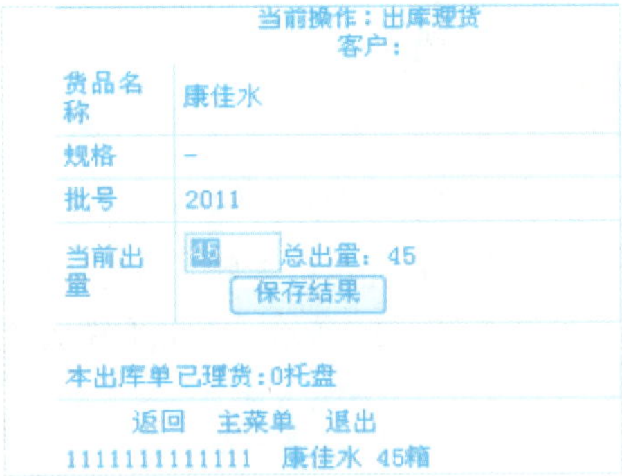

图 4-46　托盘信息

（4）点击【返回】按钮，回到出库理货任务列表页面，点击【完成】按钮，结束这条单据的作业任务。出库作业完成。

五、散托出库操作流程

散托出库作业是指从托盘货架出库的操作，出库不是出一整托货品，而是一托盘货品中的部分货品，剩余货品需要返回托盘货架的操作。与整托出库作业的区别只是多了返库搬运和返库上架操作。

操作方式：

电脑操作：录入出库订单，开始【生成作业计划】出库单打印。

手持操作：点击【补货下架和出库下架作业】→【补货搬运和出库搬运作业】→【返库上架作业】→【出库理货进行理货】，完成出库理货。

在【补货搬运和出库搬运作业】前，散托出库与整托出库是完全相同的，在此不再赘述。下面从搬运作业开始介绍。

1. 搬运作业

（1）该托盘货品从托盘货架下架后，点击【补货搬运和出库搬运作业】按钮，进行出库搬运操作，如图4-47所示。

扫描托盘标签号后系统自动显示出相应的信息，如图4-48所示。点击【确认搬运】按钮，完成从托盘货架交界区到出库理货区的搬运过程。如果是散托出库，这条信息的后面会多两个字——"返库"，如图4-49所示。这说明是散托出库的货品，剩下的货品连同这个托盘还要返回托盘货架区。

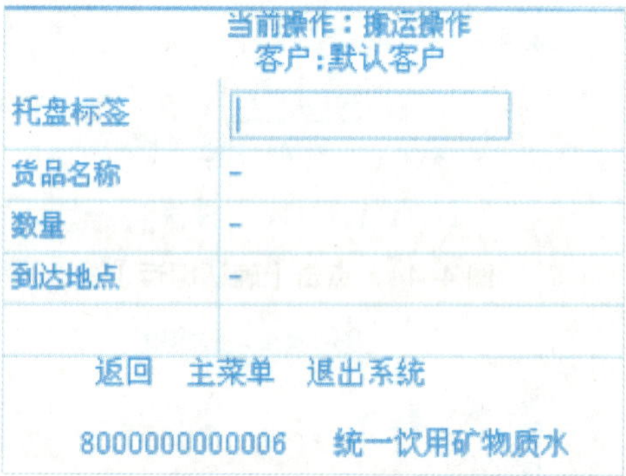

图4-47　进行出库搬运操作 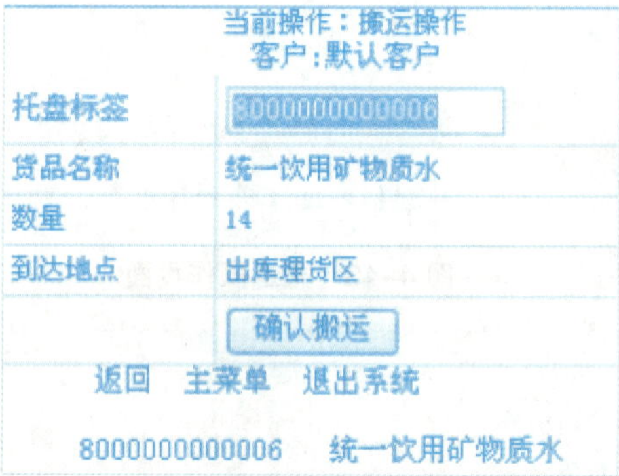　　　　　　　图4-48　客户信息

再次扫描托盘标签号，系统会自动显示该托盘货品信息、需要返库的数量和搬运地点信息，如图4-50所示。点击【确认搬运】按钮，完成返库搬运操作。

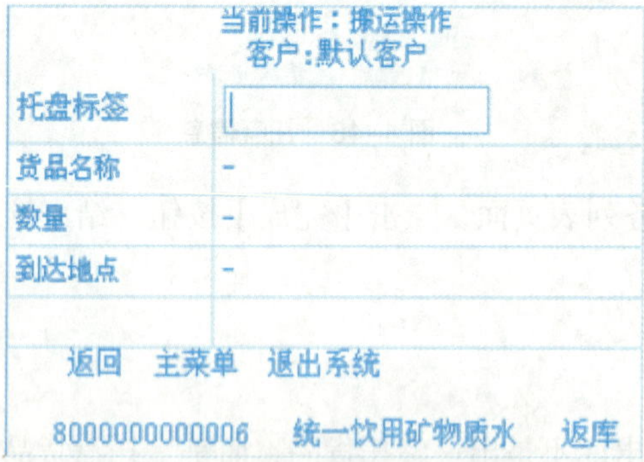

图4-49　散托出库 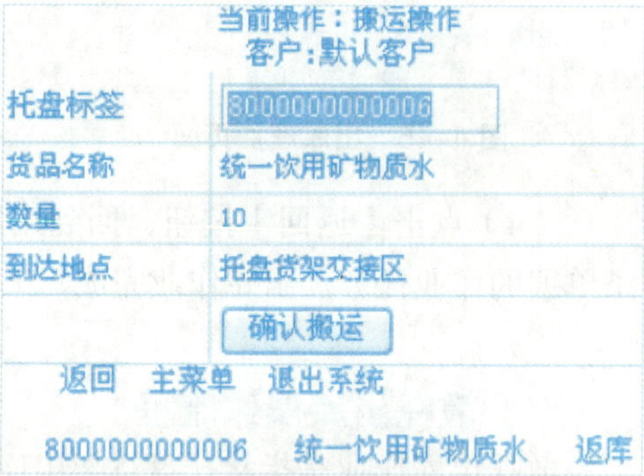　　　　　　　图4-50　点击【确认搬运】按钮

（2）返库上架作业。

叉车司机点击【返库上架作业】按钮，进入返库上架页面，如图4-51所示。

扫描需要返库上架的托盘标签号，系统自动显示出需要返库上架的货品的信息及需要上架的货位，如图4-52所示。

（3）扫描货位。

扫描系统分配货位，点击【确认返库】，完成上架操作。如果有多个托盘，重复上面的操作，直到所有待返库上架的托盘全部返库，上架完成。

2. 出库理货

出库理货操作整托出库理货操作相同，在此不再赘述。

| 图 4-51 返库上架页面 | 图 4-52 需要返库上架的货品信息及需要上木架要的货位 |

六、电子拣货操作流程

电子拣选与其他作业在操作上是有区别的，需要与硬件设备关联。在做电子拣选操作前，请确认电子标签（硬件）已经调试成功，相应的硬件接口也已经安装完毕。桌面上的电子标签监控程序已经开启，并已经单击【开始监控】按钮。如图 4-53 所示。

1. 操作流程

（1）信息员录入出库订单，但这次选择拣选货品信息时要注意，一定要选择小包装单位的货品，因为在系统中只有小包装单位的货品才存储在电子货架区。

（2）生成作业计划。

选中录入的订单，生成作业计划，下达作业指令。

（3）出库单打印。

出库单打印方法和整托出库打印方法相同。

2. 手持操作

进入补货作业和出库作业操作菜单页面，如图 4-54 所示。

图 4-53 【开始监控】页面

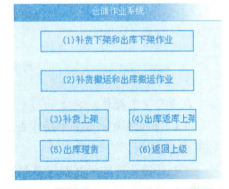

图 4-54 补货作业和出库作业操作菜单页面

点击【（5）出库理货】按钮，进入出库理货页面。

在图4-55所示界面上点击【开始】按钮，正常情况下，此时电子标签的指示灯将被点亮，上面会显示相应货品的出库数量。此时，作业人员拿着周转箱到电子拣选货架，根据指示灯显示的数量进行拣货操作。拣选完一种货品后，用手拍灭相应的电子标签。当所有的拣选任务完成后，订单结束器上的绿灯会闪烁同时伴有蜂鸣声。将结束器拍灭后，此订单的拣选任务完成。回到出库理货页面，在任务列表中点击【完成】按钮，电子拣货操作完成。

图4-55 出库作业

七、补货操作流程

补货作业是从托盘货架下架货品，放到补货暂存区，然后从补货暂存区对电子货架进行补货上架操作（图4-56、图4-57、图4-58）。补货操作流程要结合PC系统和手持系统共同完成。单击【查看最新】，进入快捷按钮页面。单击补货单，进入补货单录入页面。单击【新增】按钮，录入补货订单，录入完毕后，单击【补货作业单提交】按钮，下达补货指令。

图4-56 补货操作流程（一）

在手持上的操作：

（1）下架作业：点击手持主页面上【补货下架和出库下架作业】按钮，进入下架页面，如图4-59所示。

①扫描需要下架的托盘标签号，系统会自动显示需要下架的货品信息、下架数量和下架储位信息，如图4-60所示。

②扫描下架储位（图4-60），扫描完毕后，点击【确认下架】按钮，完成下架操作。如果有多条需要补货的任务，重复以上操作。直至所有待下架货品下架完毕。

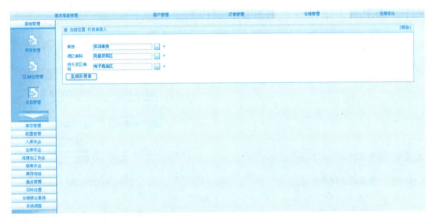

图4-57 补货操作流程（二）

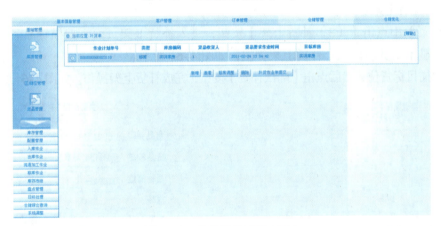

图4-58 补货操作流程（三）

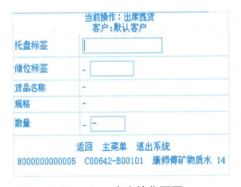

图4-59 出库拣货页面

图4-60 扫描下架储位

（2）搬运作业。

在菜单中点击【（2）补货搬运和出库搬运作业】按钮，进入图4-61所示的搬运操作页面，扫描需要搬运的托盘标签号，系统会显示出需要搬运的货品信息、数量和到达地点信息。此时搬运工将该托盘搬运到指定地点，然后点击【确认搬运】按钮（图4-62），完成搬运操作。如果有多条任务，则重复该操作。

图4-61　搬运操作页面

图4-62　点击【确认搬运】按钮

（3）补货上架。

①在菜单中点击【（3）补货上架】按钮，进入补货上架页面。扫描货品条形码，系统会自动显示出货品信息、补货上架货位，如图4-63所示。

②扫描目标货位，然后点击【确认补货】按钮，完成补货上架操作。如图4-64所示页面。

图4-63　补货上架页面

图4-64　点击【确认补货】按钮

案例 4-4

入库通知

北京万盛物流公司客服人员张×以E-mail方式收到客户欧乐科技有限公司的入库通知单，见表4-2。请根据入库通知单内容，用本章所学知识，完成仓储物流信息管理系统的入库流程操作。

第四章 电子商务采购与存储管理

表 4-2　入库通知单

仓库名称：北京万盛物流公司　　　　　　　2019 年 8 月 9 日

批次	12002						
采购订单号	201208090003						
客户指令号	20120809003			订单来源	E-mail		
客户名称	北京欧乐科技有限公司			质量	正品		
入库方式	送货			入库类型	正常		
序号	货品编号	名称	单位	规格（mm）	申请数量	实收数量	备注
1	978788070103	冰箱	箱	1500×550×600	20		
合计							

（备注：第一联仓库留作，第二联财务留作，第三联仓库记账。）

制单人：李×　　　　　送货员：李××　　　　　仓管员：

 知识回顾

采购管理是对物料从供应商到组织内部物理移动的管理过程，是企业经营管理和生产运作管理的一个重要方面，是物流供应链管理的起始环节。

采购与存储可以克服生产与需求之间的时间差，是供应物流的主要组成部分，也是电子商务物流必备的知识技能。通过本章的学习，学生全面系统地了解有关商品电子采购、商品存储管理及库存管理等方面的知识，并通过理论、实训相结合的教学方式，引入 Logis 仓库管理系统软件的操作，从信息存储方面介绍物品的仓储和库存控制，使学生掌握商品出入库操作、使用电子订购系统以及库存控制系统的操作，最终成为互联网时代的赢家。

1. 简述采购的内容和作用。
2. 分别简述存储的功能和流程。
3. 库存的方式有哪些，应如何操作？
4. 库存都包括哪些成本费用？

拓展阅读

电子商务环境下"零库存"管理

通过电子商务平台，供需双方能够快速建立联系，从而使订购和销售快速履行。加入的商家越多，信息沟通越有效。因此，当把采购方与供应方的生产系统、财务系统、供应链系统及客户关系管理系统等支撑生产运营的系统联系起来，使来自生产的信息进入采购系统，来自销售的信息进入生产计划时，才能体现电子商务的优越性。通过电子商务网络系统可将供应方、采购方的生产运营系统连接起来，从而实现自动采购、自动订单履行和自动信息交换。

所以，电子商务环境下的库存管理通过网络把企业的供应商、客户和企业本身有效地连成一个整体，打破了个人和厂商固有的边界，以最快的速度将全世界的库存集中起来供企业使用，而且所有工作都在网上进行，既可以有效加速物资和资金的流动，又能实现"零库存"。

电子商务环境下"零库存"管理的方法主要有以下4种。

1. 配送方式

配送方式是根据电子商务的特点，对整个物流配送体系实行统一的信息管理和调度，按照采购方订货要求，在物流基地进行理货工作，并将配好的货物送交采购方的一种物流方式。这一先进的、优化的流通方式可以有效地降低企业物流成本，优化库存配置，保证及时供应，从而使企业实现"零库存"。配送方式作为现代物流的一种有效的组织方式，代表了现代市场营销的主流方向，是网络经济时代最有发展力和经济效益的物资供应体系。因此，根据生产的需要，对有些物资实行了配送制，按照生产单位的实际需要，将物资直接送到第一生产现场，实行采购、发料一体化，大大节约了物资的储存、运送成本，并且使生产急需物资进一步靠近现场，保证了稳定、高效的生产。

2. 委托保管方式

通过一定的程序，将企业所属物资交由专门的公司保管，而由企业向受托方支付一定的代管费用，使企业不再持有库存，从而实现"零库存"。这种"零库存"形式的优势在于：受托方利用专业的优势，可以实现较高水平和较低费用的库存管理，企业不再设库，同时省去了仓库及库存管理的大量实务，集中力量于生产经营。但这种"零库存"方式主要是靠库存转移实现的，并不能使库存总数量降低。这主要适用于需要专业保管的物资。

3. 准时供应系统

准时方式不是采用类似传送带的轮动系统，而是依靠有效的衔接和计划达到工位之间、供应与生产之间的协调，从而实现"零库存"。

4. 看板方式

看板方式是准时方式中一种简单有效的方式，也称"传票卡"制度或"卡片"制度，是日本某公司首先采用的。在企业的各工序之间，或在企业之间，或在生产企业与供应者之间，采用固定格式的卡片为凭证，由某一环节根据自己的节奏，逆生产流程方向，向上一环节指定供应，从而协调关系，做到准时同步。采用看板方式，有可能使供应库存实现"零库存"。

总之，"零库存"是综合管理实力的体现。在物流方面要求有充分的时空观念，以严密的计划、科学的采购，达到生产资料的最佳衔接，达到库存最少的目的。要做到"零库存"，就得重视市场，把市场需求"摸得滚瓜烂熟"。要以销定产、以产定购，做到产得出、销得掉，发运及时。任何企业都须明白"市场是产品的最后归宿"，仓库不过是产品的休息室，只有产品投向市场的快捷反应，才会顺利跨出生产至销售的惊人一跳，达到"零库存"的目标。

思考：

（1）"零库存"是怎么实现的？

（2）"零库存"有风险吗？

第五章 电子商务快递业务管理

【知识目标】

1. 了解快递发展的背景。
2. 掌握快递分拨中心的管理。
3. 掌握快递收件、派件的操作流程。
4. 掌握快递运输管理的要点等。

【技能目标】

1. 能够正确填写快递物流单据。
2. 熟练快递分拨中心的快递分拨业务。
3. 培养与人沟通的能力,增强有关业务操作能力并培养开拓创新的精神。

【知识导图】

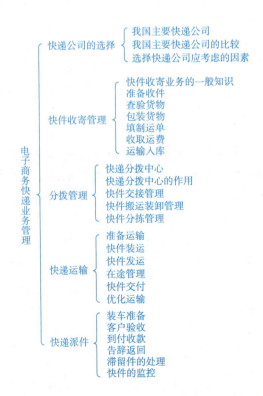

电子商务物流

> **案例导入**
>
> **社区店崛起，新零售时代的末端配送更热闹了**
>
> 依照马云所提及的新零售理念，未来物流公司将从比谁快向消灭库存转变，而消灭库存的最后实现方式则是产品要顺畅地送到消费者手中。而以便利蜂为代表的新型社区便利店的崛起，将和诸多快递企业以及快递柜运营公司一起抢食物流末端配送市场。
>
> 社区并非物流的终点，但却是商品配送过程中所面临的最复杂、最低效率的一个环节。对于各大物流巨头和各个行业的创业者来说，谁能解决这个难题，谁就有机会成为距离消费者最近的"末梢掌控者"。显然这是一个巨大的机遇，这个市场的竞争也因此格外热闹。
>
> 随着新海股份正式更名为韵达股份，中国几大快递物流公司的资本战争进入了白热化阶段。
>
> 顺丰、申通、圆通、韵达先后借壳上市，中通的关股上市箭在弦上；苏宁斥资42.5亿元将天天快递收入囊中；京东也在各个中小城市加紧布局，并在2016年收购了众包物流公司——达达。
>
> 经过多年野蛮生长之后，干线物流和城市快递基本上在全国范围内实现了全覆盖，不论是一线城市还是小城镇，都有"四通一达"的身影。充分布局之后，中国物流行业在2016年迎来了新的变局。
>
> "最后一公里"就是这场变局中需要解决的最迫切的问题。
>
> 挨个楼层穿梭，挨个客户电话通知，客户不在家就意味着白跑一趟，第二天还需要再跑一趟。这便是整个递送环节中效率最低，却又不得不做，最重要的部分。对于快递员来说，这是非常痛苦的体验；对于整个物流行业来说，这也意味着资源的浪费和低效率。
>
> 在社区中，较高的人口密度和多种多样的配送情况一起形成了一个复杂的物流毛细血管环境。怎样在这个环境下解决"最后一公里"的难题，尽可能释放物流资源的效率？这不仅是"四通一达"等快递公司一直在思考的问题，也是很多有志于在物流行业掘金的创业者试图破解的谜团。
>
> 但截至目前，作为整个中国物流体系最末梢的神经，大多数快递员仍在用相对原始的方式，为消费者提供"最后一公里"的配送服务。各类创业公司与行业巨头在这方面进行了多种尝试，试图真正找到明确的方向，彻底改变这种局面。
>
> **一、三泰控股豪赌快递柜**
>
> 三泰控股是国内一家较早涉足快递柜的企业，并凭着"速递易"产品受到了市场的关注，一度成为沪、深两市市值表现最好的上市公司。

三泰控股将快递柜定义为物流配送的最终端末梢。快速铺开、形成规模优势之后，就可以以此形成互联网入口，将用户接入一些互联网服务中。

不仅如此，三泰控股认为快递柜产品还可以"形成O2O线下综合便民服务平台，既可满足社区居民对便利、快捷一站式服务的需求，亦可成为物联网时代智慧城市建设的重要基础设施"。

将战略上升到如此高度之后，资本市场也对三泰控股的战略给予了很高的评价，短时间之内，该公司股价上涨了7倍。

在资本的助推之下，速递易发展迅猛，到2015年已经在79个城市中布下8万多个智能柜，累计用户数量超过3000万人，注册快递员超过30万，如愿成为行业中最具规模优势的企业。

二、丰巢加入快递柜战局

2015年6月成立的"丰巢"，目前是速递易最直接也是最为强劲的竞争对手。这家企业是由顺丰速运联合申通、中通、韵达和普洛斯共同出资5亿元成立的。

在成立一年的时间里，丰巢借助顺丰全国范围内的物流网点，实现了快速扩张，很快布下了4万组智能快递柜，共计300万个储存、寄件（速递易尚无此功能）双功能格口。

按照融资规划，2017年丰巢继续新增布点3万个。这样算下来，丰巢的快递柜数量已基本实现与速递易并驾齐驱。

值得肯定的是，不论是丰巢还是速递易，都切实提升了快递员的工作效率。

根据丰巢提供的数据，目前国内快递员上门派件，每成功派发一单平均耗时7分钟，而如果使用丰巢自助派件，每成功派发一单平均耗时3分钟，平均估算快递员人均效率可提升1倍。对于快速公司来说，这个数据意味着快递公司在不新增人手的情况下，末端业务处理量提升了100%。

三、社区店：新力量崛起

丰巢的快递柜在远景里可以形成无人化、智能化覆盖全国社区的物流网络，并与无人机、无人车等自动化派送设备相结合，实现对物流末梢毛细血管的全方位控制。

此举可以对阿里的菜鸟网络形成一定的竞争，而这个体量巨大的智能物流巨无霸，正在依托天猫与淘宝的销售能力，在全国铺设自己的"地网"。由社区店面改装而成的菜鸟驿站，可以帮助快递公司收发邮件，并有专人值守。

相比无人值守的快递柜，社区店面具有更多的人性化。社区店面操作简单，可以让更多不熟悉电子操作的中老年人顺利使用，并掺杂着不少"人情味"的因素。

更重要的是，社区店面不会向用户收取1元或5角的费用，并可以依托这些取件客流卖出更多的商品，因此受到了店主的重视。甚至有的站点在"双11"物流高峰中

惨遭"爆仓",足以说明其受欢迎的程度。

从线下发展而来的"最后一公里",甚至比线上推进而来的具有更大的优势:巨头较少,竞争压力没那么大。

几家巨头的"团战",让"最后一公里"的战场变得格外拥挤。百世汇通总经理周建认为,5年后国内每天会产生2亿个包裹,这意味着快递公司必须离消费者更近,分仓发货,智能中转。配送链条的末端也会呈现出多样化和丰富化的创新,甚至出现各类创新的增值服务。

案例分析:

显然,目前这个热闹的市场,正在激烈的竞争中不断进化。速递易、顺丰、菜鸟驿站、中商惠民等企业,都在探索最新的玩法、最适合自己的业务模式,任何一家企业都有胜出的可能,也都有共存、合作、协同发展的可能。最重要的是,消费者必然会在这场战争中获得最多的便利。

第一节　快递公司的选择

一、我国主要快递公司

（一）中国邮政速递物流公司

中国邮政速递物流公司是中国邮政集团公司直属全资公司,主要经营国际、国内EMS特快专递业务,是中国速递服务的最早供应商,中国速递行业的最大运营商。EMS业务覆盖国内所有市县。

（二）申通快递有限公司

申通快递品牌初创于1993年,公司立足传统快递业务,全面进入电子商务物流领域,以专业的服务和严格的质量管理来推动中国物流和快递行业的发展,成为对国民经济和人们生活具有较大影响力的民营快递企业之一。

（三）顺丰速运（集团）有限公司

顺丰速运（集团）有限公司（以下简称顺丰）于1993年成立,是一家主要经营国内、国际快递及相关业务的服务性企业。

顺丰始终专注于服务质量的提升,不断满足市场的需求,建立服务客户的全国性网络,同时,也积极拓展国际件服务,目前已开通新加坡、韩国、马来西亚、日本及美国业务。

（四）上海圆通速递（物流）有限公司

上海圆通速递（物流）有限公司（以下简称圆通）成立于2000年5月,圆通始终秉承"客户要求,圆通使命"的服务宗旨和"诚信服务,开拓创新"的经营理念,持续推进品牌建设、人才建设、信息建设、文化建设和网络建设,为广大客户提供了优质的快递服务。

(五)中通速递服务有限公司

中通速递服务有限公司创建于2002年5月,是综合实力位居国内物流快递企业前列的大型集团公司。中通开展了电子商务配送、代收货款、签单返回、到付、代取件、区域时效件等增值业务。

(六)上海韵达快递

韵达是具有中国特色的物流及快递品牌,结合中国国情,建立了全方位的、多层次的运送保障体系,提供适合客户需要的产品。

二、我国主要快递公司的比较

我国主要快递公司的比较,见表5-1。

表5-1 我国主要快递公司的比较

快递公司	业务范围	赔付	优点
顺丰速运	顺丰速运网络全部采用自建、自营的方式。有国内同城件、国内省内件、省外件、香港件、即日件、次晨达、次日件。还可提供寄方支付、到方支付、第三方支付等多种结算方式	最高赔付为运费的7倍	服务好,速度快,安全,有独立的免费包装袋,员工素质高,让人放心
申通快递	公司分别在全国各省(除台湾)的省会城市以及其他大中城市建立起了多个分公司,主要承接非信函、样品、大小物件的速递业务。申通快递主要经营市内件和省际件	赔付金额小于等于1000元	网点广,价格适中
圆通快递	圆通速递的服务涵盖报关、报检、海运、空运、进出口货物的运输服务;中转、国际国内的多式联运;分拨、仓储及特种运输等一系列的专业物流服务。供国内件、国际件、限时服务	①丢失赔付。无保价,赔付金额小于等于1500元;有保价,保价率是1%,赔付金额小于等于10000元。②破损赔付。无保价,赔付金额3~5倍赔运费;有保价,保价率是1%,赔付金额小于等于10000元	价格便宜,速度在3~4天内
韵达快递	韵达是具有中国特色的物流及快递品牌,结合中国国情,用科技化和标准化的模式运营网络。韵达已在全国拥有千余个服务规范的服务站点,致力于不断向客户提供富有创新和满足客户不同需求的解决方案	①丢失赔付。无保价,赔付金额小于等于1000元;有保价,保价率为1%,赔付金额小于等于2000元。②破损赔付。无保价,赔付金额为3倍运费;有保价,保价率为1%,赔付金额小于等于2000元	价格适中,速度一般3~4天

续表

快递公司	业务范围	赔付	优点
中通快递	公司的服务项目有国内快递、国际快递、物流配送与仓储等,提供"门到门"服务和限时(当天件、次晨达、次日达等)服务。同时,中通快递开展了电子商务配送、代收货款、签单返回、到付和代取件等增值业务	①丢失赔付。无保价,赔付金额小于等于1000元;有保价,保价率为1%,赔付金额小于等于10 000元。②破损赔付。无保价,赔付金额,小于等于300元;有保价,保价率为1%,赔付金额小于等于10000元	价格适中,速度快

知识链接 5-1

全球三大快递公司

1. 联邦快递公司

联邦快递公司(FedEx)于1971年6月成立于美国德拉瓦市,全球总部在美国田纳西州孟菲斯市。目前向220个国家及地区提供快递运输服务。在亚太地区32个国家和地区有近8600名员工,亚太区总部设在香港。

2. 联合包裹运送服务公司

联合包裹运送服务公司(UPS)于1907年8月作为一家信使公司创立于美国华盛顿州西雅图市。如今已发展为拥有360亿美元资产的大公司,总部位于美国亚特兰大。UPS为200多个国家或地区的180万家客户提供服务。

3. 敦豪国际公司

敦豪国际公司(DHL)于1969年9月在美国加利福尼亚成立。2020年DHL在229个国家有120000多辆汽车,360000多名员工。DHL总部在比利时布鲁塞尔,由德国邮政全球网络100%拥有。

三、选择快递公司应考虑的因素

在店主和客户之间,快递公司充当了一座桥梁的作用。好的物流配送服务,对卖家(网店店主)而言,不仅会节省更多的物流成本、加快资金的流动,还会因为良好的服务,带来更多的回头客;对买家(客户)而言,他们能及时、准确、完好地收到商品,对店主就会更加信任。

反之,不好的、不负责任的物流配送服务,可能会让店主和客户之间产生信任危机,出现纠纷,这时快递公司就成了店主和客户之间的矛盾导火索,轻则重新发货,重则直接影响到店主的信誉,被客户投诉。

影响快递公司选择的因素主要有价格、速度、覆盖网点等。

（一）价格

通过比较，不同的快递重量，快递公司所产生的资费大不相同，也能很明显地看出来哪家快递公司最实惠、最昂贵。例如，如果是发送1千克以内的快递，顺丰最贵；圆通快递的总体资费水平最低，在江、浙、沪、皖等地尤其明显。

（二）速度

快递速度的快慢不仅对商品服务质量有影响，而且直接影响到网店的生意和资金回收效率等方面。这里的速度包括快递公司业务员上门服务（取件）的速度、物品送达客户手中的速度等多方面。

（三）覆盖网点

在网上做生意，网店店主要选择网点覆盖面广的快递公司。可以说，快递公司覆盖的网点就是自己的商品能覆盖的网点。

80/20 法则

1897年，意大利经济学家帕累托偶然注意到英国人的财富和收益模式，他的研究成果就是后来著名的80/20法则。

80/20法则告诉人们一个道理，即在投入与产出、努力与收获、原因和结果之间，普遍存在着不平衡关系。

80/20法则在快递中的运用：

（1）80%的公司因免费派送或低价派送而低价销售，只有20%的公司获利。

（2）80%的公司的竞争手段是降价，20%的公司的竞争手段是提高服务质量。

（3）80%的快递公司定位在低端市场，20%的公司定位在中高端市场。

（4）优秀的快递公司20%靠个人才能的发挥，80%靠管理团队的有机配合。

顺丰速运的发展特点

自1993年顺丰速运创始以来，一直默默无闻地进行着跨越式的发展。据快递咨询网测算，2009年顺丰速运业务收入达到85亿元，综合实力在民营快递企业中排名第一。其特点如下：

(1) 定位中高端市场，实施专业化和差异化的经营策略，不参与"价格战"。

(2) 以快递为事业，将盈利的资金全部投入企业，实现滚动发展、"低调"发展。

(3) 创新了具有"末端"（员工）竞争力和符合国情的绩效考核体系。

(4) 建立具有竞争力的企业标准化体系，设计了标准化的快递服务产品和标准化的操作流程。

(5) 以一体化"自营"管理体制为基础，保障了按照标准操作。

(6) 以先进的信息化技术应用为依托，科学决策、科学运营、严格执行预算管理。

(7) 向价值链的上游延伸，将成本优势转化为技术优势、装备优势和服务品质优势。

(8) 建立了较为完善的培训体系，不断投资培育人才、高薪引进职业经理人。

(9) 超强的学习能力和自我纠错能力，敢于投资，尝试应用国内外新思路和新技术。

(10) 以员工为本，强化企业文化建设，努力为员工创造具有归属感、方向感和目标感的发展环境。

(11) 与"四大国际快递"相比，顺丰速运在建立现代企业制度、精益化管理、职业经理人比例、企业文化建设、标准化、信息化和国际化等方面还有很大的差距。

思考：

(1) 简述顺丰速运发展的成功之处。

(2) 简述顺丰速运发展的主要特点。

第二节　快件收寄管理

快递发展迅速，而且与人们的生活联系越来越紧密，逐渐成为人们日常生活中一项必不可少的生活工具。能否顺利安全地运转收寄是整个快递过程中的第一步，所以非常有必要掌握快递的寄件要求。

一、快件收寄业务的一般知识

（一）概念

快件收寄是指快递业务员从客户处收取快件，包括验视、包装、运单填写和款项交接等环节。

（二）收寄形式

收寄主要包括上门收寄和营业场所收寄两种形式。

上门收寄是指快递服务人员到客户家里或办公地点收取快件，并询问、验视、封装、填写单据和收取费用的过程。

营业场所收寄是指客户到快递公司的营业场所寄发快件，由快递服务人员进行询问、验视、封装、填写单据和收取费用的过程。

二、准备收件

检查交通工具和通信工具是否正常，保证其性能良好。

带齐取件所需的物品和工具，包括运单、包装袋、胶带、卷尺、手提秤、圆珠笔、大头笔、收据（发票一般不准带）、内部服务手册等。

三、查验货物

在征得客户同意后，当面打开货物包装。用小刀划开包装时，注意不要划得过深过猛，以免割坏里面的货物。

客户拒绝查验时，应耐心解释公司规定；如果客户坚决不同意开箱查验，取件员可以拒收此件，但要做好解释工作，避免发生争执和口角。

如果发现禁运品，要礼貌地解释不能承运的理由；同时安抚客户说，"下次如有其他物品托寄，我们会为您提供满意的服务"。

外包装容易破损的，应提醒客户加固包装，以防运输中破损，造成货物遗失或损坏，并协助客户把货物包装好。

知识链接 5-4

什么是贵重物品

按照国际航空协会规定（IATA），货物价值等于或超过 1000 美元/千克，就被定义为贵重物品。一般情况下，贵重物品都是有形物品，通常国内民营快递公司根据各自风险控制能力将高价值货物定位在人民币 5000~10000 元，客户托运物品的价值在此区间的，即被视为贵重物品。一般具有高价值的货物有：

（1）金、银、铂金等贵金属及由其制成的饰品。

（2）合法的货币、有价证券、支票或者股票、高价值邮票和信用证、信用卡等。

（3）钻石、红宝石、祖母绿、蓝宝石、猫眼石和珍珠等宝石。

（4）由以上宝石镶嵌的饰品。

（5）古董表以及宝石镶嵌的名贵手表。
（6）由金银以及白金制成的艺术品。
（7）手机、电脑等电子产品。
（8）艺术品，包括字画、瓷器及其他艺术收藏品。
（9）保健品，包括人参、虫草及其他生物制品等。
（10）各种高科技仪器。

四、包装货物

（一）箱体包装

改换包装：如果客户自己的包装不符合运输要求，则应告知客户可免费为其更换；如果客户拒绝快递公司提供的包装，取件员可礼貌地拒收此件。

箱体检查：包括箱体外表有无破损、箱体封口是否封好封牢，发现问题立即妥善处理。

（二）胶袋包装

体积小而重量轻的货物，如衣服、布样、图纸等。装入胶袋后，用封箱胶带扎好，胶袋封口处，还须再用胶带封粘，以防封口黏度不够而开口。

体积大的货物（无论轻重与否），如泡沫、海绵、大袋衣物等，如果客户的包装材料是塑料薄膜，则应告之客户此种包装不符合运输要求，须改用本公司免费提供的纸箱包装。

胶袋包装封口后，袋内常会充满空气使胶袋膨胀，搬运中容易发生爆裂、货物掉落现象，此时，可用刀片在胶袋边缘割开一个小小的口子，使气体自行排出，再用胶带将小口子封好，以确保货物的安全。

（三）特殊物品包装

易碎品的包装，如塑胶类物品、胶卷、小电器等。应尽量用纸箱包装，在纸箱内填充抗震物料，如泡沫、纸屑等，仔细封好封牢。如果无法用纸箱包装，则应在装车中单独拿出此件，放在车内较安全的地方。

五、填制运单

（一）认识快递单

运单是快件的身份证明，图 5-1 所示为顺丰速运样单。快递服务人员应指导寄件人按照相关要求填写快递运单。快递运单为服务格式合同，快递运单的格式条款应符合法律规定，体现公平、公正的原则，快递运单的文字表述应真实、简洁、易懂。

图 5-1 顺丰速运样单

快递单上的主要内容，见表 5-2。

表 5-2 快递单上的主要内容

序号	主要内容	相关信息
1	寄件人信息	主要包括名称、地址、单位、联系电话
2	收件人信息	主要包括名称、地址、单位、联系电话
3	托寄物详细资料	主要包括托寄物内容、数量
4	体积重量	主要包括物品的长、宽、高
5	业务类型	主要包括即日到、普货、四日件、A 标、陆运
6	附加业务类型	主要包括代收货款、签回单、燃油附加费、夜晚收件、包装、其他、保价等
7	费用	主要包括件数、计费重量、运费、实际重量、费用合计
8	地区代码	主要包括原寄地、目的地、原取件、自寄件
9	付款方式	主要包括寄方付、收方付、第三方付
10	收派员信息	主要包括收件员、派件员
11	寄件人签署	
12	收件人签收	
13	背书信息	

（二）填写要领

1. 寄件方

名称：公司写全称，个人写全名。

地址：×省×市×区×镇×村，或者×省×市×区×路×门牌号码。

电话：号码准确无误、数字清晰。

联络人：写全名（寄件人与联系人，可以是同一人，也可以是两个人）。一旦出现拒付拒收、无人签收，或者收件方地址不详、搬迁等情况，可用来及时联络寄件方。

2. 寄件时间

×月×日×时（24小时制）×分（按时钟正确填写）。

3. 寄件方签名

由寄件人亲笔签名。

4. 收件方

名称：公司写全称（最好详细到具体部门），个人写全名。

地址：×省×市×区×镇×村，或者×省×市×区×路×门牌号码。

电话：号码准确无误、数字清晰。

联系人：写全名。

如果寄件方无法提供收件方的详细地址、电话和联系人，则应向客户说明，可能会延误派送或无法派送。快件一旦退回，要收取双程运费。

5. 收件时间

×月×日×时（24小时制）×分（按时钟正确填写）。

6. 收件方签收

应由收件人亲笔签名。如果无人签收，则须加盖收件方公司公章（原则上盖章人应签字）。

7. 收派员签名

签字并填写员工工号。出现问题时，可查找责任人，也用来考核收派员的工作绩效。

8. 托寄物内容和数量

托寄物须与实际内容相符，只能用中文填写，数量须与实际托寄物数量相符。

9. 托寄物详细资料

件数栏：须与单独包装数相符（便于在快件运输中准确判断件数是否缺少）。

备注栏：填写客户的特殊要求，如急件、易碎件、自取件等。

10. 自取件

寄件人声明：此件不用派送，由收件人自取；收派员在自取件栏打钩。超范围的自取件，应在备注栏内写"此件自取"。

11. 付款方式

在付款方（寄方或收方）栏内打钩。如果是寄付客户（非临时寄件），还要在月结栏内打钩，并打印上月结账号。

12. 体积加收

体积加收栏，只针对轻抛物，非轻抛物不必填写。不规则轻抛物，按各边的最长尺寸计算。不规则物品，按立方体计算，即长宽高的最大尺寸相乘，包括圆锥体、圆柱体。

13. 重量与价格

按轻抛物计费的，在重量栏填写实际重量，在体积加收栏填写计费重量。按实重计费的，填写计费重量（重量取舍后，按价格表收取运费的重量）。价格栏自动计算出按计费重量计算出的运费金额。

六、收取运费

客户付款时，应仔细清点，并向客户致谢。清点钱款时，不可手沾唾沫、影响公司形象。

七、运输入库

完成取件任务后，应按规定时间返回公司，运输过程中须注意以下几点：

（1）装车和卸车时，要轻拿轻放、摆放整齐，以防散包或物品损坏。

（2）大件物品或超长超重的货物，要由两人一起搬动。

（3）体积小的易碎件，放在大件或重货的上面；体积大的易碎件，应通知公司用大车运回，以免损坏。

（4）用摩托车驮运时，应用胶带将快件捆绑牢固，以免运送中不慎掉落。

知识链接 5-5

禁运物品分类及处理办法

1. 禁寄物品是指国家法律、法规禁止寄递的物品，主要包括如下几点。

（1）各类武器、弹药，如枪支、子弹、炮弹、手榴弹、地雷、炸弹等。

（2）各类易爆炸性物品，如雷管、炸药、火药、鞭炮等。

（3）各类易燃烧性物品，包括液体、气体和固体，如汽油、煤油、桐油、酒精、生漆、柴油、气雾剂、气体打火机、瓦斯气瓶、磷、硫黄、火柴等。

（4）各类易腐蚀性物品，如硫酸、盐酸、硝酸、有机溶剂、农药、过氧化氢（双氧水）、危险化学品等。

（5）各类放射性元素及容器，如铀、钴、镭、钚等。

（6）各类烈性毒药，如铊、氰化物、三氧化二砷（砒霜）等。

（7）各类麻醉药物，如鸦片（包括罂粟壳、花、苞、叶）、吗啡、可卡因、海洛因、大麻、冰毒、麻黄素及其他制品等。

（8）各类生化制品和传染性物品，如炭疽、危险性病菌、医药用废弃物等。

（9）各种危害国家安全和社会政治稳定以及淫秽的出版物、宣传品、印刷品等。

（10）各种妨害公共卫生的物品，如尸骨、动物器官、肢体、未经硝制的兽皮、未经药制的兽骨等。

（11）国家法律、法规、行政规章明令禁止流通、寄递或进出境的物品，如国家秘密文件和资料、国家货币及伪造的货币和有价证券、仿真武器、管制刀具、珍贵文物、濒危野生动物及其制品等。

（12）包装不妥，可能危害人身安全、污染或者损毁其他寄递件、设备的物品等。

（13）寄达各国（地区）禁止寄递进口的物品等。

（14）其他禁止寄递的物品。

2. 寄递服务企业对禁寄物品处理办法。

（1）企业发现各类武器、弹药等物品，应立即通知公安部门，疏散人员，维护现场，同时通报国家安全机关。

（2）企业发现各类放射性物品、生化制品、麻醉药物、传染性物品和烈性毒药，应立即通知防化及公安部门及时按应急预案处理，同时通报国家安全机关。

（3）企业发现各类易燃易爆等危险物品，收寄环节发现的，不予收寄；经转环节发现的，应停止转发；投递环节发现的，不予投递。危险品要隔离存放。对其中易发生危害的危险品，应通知公安部门，同时通报国家安全机关，采取措施进行销毁。需要消除污染的，应报请卫生防疫部门处理。其他危险品，可通知寄件人限期领回。对内件中其他非危险品的，应当整理重封，随附证明发寄或通知收件人到投递环节领取。

（4）企业发现各种危害国家安全和社会政治稳定以及淫秽的出版物、宣传品、印刷品，应及时通知公安、国家安全和新闻出版部门。

（5）企业发现妨害公共卫生的物品和容易腐烂的物品，应视情况通知寄件人限期领回，无法通知寄件人领回的可就地销毁。

（6）企业对包装不妥、可能危害人身安全、污染或损毁其他寄递物品和设备的物品，收寄环节发现的，应通知寄件人限期领回；经转或投递环节发现的，应根据具体情况妥善处理。

（7）企业发现禁止进出境的物品，应移交海关处理。

（8）其他情形，可通知相关政府监管部门处理。

案例 5-1

"网购不只要钱，现在可能还要命了。" 2017年11月28日，山东东营的刘××收到网购的一双包装盒有异味的鞋子后出现呕吐腹痛症状，29日抢救无效死亡。经查系圆通快递装卸快件时发生化学品泄漏，前后共致1人死8人中毒。这则新闻给如今热衷网购的人们带来了不小的心理恐慌。

思考：快递员在收件过程中应该注意哪些方面？

第三节　分拨管理

将已经入库的快递商品安全快速地送到客户的手上，是现代快递行业进一步高速发展遇到的一个不可绕开的课题。快递的分拨中心在快递中转过程中的作用将越来越重要，分拨中心工作的速度直接影响到物品从寄出到收件的时间。

一、快递分拨中心

（一）分拨中心的定义及分类

分拨中心是专门从事分拨活动的经济组织，它是集加工、理货、送货等多种职能于一体的物流据点。

分拨中心是快递网络的最基础节点，主要负责地区（城市）内某一小区域的快件收派，一般分为3类，具体见表5-3。

表5-3　分拨中心分类

序号	分类	含义
1	自营网点	自营网点是企业自行投资建设的网点，主要负责某一片区快件的取派、暂存、基础信息录入和收派人员的管理
2	代收网点	代收网点是在指定区域内以该企业名义受理快件业务的网点，一般是快递企业与酒店、宾馆、超市等组织合作的网点，代收点的业务范围包括提供受理咨询、代收快件、代收运费、品牌推广和维护
3	代理网点	代理网点，是指具备独立法人资格的快递公司或具备快件取、派能力的个人，以契约的形式取得大型快递企业某一片区的代理资格，负责该片区的快件收派工作所设立的网点

（二）网点与分拨中心建立条件

网站与分拨中心建立条件，见表5-4。

表5-4　网站与分拨中心建立条件

序号	条件	要求
1	区域范围	要求网点的辐射区域达到一定标准，如辐射半径在3千米以上、5千米以内等
2	快件量要求	快件量要求是指每天可收派快件的业务量达到一定标准或有一定的市场潜力
3	成本要求	建点时要分析成本收益情况，对于收益不稳定的区域一般不予建点

（三）网点选址标准

网店选址标准，见表5-5。

表5-5　网店选址标准

序号	条件	具体要求
1	配套设施	各种配套设施要健全，如网络系统、电话线、消防配套、电力、水、冷暖气等方面能达到公司正常使用的需求
2	合法性	房东要有合法的房产证，企事业单位要有出租房屋的证明
3	治安状况	治安条件要好，以保证快件暂存的安全性和快件经营不受打扰
4	交通便利	在选址前要对该区的交通情况进行全面了解，如出入主干道应比较方便，以免在运输中时常发生交通堵塞，不利于快递的正常流转。另外需考虑交通管制因素，如单行道较多的地方不宜考虑
5	地理位置	网点选址是否恰当直接影响作业能力，因此，最好选择在业务量高的密度区附近
6	场地要求	场地要求包括是否有足够的操作空间、是否有适合标准化操作的场地、停车位情况等

知识链接 5-6

中国地理区划（中国七大地理分区）

华北：北京市、天津市、河北省、山西省、内蒙古自治区中部（呼和浩特市、包头市、乌兰察布市）

东北：黑龙江省、吉林省、辽宁省、内蒙古自治区东部（呼伦贝尔市、兴安盟、通辽市、赤峰市、锡林郭勒盟）

华东：上海市、江苏省、浙江省、安徽省、江西省、山东省、福建省以及台湾省

华中：河南省、湖北省、湖南省

华南：广东省、广西壮族自治区、海南省以及香港特别行政区、澳门特别行政区

西南：重庆市、四川省、贵州省、云南省、西藏自治区

西北：陕西省、甘肃省、青海省、宁夏回族自治区、新疆维吾尔自治区、内蒙古自治区西部（阿拉善盟、巴彦淖尔市、乌海市、鄂尔多斯市）

二、快递分拨中心的作用

分拨中心是快递网络中的重要节点，起着对本区域（地区）业务组织管理及与其他区域（地区）业务联结的重要作用。在分拨中心能实现多项快件作业，包括分拨、分拣、查验、集装等。

（一）区域（地区）内的组织管理

分拨中心的管理职能包括对下属区域协调、管理，指挥、组织各项快件作业，并对快件作业情况进行监控。

（二）衔接作用

分拨中心是实现区域与区域之间网络互相联通的节点，可实现不同运输和不同层次网络的衔接。不同运输工具的衔接，主要由小批量快件运输通过分拨中心集中为大批量快件运输；不同运输方式的衔接，主要由陆运运输通过分拨中心简单加工操作后转换为航空运输等。

（三）区域营运资源的开发和管理

营运资源包括各类航空线路、航空公司、各类运输承运商、运输工具以及各类物流服务商等。分拨中心负责对这些资源进行开发、选择以及管理和考核等工作，实现对区域内营运资源的优化配置，以提高整体营运水平，降低营运成本。

（四）集中作业

分拨中心同时是一个对快件进行集中操作的场所，主要通过将下属区域的快件集中到分拨中心，实现集中式的、规模化的整体作业以及实现机械化、自动化作业，以提高作业的效率，降低作业成本。

（五）信息作用

分拨中心的信息管理包括区域内外各类快件信息的汇总、分类、处理、传输、交换；分拨中心通过信息处理、传输、交换，使各快递网络节点能联结成有机的整体，实现了统一的信息平台管理。

（六）结算作用

一些分拨中心还是快递网络的基本结算单位，承担着区域与总公司的结算工作以及区域内部的结算工作。

知识链接 5-7

5S 管理

SEIRI（整理）、SEITON（整顿）、SEISO（清扫）、SEIKETSU（清洁）、SHITSUKE（修养）这 5 个词日语中罗马拼音的第一个字母都为"S"，所以简称为"5S"。

"5S"活动起源于日本，"整理"是指区分必需品和非必需品，现场不放置非必需品；"整顿"是指能在 30s 内找到要找的东西，将寻找必需品的时间减少为零；"清扫"是指将岗位保持在无垃圾、无灰尘、干净整洁的状态，清扫的对象包括地板、天花板、墙壁、工具架、机器、工具、测量用具等；"清洁"是指将整理、整顿进行到底，并且制度化，管理公开化、透明化；"修养"是指对于已经规定的事，大家都要认真遵守执行。

通过"整理"，可使作业现场无杂物，行道通畅，增大作业空间，提高工作效率，而且会减少碰撞，保障作业安全，提高作业质量；通过"整顿"，可以提高工作效率，将寻找时间减少为零，可以马上发现异常情况（如丢失、损坏等）；通过"清扫"，可使取出的物品完好可用（将经过整理、整顿后的必需品恢复到立等可取的状态）；通过"清洁"，可起到维持和改善的作用；通过"修养"，可形成良好的习惯。

现代管理引入安全（Safety）和速度/节约（Speed/Saving）的概念，与"5S"组成新的"7S"。

三、快件交接管理

（一）到站快件信息接收

信息提前预知，从而合理调配人员，配备装卸工具，确定作业时间进度，制订作业计划，实现有组织、有计划、有准备的作业，提高作业效率。

（二）快件验收

验收环节是对作业与上一站点、操作环节与运输环节进行责任划分的主要环节，对于发现的异常情况应按规定详细记录、拍照留存、及时反馈。

（三）交接单据管理

交接单据是交接双方划分责任、确认交接结果的凭证，主要包括交接单和快件清单。交接单上应详细注明实际交接的票数、件数以及异常情况，如图 5-2 所示。交接完毕后，交接单据应装订整齐，按规定在指定位置存放，并定期整理存档。

姓名													
日期		派出件	接收件	交单（派件单）	交单（结账单）	金额	签字	派出件	接收件	交单（派件单）	交单（结账单）	金额	签字
1	1												
	2												
	3												
2	1												
	2												
	3												
3	1												
	2												
	3												
4	1												
	2												
	3												
5	1												
	2												
	3												
6	1												
	2												
	3												
7	1												
	2												
	3												
8	1												
	2												
	3												
9	1												
	2												
	3												
10	1												
	2												
	3												
11	1												
	2												
	3												
12	1												
	2												
	3												

图 5-2　快递交接明细表

(四)快件出入库管理

快件的出入库管理不同于仓储企业的出入库管理。对快件进行出入库操作的目的主要在于:

(1)通过出入库操作,在信息系统中标注快件当前的状况、位置,体现快件流与信息流一致。

(2)通过出入库操作,可以通过网络发布快件运行轨迹,实现快件实时查询、跟踪、监控。

出入库记录是界定本环节与其他环节责任的重要依据。

知识链接 5-8

异常快件的处理

1. 异常快件的分类管理

作业现场异常快件主要分为两大类:现场发现的异常和现场发生的异常。

现场发现的异常情况主要有:有单无货、无信息快件、无运单快件、单货不符(件数不符、重量不符)、快件破损、外包装破损、到站晚点等。

现场发生的异常情况主要有:快件丢失、快件破损、分拣错误、合包错误、发运晚点、操作晚点、配载错误等。现场发生的异常情况根据发生的环节又分为:装卸异常、搬运异常、查验异常、分拣异常、合包异常、信息处理异常等;根据异常的处理状况又分为:待处理异常快件、待返回异常快件、死货(超过一定期限仍无法处理的快件)。

2. 异常快件处理原则

(1)及时性原则

及时性是异常处理的第一原则,只有及时反馈,才能为弥补异常争取时间;只有及时处理,才能将异常造成的损失和影响降到最小。

(2)详细记录原则

对于现场发现或发生的异常情况,都应对异常情况进行及时、详细的记录,特别是现场发现的快件破损、外包装破损、快件变形、快件数量缺少等情况,要求记录得更详细,一般要求拍照或有录像留存及反馈。

(3)全力弥补原则

作业环节的异常情况还未造成恶劣影响,且一般尚有时间进行弥补,因此,对于有可能进行弥补抢救的异常情况,应全力弥补。这样才可能将异常情况对客户和企业的影响降到最低。

(4)分级处理原则

对于作业现场发现的异常情况,作业中心一般是没有权限处理的,只有在确认异常责任后,经受理方、责任方或客户同意且确认处理方法后才能进行处理。

（5）持续性原则

对于待处理的快件,应持续跟进、查询、协调处理,直至处理完毕。持续性是确保责任方及时响应并做出处理决定、确认处理方法、及时进行处理的重要原则。

四、快件搬运装卸管理

快件搬运装卸作业贯穿于快件作业的全过程,从快件到站接收、入库、查验、分拣、集装直至发运都伴随着搬运装卸作业的发生。其出现的频率大于任何一个作业环节,所耗费的时间和劳动力也比其他环节高出很多。搬运装卸合理化管理的原则主要有以下几种。

（一）减少搬运装卸环节,降低装卸搬运作业次数

虽然装卸搬运是快件作业过程中不可避免的作业,但是其本身有可能使快件玷污、破损,从而影响物品价值。

（二）移动距离（时间）最小化原则

搬运距离的长短、搬运作业量大小和作业效率是联系在一起的。在装卸平台、作业区、暂存区的位置以及搬运装卸线路等规划上,应该充分考虑快件移动距离的长短,以快件移动距离最小化为设计原则。

（三）单元化原则

单元化原则是指将快件集中成一个单位进行装卸搬运的原则。单元化是实现装卸合理化的重要手段。在快件作业中广泛使用托盘、塑料筐、笼车等单元化集装用具。

（四）机械化原则

机械化原则是指在装卸托运作业中用机械作业替代人工作业的原则。作业的机械化是实现活力化和效率化的重要途径,通过机械化可以改善快件作业环境,将人从繁重的体力劳动中解放出来。

（五）标准化原则

标准化有利于节省装卸作业的时间,提高作业效率。在搬运装卸中,应对装卸搬运的工艺、作业、装备、设施及货物单元等制订统一标准,使搬运装卸标准化。

知识链接 5-9

什么是标准操作流程

标准操作流程（Standard Operation Procedure, SOP）是经过反复实践总结出来的、在当前条件下可以实现的、最优化的操作流程设计。SOP是尽可能地将操作的步骤进

行细化、量化和优化，其细化、量化和优化的程度在正常条件下，一般知识水平的人都能够理解而不会产生歧义，并将细化、量化和优化后的工作步骤以统一的格式描述出来，用来指导和规范日常的操作流程。SOP 具有以下功能：

（1）SOP 是最基本的管理工具。SOP 是快递企业最基本的作业流程和标准，是落实到每一个员工头上的岗位说明书，是每一个员工的自我管理工具，也是管理人员的监管依据。

（2）SOP 是最好的培训教材。无快递行业工作经验的新招聘员工，只要经过短期的 SOP 培训，就能够快速掌握较为科学和高效的操作技能。快递行业是劳动密集型的服务行业，人员流动性相对较高，基层操作员工文化程度不高，SOP 的特点就是条目细化、标准量化、通俗易懂、可操作性极强，它可以为新员工的培训提供最好的教材。接受过系统 SOP 培训的员工，能够做到走出课堂即可上岗操作。

（3）便于成本控制。标准的操作流程便于计算消耗，让成本变得更具可预测性和可控制性。

（4）有利于控制操作质量。对 SOP 的条目进行细化，每个交接过程都描述得非常清楚，一旦出现操作缺失，很容易就能找到缺失环节和责任方。

（5）有益于树立良好的企业形象。无论是递送员还是操作员，标准化的操作环境、流程和动作，都会给客户带来信赖感，是快递企业的核心竞争力之一。

五、快件分拣管理

分拣作业是快件操作的核心环节。所谓分拣，是根据快件的发运线路或目的地，尽可能迅速、准确地将快件进行分类拣取，并摆放在指定位置的作业过程。分拣作业在快件作业环节中不仅工作量大、难度高，而且要求作业时间短、准确度高。因此，加强对分拣作业的管理非常重要。影响分拣作业质量的主要因素有分拣难度、分拣信息、作业方式以及分拣人员等。

（一）分拣难度

分拣难度取决于分拣作业的需要，分拣区域越多，分拣端口就越多，分拣的难度也就越大。

（二）分拣信息

分拣信息包括信息系统中的快件记录和运单上的资料两方面的快件信息。快件信息的准确度、完整度、清晰度以及填写的规范性是影响分拣作业质量的主要因素。如果快件信息填写完整、准确、规范、清晰，分拣人员就能够快速、准确地确定分拣区域，迅速完成分拣。

（三）作业方式

分拣的作业方式主要有 3 种：手工方式分拣、半自动机械分拣和自动分拣。

1. **手工方式分拣**

手工方式分拣是指在分拣过程中用手工完成对分拣区域的确认、快件的拣取等动作。

手工分拣方式效率低、速度慢、差错率高、连续作业能力差,但是对场地、工具的要求低、投入资金少、分拣成本低,是中小快递企业主要采用的分拣方法。

2. 半自动机械分拣

半自动机械分拣是将待分拣快件通过输送装置进行传送,并在一定程度上识别分拣区域或生成分拣代码,由作业人员根据机械指示或人工判断,在接件口将输送到位的快件进行拣取。这是一种人机结合的分拣方式,是对手工方式的一种改进。其主要特点是使用机械对快件进行自动输送,减轻分拣人员劳动强度,改善分拣作业环境,实现连续不断的分拣,提高分拣效率。

3. 自动分拣

自动分拣是通过计算机自动识别待分拣快件的分拣区域,并由自动分拣设备将快件输送到该区域的分拣道口。这种分拣方式的特点是能连续、大量、准确地分拣,分拣误差率极低,分拣过程基本实现无人化,可大幅度提高劳动效率。

(四)分拣人员

不管采用哪种分拣方式,人在分拣作业中都是最主要的因素。在手工作业方式中,分拣员对按分拣区域及界定方法的熟练度决定了分拣的速度和准确度,分拣员的态度和积极性决定了分拣过程快件的破损率和差错率;在半自动分拣方式中,人机的配合度决定了分拣的最终效率;在自动分拣方式中,只有作业人员规范、正确地使用、配合自动分拣设备,并对分拣异常和无法自动分拣的快件进行及时处理,才能发挥自动分拣的最大效率。

知识链接 5-10

如何减少分拣错误

对于全国性和国际性的快递公司来说,都需要使用运转中心将包裹从接收点运送到目的地。快递公司在远程提取包裹之后,运输到中心枢纽分拣区域进行分拣,分拣后的包裹通过运输工具(不论是飞机还是载货汽车)到达目的地,之后运转到取送中心。

分拣工作是如何完成的呢?在分拣环节,掌握包裹的目的地对于包裹的准时送达十分重要。联邦快递佛罗里达州枢纽中心使用的分拣系统的具体操作程序是,40名分拣工人根据每件包裹的目的地城市/乡镇和州(邮政编码之前的目的地地址),将地址转换为三位数的代码。之后,将包裹放在输送皮带上,运到三位数代码所代表的区域,然后,送到正确的运输工具上,运往取送中心。例如,宾夕法尼亚州哈里斯堡的代码是380,运输皮带上除了标有其他相关取送中心的代码之外,还应包括380。

只有将分拣的错误率降到一个非常低的水平上,才有可能提供优质的服务。

思考：
（1）快递分拣工作在快递整个流程中的重要意义是什么？
（2）如何做到快递分拣工作中的准确到位？

第四节　快递运输

知识链接 5-11

快递网络运作模式

快递网络的运作模式是指为了实现快递网络的运行目标，对快递网络进行组建、扩张和管理的方式。目前快递行业中主要的网络运作模式有自营模式、加盟模式和联盟模式。

1. 自营模式的快递网络

自营模式的快递网络是指快递网络的各类基础设施以及快递网络的组建、扩张，基本上是由快递企业自身投资运作形成的，快递企业对网络具有完全的控制权、管理权。

快递网络的各类要素均为快递企业所有，且能对快递网络的组织过程实行完全控制，因此，快递企业可根据业务需求和战略发展目标，对快递网络进行资源优化配置，对各类快递服务活动进行严格的组织及控制，实现快递网络整体的最优化。理论上来说，自营模式是最佳的快递网络运作方式。

2. 加盟模式的快递网络

加盟模式的快递网络是指网络加盟总公司和网络加盟者缔结契约，网络加盟总公司将商标、快递网络、经营技术授权于网络加盟者。而网络加盟者在得到上述权利之时，必须支付一定金额给网络加盟总公司，并根据网络加盟总公司的指导、培训及协助，使用相同的商标、网络、服务标准和经营技术，使整个网络达到集中管理的效果。

连锁加盟是当今世界非常流行的一种经营管理模式，快递企业把这种经营管理模式应用到快递网络的经营和管理中，也同样取得了非常好的效果，成为我国快递网络运作模式中应用最广泛的一种。

3. 联盟模式的快递网络

联盟模式的快递网络是指两个或多个独立的快递网络为了实现网络扩张的战略目标，通过契约形式建立长期合作，从而使合作各方的快递网络实现互联互通、资源共享，

形成一个更大型的快递服务网络。

不过，由于联盟各方都有自己的快递营运标准，网络互通、快件互换时需要进行多种标准转换，操作成本高、操作效率低，而且，联盟各方是完全独立的、平等的，无法实现资源的优化配置及网络内部的协调统一，其总体营运质量差、效率低。

一、快件准备

快件准备包括待发运的快件必须按照规定时间操作完毕，统计出该批快件的总件数、总重量、总体积通报运输部门，将待发运快件整理整齐，摆放于快件待发区。

（一）单据准备

单据包括交接单、快件清单以及其他随货资料，要求作业人员在发运前制作好各类单证。

（二）车辆准备

要求车辆必须于指定时间到达装运区，并在装运前对车况进行检查。

二、快件装运

快件装运是影响运输质量的主要因素，装运时必须做到以下4点。

（一）有计划、有组织地装运

在装运前必须根据待发快件的体积与车辆装载能力合理分配装载空间，根据快件的缓急程度及卸货的顺序安排装运顺序，根据发车时间要求安排装运进度，调配装卸人员，制订装运计划并按计划组织装运作业。

（二）合理装运

合理装运包括在装运时充分利用装载空间，根据快件形状合理码放快件；码放快件时必须严格遵循"大不压小、重不压轻、实不压泡"的原则；合理使用装卸工具和集装用具，提高装运效率等。

（三）文明装运

文明装运是指在装运时必须轻拿轻放，摆放整齐，不得有扔、抛、摔快件等不良行为。

（四）及时装运

及时装运是指在车辆到达装运区后，应及时开始装运作业，装运过程应注意时间进度，及时完成装运任务。

三、快件发运

（一）发运前检查

发运前检查包括对待发快件是否已全部装运完毕、加封加锁是否牢固的检查。

（二）交接手续办理

交接手续办理是指双方在交接单上签字确认，快件与随附资料的交接。

（三）发运时间登记

发运时间是关系到快件能否准时到达的关键，是运输管理的重点内容。发运前的各项工作要以准时发运为目标，严格控制各项作业的时间进度，确保车辆准时发运。发运时一定要对发运时间进行登记，并需双方签字确认。

四、在途管理

在途管理包括对行驶要求、行驶路线、途中追踪查询、途中停靠作业的管理。

（一）行驶要求

这要求驾驶员在行驶过程中遵守交通规则、合理控制车速、不得随意停靠，及时汇报行驶状况等。

（二）行驶路线

这要求严格按照既定的行驶路线行驶，不得私自更改行驶路线。对于有特殊情况需要绕道行驶的，应征得主管领导同意。

（三）途中追踪查询

这要求驾驶员在行驶过程中手机必须处于开机状态，GPS（全球定位系统）设备处于正常工作状态。车辆监控人员应定时追踪车辆行驶轨迹，并了解行驶的状况和道路交通情况，对于途中发生的异常情况应及时处理，并通报相关部门准备应急措施，使行驶全程处于可控状态。

（四）途中停靠作业

对于需途中停靠作业的，驾驶员应及时与停靠站点联系，预报到达时间。作业站点应根据预报到达时间和快件预报，充分做好卸货准备，车辆到达时应优先处理，争取在最短的时间内完成作业。

五、快件交付

车辆到达前，驾驶员应预报到达时间，通知作业站点做好卸货准备。车辆到达后，站点应登记到达时间，并及时引导车辆停靠站台，进行卸货作业。卸货过程中驾驶员必须在场监督作业，办理交接手续，对于发现的异常情况，应双方确认责任及原因，并及时反馈。

六、优化运输

快件运输的优化，是指从快递营运的总体目标出发，运用各种优化理论和方法，充分利用各种运输方式的优点，合理规划，选择运输路线和运输工具，以最短的路径、最少的环节、最快的速度和最少的费用进行快件运输，避免不合理运输情况的出现。通过对快件运输的优化管理，实现快件运输的合理化，提高运输的时效性，降低运输的成本，从而提高快递服务质量。

（一）快件运输优化管理的目的

1. 提高快递营运的整体效率和营运质量

合理组织快件的运输，促进快递营运的各环节紧密衔接，协调、高效、快速地进行快递营运，提高其整体效率和营运质量。

2. 节约运输费用，降低物流成本

运输费用是构成快件营运费用（成本）的重要组成部分。在快件运输过程中，运输作业所消耗的活劳动和物化劳动占的比例最大。

3. 缩短运输时间，加快快件速度

运输时间的长短决定着快件速度的快慢，因此，只有合理组织快件运输，使快件在途时间尽可能缩短，才能达到及时到件的目的，实现加快快件速度的目标。

4. 运输合理化

快件运输合理化能够克服许多不合理的运输现象，从而提高快件的运送能力，起到合理利用运输能力的作用。

（二）快件运输优化时需考虑的主要因素

快件运输优化时需考虑的因素很多，起决定性作用的因素有5个方面，具体见表5-6。

表5-6 快件运输优化时需考虑的因素

因素	具体描述
运输距离	运输的若干技术经济指标，都与运输距离有一定比例关系。运输距离的远近是运输是否合理的一个最基本因素，从宏观、微观角度考虑都会带来好处
运输环节	每增加一次运输，不但会增加起运的运费和总运费，而且必然会增加运输的附属活动，如装卸、包装等，各项技术经济指标也会因此下降
运输工具	各种运输工具都有其使用的优势领域，要根据不同类型快件的特点，最大限度地发挥运输工具的特点和作用
运输时间	运输时间短有利于运输工具的加速周转，能够充分发挥运力的作用，有利于运输线路运送能力的提高，实现快件运输合理化
运输费用	运费在全部物流费中占很大比例，运费高低在很大程度决定了整个快递服务的竞争能力

案例 5-2

某企业的加盟网络管理规章总则

1. 严格遵守国家各项法律、法规、政策和快递行业标准及公司的各项规章制度。
2. ××公司（简称总部）与各××（简称各网点）通过签订协议，明确双方的责、

权、利。各网点依据《××网络管理规章》和相关法律、法规确定合作关系，接受总部的垂直管理和监督。

3.××各网点都是自主经营、自负盈亏的独立合法经济实体、法人组织，各网点之间也是一种平等的、互惠互利的协作关系。为了保证网络内各网点的合法利益，使网络能健康、稳定、持续、又快又好地发展，特制定本规章。

4.为保障本规章的实施，特设立加盟管理机构。加盟管理机构是一个中立的、保证网络内各网点共同利益的机构，其在网络内的权利是各网点共同赋予的；对××网络网点享有调整权、管理权、领导权、处罚权；负责本网日常工作的管理；负责对各网点关系的协调、处理，接受咨询、建议、投诉、仲裁等。

5.《××网络管理规章》为本网所有快件操作的运行准则。

网点的权利和义务：

1.有权以"××快递"的名义在规定的区域内经营快递业务。

2.有权在总部授权的区域内使用××的商标及相关标识。

3.有权使用"××快递"的办公、财务结算、操作等管理系统。

4.有权使用总部统一印制的"××快递"的详情单、信封及其他包装物料。

5.有权要求派件网点在规定派送范围内投递快件，并有权要求相关网点提供与网络、快件相关的信息。

6.享受以上权利的同时必须履行相应义务。

7.按时交纳总部规定的各项费用。

8.在其派送范围内为各网点提供安全、快捷的服务，并提供相关信息。禁止以任何理由滞留或扣留网络内快件，一经查实严肃处理，直至解除合作关系。

思考：

（1）如何理解加盟网络对快递网络完善的作用？

（2）如何管理加盟网络？

第五节　快递派件

现在快递在派送过程中遇到了很多的问题，同时也产生了很多的法律纠纷，满意的快递派送服务不但能提高客户的满意度，让客户留下美好的印象，对提升公司的形象也有一定的帮助，所以有必要了解快递在派送过程中的一些常识和注意事项。

一、装车准备

（一）货物的捆绑

货物出库后，小件放在随身携带的挎包里，体积较大的放在车上；货物要捆绑结实，注意保护易碎品快件。电动车派送时，不可携带过长、过大、过多、过重的快件。

（二）出车须知

带齐所有必备证件（驾驶证、身份证、工作证等）；行驶中不超速、不逆行、禁闯红灯，遵守交通法规；遇到塞车、故障等情况，要冷静处理，及时报告公司；合理安排行驶路线，滞留件和特急件要优先派送。

二、客户验收

面对客户之前，先调整好气息，整理好工服、胸卡、头发；取出运单，把快件托在手里。客户验收无异议后，请客户在运单上签字；如果签名难以辨认，请客户重新写清楚。为确保派送的准确性，必要时要有礼貌地请收件人出示身份证。如果有人代收，则应提醒代收人，注意快件的状态（重量、价格、包装等），然后请其签全名；回到作业中心后，与收件人取得联系，告之快件已送达，由某人代收。

三、到付收款

收取现金时，应双手接钱，仔细清点后，要说谢谢；如果无人付款，则应向客户解释：只能将快件暂时带回，何时付款另行安排派送。

如果是月结客户，则要在运单的月结栏内打钩，并填写月结账号。

四、告辞返回

派送完毕后，不准在客户处逗留，不准使用客户电话，不准接受客户馈赠；回到公司后，将收取的所有款项，及时如数地上缴财务部；派送未成的快件，须在派送清单上注明滞留件的原因；发现运单的公司留存联丢失，须在派送清单上注明情况和原因；将派送清单和滞留件交给仓管员，滞留件的数量应等于派送清单上的数量。

五、滞留件的处理

滞留件是指无法派送的快件。

（一）滞留件产生的原因

滞留件产生的原因包括客户、快件、其他。

（1）客户：放假、出差、外出、下班、搬迁、拒付、公司无人、要求转寄、另约派送时间、要求退回原寄地、要求自取而未取。

（2）快件：破损件、错分件、有单无件、件数缺失、地址不详、地址错误、电话错误。

（3）其他：改送、查无此人、地方偏僻、门卫不让进、送多次而无人、双方拒付（快件作废）。

（二）滞留件的处理办法

（1）交其他人签收，在运单空白处注明。

（2）若无人签收，填写派送通知单。

（3）客户拒收或拒付时，寄方客户同意前，快件必须带回，不得交给客户。

（4）特急件，应优先派送；错分件，第一时间派送。

六、快件的监控

（一）快件破损率的监控

快件破损率是指快递营运过程中发生破损的票数与快件承运总票数之比。快件破损是快递营运过程普遍发生的问题，是影响快递服务质量的主要因素之一。因此，加强对快件破损率的监控是快递营运质量管理的一项重要工作。

（二）快件丢失率的监控

快件丢失是快递服务中严重的服务事故，每一起丢失的发生都会给企业带来负面的影响。加强对快件丢失率的监控，目的就是防范快件丢失。

1. 快件丢失率的计算

快件丢失率是指在一定时间内丢失的快件票数与受理的快件总票数之比。

2. 快件丢失监控表

快件丢失监控表是对快递营运发生的丢失事件的汇总表，基本内容包括：丢失快件的基础信息、丢失时间、丢失责任环节、丢失原因、丢失处理结果、丢失造成的经济损失等。各环节发生快件丢失时，应及时上报相关部门，由快件监控责任部门将上报数据登记到快件丢失监控表。

通过制作快件丢失监控表，可全面地了解整个快递营运系统各个环节快件丢失的情况，以及造成快件丢失的主要原因，发现快递营运系统中存在的问题，为质量改进和加强管理提供了基本依据。

3. 快件丢失分析

按责任环节、丢失原因等对快件丢失监控表进行分类汇总、排序，可以发现丢失频率较高的环节和造成丢失的主要原因。针对这些环节和原因，应通报其相关责任人，使其协助加强监控及作业改进。

4. 快件丢失预警

快件丢失预警是指对各环节、各种丢失原因制定预警参数，并定期统计快件丢失率，当丢失率超过预警线时，发出预警信号。这样，监控人员就能及时加强对该环节的监控，制订防范措施。

知识链接 5-12

KPI 绩效考核

KPI（Key Performance Indicator，关键业绩指标）绩效考核，是企业绩效考核的方法之一。企业关键业绩指标是通过对组织内部流程的输入端、输出端的关键参数进行设置、取样、计算、分析，衡量流程绩效的一种目标式量化管理指标，是把企业的战略目标分解为可操作的工作目标的工具，是企业绩效管理的基础。建立明确的切实可行的 KPI 体系，是做好绩效管理的关键。

确定关键绩效指标有一个重要的 SMART 原则。SMART 是 5 个英文单词首字母的缩写：

（1）S 代表具体（Specific），指绩效考核要切中特定的工作指标，不能笼统；

（2）M 代表可度量（Measurable），指绩效指标是数量化或者行为化的，验证这些绩效指标的数据或者信息是可以获得的；

（3）A 代表可实现（Attainable），指绩效指标在付出努力的情况下可以实现，避免设立过高或过低的目标；

（4）R 代表相关性（Relevant），它是预算管理部门、预算执行部门和公司管理层经过反复分析、研究、协商的结果；

（5）T 代表有时限（Time-based），注重完成绩效指标的特定期限。

案例 5-3

快递失窃事件

快递的丢失，内件物品数量的减少，大家可能怀疑的对象只有两个：一个是收件的快递员，一个是派件的快递员。

王×是某快递公司分拣中心的员工，每天负责对货物进行扫描、打单、发送，但无权对高价值物品进行拆包和查询。2012 年 10 月 14 日，由于计算机系统显示快件包裹里有黄金，王×将包裹拆开，将其中龙凤呈祥千足金金条 1 块（重 10g，经鉴定价值人民币 3660 元）盗走，随后藏匿在其住处。10 月 19 日王×被抓获。

王×归案后如实供述其犯罪事实，萝岗法院审理认为，其有悔罪表现，从轻处罚，判处王×犯盗窃罪，拘役六个月，缓刑九个月，并处罚金人民币一千元。法院法官提醒市民，在邮寄贵重物品时可根据物品价格进行保价。

思考：

（1）为什么高附加值的快递要进行保价？

（2）快件在派送过程中要注意哪些方面？

由于快递已经由单一的递送信件和包裹向现代"扁平化销售"融合,通过增值服务的延伸提供了包装、配货、开箱验货、代收货款、签单返还、换货等功能,将销售变为由生产商直接到用户的简单路径,改变了传统销售由生产商到批发商,再到零售商,最后到用户的路径,大大降低了销售的费用,缩短了销售周期,成为最经济、最快捷的销售渠道。它最适合单件50千克以下产品,单件小批量、多品种小批量产品。因此,快递将成为21世纪最时尚的商业销售模式。

1. 我国主要的快递公司有哪些,分别具有哪些优势?
2. 填制运单需要注意哪些问题?
3. 快递分拨管理中心需要进行哪些工作流程?
4. 怎样优化快递运输?
5. 滞留件应当如何处理?

拓展阅读

电子商务企业如何与第三方物流合作共赢

"2010年网上购物总额超过3400亿元。"来自相关部门的统计数据足以证明中国的电子商务发展是多么的强劲。近年来,B2B、B2C、C2C三类市场规模不断扩大,不少传统大中型企业纷纷步入电子商务殿堂,甚至连一些中小企业也不甘人后。

电子商务的井喷式增长,也为国内物流企业带来了大量机会。但不可否认的是,当越来越多的物流企业试图在这块新市场里寻找机会,第三方物流企业在电子商务物流中的角色定位问题,却变得越来越尴尬。许多传统物流企业似乎发现,电子商务带来的物流机会,并不仅仅是美味的"蛋糕",还是块难啃的"骨头"。

1. 介入不易

"世界变化得太快了。"谈到电子商务物流的发展演变,星晨急便董事长陈平如是说。他是在第二届中国电子商务物流大会上发出这番感慨的。当时台下还坐着许多和他一样,对电子商务物流市场充满期待和迷惑的物流同行。

许多人还记得一年前的情景。2010年3月29日,星晨急便正式宣布获得阿里巴巴战略投资。陈平当时充满雄心与憧憬地与淘宝合作建设"实体分仓",与支付宝合作推行"移动POS机支付",今后星晨急便还将为电子商务企业提供退换货、代收货款、开箱验货等服务。然而,一年的时间过去了,陈平看问题的角度和观点,似乎已与之前大不相同。

在2009年创建星晨急便的时候，陈平将其定位为电子商务物流公司。但在没有更多经验可以借鉴的情况下，如何让星晨急便拥有与传统物流企业不同的模式和竞争力，陈平始终都在思考。

以申通、圆通、韵达等为代表的加盟型民营快递企业，凭借与淘宝网合作，在网购配送市场攫取了大笔财富。陈平本想依照类似的模式来觅得一块市场，"你怎么做，我也怎么做"。可等他真正做起来才发现，原来为C2C模式的淘宝网进行网购配送，内容是如此庞杂和繁复。淘宝网上聚合了成千上万大大小小的买家，所配送的产品、下订单的时间等都没有统一模式，这往往会让配送企业无所适从。并且，陈平意识到，由于先期进入的"三通一达"已和大部分客户建立起稳定的合作关系，新来者进入并不容易，"进不去，索性退了"。

随后，陈平希望能从仓储领域更好地介入电子商务物流，尤其他看到了B2C电子商务企业在仓储方面的巨大需求。"既然电子商务企业都在自建仓库，那我们干脆就建一批仓库，这样不就可以了吗？"

但他又很快发现，电子商务企业的仓库和传统物流企业的仓库并不相同，"此仓非彼仓"。传统的物流链条中，货物进入中心仓并不拆装，这道工序是在次级的分拨中心完成的。而在电子商务企业，则是实现仓库和分拨合一，货物进仓后立即拆装上架，等用户订单一来，货物直接下架进行分拨。简单的流程变动，看似简单，却体现了两者间不同的运作思路与模式。这也使得传统物流仓储企业，很难得到电子商务企业的青睐。"不是别人不喜欢你，是你不招人待见。"陈平打趣地说。

据陈平观察，目前与电子商务企业合作的物流企业中，除了与淘宝合作较多的民营快递外，还有一类专门从事"最后一公里"的配送企业。但电子商务配送，同样与传统模式不同，用陈平的话说就是"此配非彼配"。

传统物流公司可能会涉及多个环节，如收货、仓储、分拣、派发。现在B2C电子商务企业普遍自有仓库，甚至能完成干线运输，第三方帮忙配送即可。尤其在自建物流体系的城市，电子商务企业直接将货物拉到配送站，第三方只要做"终端最后一公里"的配送，涉及环节更为单一，于是就形成了电子商务的"落地配"模式。据他观察，现有服务商，主要局限于区域内，还没有形成气候。而那些具有全国性网络的企业中，又大多受制于加盟体制，难以提升服务。因此，陈平认为，在"落地配"方面，他们或许可以有所作为。同时，这或许也是第三方物流企业介入电子商务物流过程中"唯一的稻草"。

从20世纪90年代就进入物流行业的陈平，被认为是物流圈里善于思考的人，而陈平的想法也代表了许多物流企业在电子商务物流浪潮前的困惑与心得。

2. 要求渐高

"电子商务如此多娇，引无数英雄竞折腰。"对于传统物流企业在电子商务物流领域的努力探索，德利得运营总监恽绵如此描述。面对美好的前景，难怪物流企业趋之若鹜。不过，电子商务企业为何不买账呢？这在很大程度上还是与传统物流企业的服务水平和服务意识不够有关。

目前，电子商务快速发展、各类型电子商务企业竞争渐趋激烈，电子商务企业都希望在网购配送速度、配送服务水平、入宅增值服务等方面得到尽可能提升。例如，从4月25日起，海尔商城在北京、上海、广州等全国100个城市开始试运行"24小时限时达，超时即免单"服务；当当网也刚刚在其库房所在地的7座城市推出了"当日订，当日达"。而像凡客诚品、京东商城等其他B2C电子商务企业，也都有各自的提速计划。正如悻绵所分析的那样，由于国内物流发展仍然有待提升，物流企业往往难以满足相应需要，这使得对物流服务有较高要求的企业，不得不选择自建物流的方式。以海尔商城为例，这家隶属于海尔集团的电子商务企业，在业内并非顶尖企业，之所以敢于喊出"在24小时内没有送货到门，消费者购买的任何产品都可免单"，在于他们在物流配送方面的实力。据了解，与采用第三方物流送货相比，海尔商城依托遍布全国的专卖店负责送货上门、安装，送货时间由平均5~7天缩短到了24小时以内。

来自京东商城、1号店等电子商务企业方面的声音，也表示出与物流企业合作时的无奈。据易观国际电子商务中心总经理冯松阳介绍，物流环节已成为目前整个网购市场的一大问题，对于网购的投诉很多都来自物流，包括时间、安全等。商家和消费者也一直在因商品到手时的损坏是商家发货时已经出现的，还是在物流途中造成的，而产生投诉与纠纷。

凡客诚品旗下如风达快递执行总经理白光利指出，对于许多电子商务企业而言，电子商务物流已不单是货物的仓储、运输、配送，最后送达到客户手中，而是希望变为提升客户感受，甚至变为一种塑造企业形象和延伸营销的方式。而传统物流企业在这方面往往十分欠缺。对此，物流行业人士也似乎有所体会，因为传统的物流方式，配送员基本是派完货走人，考核的主要是时效。而电子商务物流，更重要的是提供一系列"入宅"服务。

有调查显示，对于第三方物流的选择，B2C型电子商务企业往往有着诸多要求。例如，信用度高，要求服务商有信得过的品牌和强大的管控体系；网络覆盖广，找到靠谱的合作伙伴，并确立起可持续的利益分配机制；健全的服务内容，要求能提供货到付款、开箱验货、退货换货、半收半退等一系列服务项目；高标准的服务要求、高性价比等。

3. 如何联手

面对电子商务物流这块诱人的"蛋糕"，物流企业没有理由不去争取。随着网购市场的壮大，目前各个行业的大牌厂商都推出了数量不等的网店专供产品，保守估计总数在1万款以上。

此外，电子商务的发展也离不开第三方物流的支持。业内人士分析，从电子商务企业自建仓库目前是否普遍的角度说，大部分电子商务企业都在自建物流。但如果在仓库之外，还要涉足运输、配送等环节，电子商务企业将不得不承担高额成本。而那些在资金实力方面并不丰厚的企业，则无力在全国范围内布局物流网络，单独建网的成本会让其不堪重负。

各方加强合作，不仅是许多物流企业的想法。在电子商务企业方面，阿里巴巴副总裁王孝华表示，未来阿里巴巴集团会将重点放在全国物流仓储体系的建立，包括联合社会资源、联合在电子商务行业，仓储、物流行业有影响的企业，"大家一起来完成这个体系的建设"。可以肯定的是，电子商务企业与物流企业联手，将是未来发展的主流。

物流"阵营"的一员，都应认真思考传统物流如何进入电子商务的问题。恽绵认为，尽管电子商务对于物流的要求不断提升，但一些区域性物流配送企业的成功，或许可以说明，在电子商务物流市场里，传统物流同样拥有机会。

来自民航快递的代表就表示，作为国有航空快递企业，他们在提供快捷而且安全的航空干线运输方面，具有很强的实力，但对于电子商务物流却没有太多的涉足过。因此他们除了寻找合适的机会外，更希望的是与业内各方进行合作，来共同在这一领域发展和成长。

业内专家认为，要想在快速发展的电子商务中"分羹"，物流企业必须尽快增加基础设施投入，提高人员素质和信息化水平。对于那些有想法、没把握的物流企业来说，"不贪大"和"做特色"，可能是最好的进入方式。

思考：

（1）目前电子商务企业与第三方物流企业的合作存在哪些问题？

（2）这些问题应该从哪些方面进行改进？

第六章 电子商务物流订单及退换货管理

【知识目标】

1. 掌握电子商务物流客户投诉处理的内容。
2. 掌握电子商务退货、换货的管理方法。
3. 掌握电子商务物流服务绩效管理方法。

【技能目标】

1. 会处理电子商务物流客户投诉。
2. 会进行电子商务退货、换货的管理。
3. 会评价电子商务物流服务质量。
4. 会进行电子商务物流服务的绩效管理。

【知识导图】

```
                                        ┌─ 订单概述
                    ┌─ 电子商务物流订单管理 ─┤ 分配存货方法
                    │                    │ 订单的执行与跟踪
                    │                    └─ 订单资料分析
                    │
电子商务物流订单      │                    ┌─ 概述
及退换货管理    ────┼─ 电子商务物流退货、换货管理 ─┤
                    │                    └─ 退货、换货管理方案
                    │
                    ├─ 电子商务物流服务
                    │
                    │                    ┌─ 电子商务物流服务监控概述
                    │                    │ 客户服务的监控
                    └─ 电子商务物流退货、换货管理 ─┤ 成本和生产效率的监控
                                         │ 仓库、配送和存货的监控
                                         └─ 关键绩效指标的制定与管理
```

案例导入

无处不在的暴力分拣

某快递公司在北京马各庄的一个分拣中心，11月底，记者通过应聘，进入这里当起了快递分拣员。每天，这些从广州、杭州等地运件的大货车都会不断地开到这里，一天中转量能达到几十万票，第一天，记者就看到了一些让人过目难忘的场景。

被运送来的包裹，如果不是航空邮件，不会有任何安检和抽检，会被直接卸到传送带上，卸车的时候随意抛扔，快件被按照区域写上编码后，被放在分拣线上，"站线"工人便开始忙碌起来，流水线上的包裹一波一波源源不断，只要快件上了这条流水线，贴不贴易碎标志都不再重要。

这里一切要的就是效率。一个60人左右的班次要处理5万~10万票快件，每个人都忙得不可开交。大不压小、重不压轻的码放原则，快件分拣脱手时不超过30厘米的规矩，在这里根本不存在，只要位置和方向正确，能抛多远就抛多远。

分拣工人会时不时从传送带上跨过，有个倒霉的快件就是一个工人在传输线上跳下来时踩瘪的，年轻的分拣工人有时也会互相扔着邮件打闹。每天都会有这样的场面，很多邮件由流水线上散落到地上，分拣工人脚踩着邮件，把邮件扔到对面的筐里，这名工人还跳过生产线，直接踩到筐车里面，甚至坐到邮件上。在这个分拣中心，从卸车到分拣，再到扫描出库，一个快件最少要经过三次抛扔。记者问道，这些东西不怕摔吗？员工说没有怕摔的，都是袜子乳罩之类的东西，就算踩烂了再封上就行了。

上班几天，记者渐渐和工人们熟悉了起来，为了证明这些货不怕踩踏，正在往车上装快递的工人竟然当场实验了一下，在这个邮包上踩上一脚，邮件的外包装被当场踩坏，内包装露了出来，里面衣物的颜色也看得清清楚楚。这批货是运往河北承德的，是一些衣物和鞋子。

对于那些经常在网上购物的朋友来说，记者的体验触目惊心，你千挑万选的宝贝到了快递公司手里竟然会被如此践踏。事实上，快递业存在野蛮装卸的事情并非今天才曝出来，但像记者看到的那样故意损毁邮包的还是第一次看见。

在某快递公司北京马各庄分拣中心工作了将近一周，记者见到的让人吃惊的场景越来越多。早上7点多，这个问题包裹孤零零地放在库房外，里面的液体流了一地，上面的易碎标签清晰可见，能判断出这个邮包是被夜班人员放在那儿的，临近中午，这个邮件被扔在库房外近12个小时，无人处理。在处理问题邮件的数据组，这里的工作人员正在用胶带包裹一些破损的邮件。在现场，中记者看见11月的包裹还有很多，他们说如果长时间没有人认领的话就放着，时间久了就放到仓库里。

在二楼的航空件问题包裹处理点，工作人员介绍说，架子上的这些都是问题包裹，这些包裹或是丢失面单，或是找不到收件人和发件人的无着落包裹。快递员说，像没有面单的,他们直接就给拆了,只有拆开才能拍照,否则无法拍照,也不知道里面什么东西,也就是说包得再好,他们也是要拆的。

工人说,这里的问题邮件过3个月或者半年时间,就会定期往仓库清理,公司有专门人员处理无人认领的作废件。即使是对内部员工,无着落邮件的处理也是机密。我们的另一路记者以购买报废件的名义,联系了北京某快递公司监察部的一个经理,经理告诉记者,仓库剩下的几乎都是不值钱的衣物。那么其他快递公司如何处理无人认领的包裹呢?记者随后以收购作废件的名义走访了另一家快递公司,该公司工作人员告诉记者作废件涉及财务营运部,比较敏感,因为是客户的东西,他们没有什么权力去动。如果确实这个东西没有人要,找不到主了,营运部和财务部确定了,他们就可以卖出去。这位工作人员介绍说,公司每个月的作废件有60~70件,这些作废件中包括螺钉、钉子、衣服、毛绒玩具等。他最终向我们透露,对无着落邮件最终确实会变卖处理。

从化妆品到中华烟,这些价值不菲的货品到了快递公司的手里竟然会变成无人认领的问题邮件,说什么也让人难以置信。事实上,我们在邮寄包裹的时候,都会按照要求留下详细的地址和收寄人双方的电话号码。快递公司怎么会把客户的邮件私下变卖呢?

经过几天的接触,记者与这位快递员相处得十分融洽,他透露了一些快递业内的潜规则,虽然随着快递管理越来越规范,如果调包、偷盗,被查出来会处罚很重,但他们即使不动客人的货,也仍然可以挣钱。员工说,可以把大的箱子改小,改动稍微比货大一点点,本来算体积的算10千克,要1000元,但是改小了只要50元钱就发出去了,当中就赚了950元。或者是改数字,如上面价格是1000多元,你加个点,一下就可以赚了。

案例分析:

在信息网络如此发达的今天,一些稍有规模的快递公司都可以实时跟踪包裹行踪,如果还存在着大量无着落件,只能说是快递公司内部管理出了严重漏洞。而私自售卖无着落件也已经超出了服务质量优劣的问题,这涉及一个行业是否在合理合法做生意的问题。

第一节 电子商务物流订单管理

配送作业的一个核心业务流程是配送订单(连锁企业通常也叫作"内部要货单")处理,包括订单准备及接受、订单传递、订单登录、按订单供货、订单处理状态跟踪等活动。订单处理是实现企业客户客服务目标最重要的影响因素。物流信息系统是改善包括订单处理在内的物流管理过程的主要工具,订单处理是其核心部分。订单接受及统计是配送订单处理流程的首要步骤。

一、订单概述
（一）订单处理概述

所谓订单处理，就是由订单管理部门对客户的需求信息进行及时的处理，这是物流活动的关键之一。它包括从客户下订单开始到客户收到货物为止，涉及这一过程中所有的单据处理活动，与订单处理相关的费用属于订单处理费用。

1. 接收订单

（1）订单接收并确认

订单制定后，能根据订单商品内容确认商品所属状态，明确各种商品的可靠性并向采购商发出确认通知。每一订单都要有其单独的订单号码，此号码由控制单位或成本单位来指定，除了便于计算成本外，还可用于制造、配送等一切有关工作，所有工作说明单及进度报告均应附此号码。为了便于后续库位查询及分配工作，将上述订单的商品类别、数量进行统计。

（2）订单信息完善

根据学生制定的各类订单，通过汇总讨论，引导学生分析并明确订单基本内容。根据汇总结果，让学生进一步完善原有订单或重新缮制。订单信息包括客户信息、商品完备信息、交货日期等。

2. 根据订单建立客户主档

（1）引导学生认识建立客户主档的目的

一个优秀的物流订单管理者，不仅能根据客户需求快速准确地确认及统计相关订单信息，还要能够根据一切可用信息来优化服务质量，拓展业务渠道。根据订单建立客户档案，既是进一步完善物流服务的需要，也是拓宽和稳定业务渠道的良好途径。

（2）讨论并明确客户主档相关信息

客户主档应包含订单处理需要用到的信息及与物流作业相关的资料，包括如下内容：

①客户姓名、代号、等级形态（产业交易性质）。

②客户信用额度。

③客户销售付款及折扣率的条件。

④开发或负责此客户的业务员。

⑤客户配送区域。

⑥客户收账地址。

⑦客户点配送路径顺序：根据区域、街道、客户位置，将客户分配于适当的配送路径顺序。

⑧客户点适合的车辆形态：通常客户所在地点的街道有车辆大小的限制，因而须将适合该客户的车辆形态建于资料档案中。

⑨客户点下货特性：客户所在地点或客户下货位置，由于建筑物本身或周围环境特性（如地下室有限高或高楼层），可能造成下货时有不同的需求或难易程度，在车辆及工具的调度上需加以考虑。

⑩过期订单处理指示：若客户能统一决定每次延迟订单的处理方式，则可事先将其写

入资料档案，以省去临时询问或避免需紧急处理时的不便。

（二）订单处理的基本内容

订单处理可以由人工或资料处理设备来完成，其中，人工处理较具有弹性，但只适合少量的订单，一旦订单数量增多，处理将变得缓慢且容易出错。而电脑化处理能提供较大速率及较低的成本，适合大量的订单。订单处理的基本内容包括以下几个方面。

1. 接受订货的方式

接单作业为订单处理的第一步，随着流通环境及科技的发展，接受客户订货的方式也逐渐由传统的人工下单、接单演变为通过网络直接送、收订货资料的电子订货方式。

（1）传统订货方式

传统订货方式在我国发展得比较成熟，在当前仍得到广泛的应用，其主要包括以下几个方面：

①厂商铺货。供应商直接将商品放在车上，一家家去送货，缺多少补多少。此种方式对于周转率较快的商品或新上市商品较常使用。

②厂商巡货、隔日送货。供应商派巡货人员提前一天先至各客户处巡查补充的货品，隔天再予以补货。采用此方法，厂商可利用巡货人员为门店整理货架、贴标或提供经营管理意见、市场资讯等，亦可促销新品或将自己的商品放在最占优势的货架上。此种方式的缺点是厂商可能会将巡货人员的成本加入商品中，而且厂商乱铺货将造成零售业者难以管理、分析自己所卖的商品。

③电话口头订货。订货人员将商品名称及数量，以电话口述的形式向厂商订货。但因客户每天订货的品项可能多达数十项，而且这些商品常由不同的供应商供货，因此利用电话订货所费时间太长，且错误率高。

④传真订货。客户将缺货情况整理成书面资料，利用传真机传给厂商。利用传真机虽可快速的传送订货资料，但其传送资料的品质不良，常增加事后确认工作。

⑤邮寄订单。客户将订货表单或订货磁片、磁带邮寄给供应商。

⑥客户自行取货。客户自行到供应商处看货、补货。此种方式多为以往传统杂货店因地缘近所采用。客户自行取货虽可省却物流中心配送作业，但个别取货可能影响物流作业的连贯性。

⑦业务员跑单、接单。业务员至各客户处推销产品，而后将订单携回或紧急时以电话先联络公司，通知客户订单情况。

不管利用何种方式订货，上述这些订货方式皆为人工输入资料而且经常重复输入、重复传票、重复誊写，并且在输入输出间常造成时间耽误及产生错误，这些都是无谓的浪费。尤其现今客户更趋于高频度订货，且要求快速配送，传统订货方式已无法满足需求，这使得新的订货方式——电子订货应运而生。

（2）电子订货方式

电子订货，顾名思义即由电子传递方式取代传统人工书写、输入、传送的订货方式，也就是将订货资料转为电子资料形式，由通信网络传送，此系统即为电子订货系统，是采

电子商务物流

用电子资料交换方式取代传统商业下单、接单工作的自动化订货系统。其操作方法可分为以下3种：

①订货簿或货架标签配合手持终端机扫描。订货人员携带订货簿巡视货架，若发现商品缺货则用扫描器扫描订货簿或货架上的商品标签，再输入订货数量，当所有订货资料皆输入完毕后，利用数据机将订货资料传给供应商或总公司。

②POS（Point of Sale，销售时点管理系统）客户若有POS收款机则可在商品库存档案里设定安全存量，每当销售一笔商品时，电脑自动扣除该笔商品库存量信息，当库存低于安全存量时，即自动产生订货资料，将此订货资料确认后即可通过电信网络传给总公司或供应商。亦有客户将每日的POS资料传给总公司，总公司将POS销售资料与库存资料比对后，根据采购计划向供应商下订单。

③订货应用系统。客户资料系统里若有订单处理系统，可将应用系统产生的订货资料转换成与供应商约定的共通格式，在约定时间内将资料传送出去。

一般而言，通过电脑直接连线的方式最快也最准确，而邮寄、电话或销售员携回的方式较慢。因为订单传递时间是订货前置时间内的一个因素，其可经由存货水平的调整来影响客户服务及存货成本，所以传递速度快、可靠性及正确性高的订单处理方式，不仅可大幅提升客户服务水平，亦能有效地缩减与存货相关的成本费用。

2. 品项数量及日期的确认

这里对订货资料项目的基本检查，即检查品名、数量、送货日期等是否有遗漏、笔误或不符合公司要求的情形。尤其当要求送货时间有问题或出货时间已延迟时，再与客户确认订单内容或更正预期运送时间。

3. 客户信用的确认

不论订单由何种方式传至公司，配销系统的第一步即查核客户的财务状况，以确定其是否有能力支付该订单的款项，其做法多是检查客户的应付账款是否已超过其信用额度。

（三）订单处理基本流程

订单处理是企业的一个核心业务流程，包括订单准备、订单传递、订单登录、按订单供货、订单处理状态跟踪等活动。订单处理是实现企业客户服务目标最重要的影响因素。改善订单处理流程，缩短订单处理周期，提高订单满足率和供货的准确率，提供订单处理全程跟踪信息，可以大大提高客户服务水平与客户满意度，同时也能够降低库存水平，在提高客户服务水平的同时降低物流总成本。其过程主要包括以下5个部分。

1. 订单准备

订单准备是指收集所需产品或服务的必要信息和正式提出购买要求的各项活动。

2. 订单传输

传送订单信息是订单处理过程中的第二步，涉及订货请求从发出地点到订单录入地点的传输过程。订单传输可以通过两种基本方式来完成：人工方式和电子方式。

3. 订单录入

订单录入指在订单实际履行前所进行的各项工作，主要包括：

（1）核对订货信息（如商品名称与编号、数量、价格等）的准确性。

（2）检查所需商品是否可得。

（3）如有必要，准备补交货订单或取消订单的文件。

（4）审核客户信用。

（5）必要时，转录订单信息。

（6）开具账单。

4. 订单履行

订单履行是由与实物有关的活动组成的，主要包括4个方面：

（1）提取存货，生产或采购客户所订购的货物。

（2）对货物进行运输包装。

（3）安排送货。

（4）准备运输单证。

其中有些活动会与订单录入同时进行，以缩短订单处理时间。

订单处理的先后次序可能会影响到所有订单的处理速度，也可能影响到较重要订单的处理速度。这里可借鉴优先权法则：

（1）先收到，先处理。

（2）使处理时间最短。

（3）预先确定顺序号。

（4）优先处理订货量较小、相对简单的订单。

（5）优先处理承诺交货日期最早的订单。

（6）优先处理距约定交货日期最近的订单。

5. 订单跟踪

订单处理过程的最后环节是通过不断向客户报告订单处理过程中或货物交付过程中的任何延迟，确保优质的客户服务。具体包括：

（1）在整个订单周转过程中跟踪订单。

（2）与客户交换订单处理进度、订单货物交付时间等方面的信息。

二、分配存货方法

在物流配送中心，物流工作人员需要根据订单信息处理不同批次、不同规模的各类订单，并确保对每张订单进行正确无误的操作。依照订单信息对货物进行相应的、正确有效的处理是订单处理流程的重要步骤。

（一）存货查询概述

存货是指企业在日常活动中持有以备出售的产成品或商品，处在生产过程中的在产品、在生产过程或提供劳务过程中耗用的材料、物料等。存货区别于固定资产等非流动资产的最基本特征是，企业持有存货的最终目的是出售，不论是可供直接销售的存货，如企业的产成品、商品等，还是需经过进一步加工后才能出售的存货，如原材料等。

存货查询是配送中心流程的一个重要环节，此环节在于确认有效库存是否能够满足客户需求，通常称为事先拣货（Prepicking the Order）。存货档案的资料一般包括品项名称、SKU号码、产品描述、库存量、已分配存货、有效存货及预期进货时间。

输入客户订货商品的名称、代号，系统即查对存货相关资料，看商品是否缺货，若缺货则可提供商品资料或是此缺货商品的已采购，未入库信息，便于接单人员与客户协调是否改订替代品或是允许延后出货，提高人员的接单率及接单处理效率。

（二）依据订单分配存货的方法及原则

订单资料输入系统并确认无误后，最主要的处理作业是根据大量的订货资料，做最有效的汇总分类和调拨库存，以便后续的物流作业能有效地进行。存货的分配模式可分为单一订单分配和按批次分配两种。

1. 单一订单分配

这种分配多为线上即时分配，即在输入订单资料时，就将存货分配给该订单。单一订单分配存货的流程比较简单，主要适用于大批量的存货分配。

2. 按批次分配

这种分配是累积汇总数笔的已输入订单资料后，再一次性分配库存。物流中心因订单数量多、客户类型等级多，且多为每天固定配送次数，因此通常采用批次分配以确保库存能做最佳的分配。按批次分配时，应注意订单的分批原则，即批次的划分方法。随着作业的不同，各物流中心的分批原则亦可能不同，总的来说有下面几种方法。

（1）按接单时序划分：将整个接单时段划分成几个区段，若一天有多个配送批次，可配合配送批次，将订单按接单先后分为几个批次处理。

（2）按配送区域路径划分：将同一配送区域路径的订单汇总在一起处理。

（3）按流通加工需求划分：将加工处理或相同流通加工处理的订单汇总在一起处理。

（4）按车辆需求划分：若配送商品需要特殊的配送车辆（如低温车、冷冻车、冷藏车）或客户所在地的下货特性要求由特殊的车辆配送，可汇总合并处理。按批次分配时，在选定参与分配的订单后，若这些订单的某商品总出货量大于可分配的库存量，应如何分配有限的库存？可依以下4个原则来决定客户订购的优先性：

①具特殊优先权者先分配。对于一些例外的订单，如缺货补货订单、延迟交货订单、紧急订单或远期订单，这些在前次就应交货的订单，或客户提前预约的订单，应有优先取得存货的权利。因此，当存货已补充或交货期限到时，应确定这些订单的优先分配权。

②依客户等级来取舍，将客户重要性程度高的做优先分配（可参考储存作业所介绍的客户类别进行A、B、C分类）。

③依订单交易量或交易金额来取舍，将对公司贡献度大的订单做优先处理。

④依客户信用状况，将信用较好的客户订单做优先处理。

此外，也可依上述原则，在接受客户订单时就将优先顺序性输入（以 A、B、C 或 1、2、3 来表示）系统，而后在做分配时即可依此顺序自动做取舍，也就是建立一套订单处理的优先系统。

（三）拣货单分配

拣货单是拣货的重要依据。拣货单的形式设计是根据物流配送中心拣货作业方式和拣货系统来设计的。不同的拣货方法对应不同的拣货信息，拣货方式因配送中心的特性而有所不同。其主要分配模式有以下几种。

1. 单一订单拣货

单一订单拣货指每次拣货只针对一张订单进行作业，又称摘果法。这种方法是拣货车巡回于储存场所之中，按用户单位的订单拣出每一种商品，巡回结束即完成了一次配货作业，并将配齐的商品置于待发区。

（1）一人拣货。这种方法是每一张订单由一个人负责直到拣货完毕。

（2）分区接力拣货。这种拣货方式是把储存区或拣货区分成几个区域，按照接力方式由各区拣货人员共同完成一张拣货单的拣货作业。

（3）分区汇总拣货。这种拣货方式是把储存区或拣货区分成几个区域，把一张订单分为各区的拣货单，再把各区拣出的商品汇集起来。一般的分区方式有按储存或拣货单位分区和按工作分区两种方式。

①按储存或拣货单位分区：把商品储存区和拣货区按照储存单位或拣货单位分成几个区域，如托盘拣货区、料箱拣货区和单品拣货区等。这种分区方式的优点在于方便储存管理，提高拣货效率。

②按工作分区：把储存区或拣货区分成几个区，有一个或一组人员负责拣区内的商品。此拣货方式的优点在于拣货人员熟悉商品的位置，可以缩短拣货时间，提高拣货效率。

单一订单拣货的优点包括订单处理前置时间短，作业人员责任明确，派工容易，拣货后不再进行分拣作业，适于大批量、少品种订单的处理；其缺点是对于多品种、少批量的商品，拣货路线和时间长，效率低。

2. 批量拣货

批量拣货是指把多张订单整合为一批，再把各订单中相同商品的数量汇总起来进行拣货，又称播种法。其分批拣货方式如下。

（1）按拣货单位拣货：把同一种拣货单位的物品汇总起来集中拣货。

（2）按配送区域或路线拣货：把同一配送区域或路线的订单汇总起来统一拣货和配送。

（3）按流通加工要求拣货：把需要加工处理的商品或相同流通加工的商品订单汇总起来统一拣货。

（4）按车辆要求拣货：当配送商品需要特殊车辆（如低温车、冷冻车、冷藏车）时，这些商品可以统一拣货和配送。

批量拣货适用于订单数量大的多品种、小批量商品，可减少巡货距离，提高拣货效益。

3. 批次分配拣货

累积汇总数笔订单资料后，再一次性分配库存。配送中心订单数量多、客户类型等级多，且多为每天固定配送次数，因此通常采用批次分配以确保库存能进行最佳的分配。采用批次分配时，要注意订单的分批原则，即批次的划分方法。由于作业的不同，各分配中心的分批原则也可能不同，总的来说，可按接单顺序、按配送路线要求等划分。

如果订单是按正常步骤进行操作的，那么这整个处理过程会按照事先设定的流程进行，并准时出货。但是在现实中常常会发生一些意想不到的情况，导致一些订单处理无法按正常步骤进行，因此在分配订单时，要考虑这些因故未能按时出货的订单是否继续参与配送。

（1）延迟交货订单。因缺货而顺延的订单，现在是否已有库存，有的话是否参与分配，完成出货。

（2）已参与分配而未出货的订单。对于已经参与了库存分配，却因故未出货的订单，是否重新分配库存。

（3）缺货补送订单。对于客户前一份订单上的缺货物品，这次是否已有库存，这些缺货资料是否参与分配，以便补送出货。

（4）解除锁定订单。在订单资料输入后进行核查及确认处理的作业环节中，由于某些条件不符合而被锁定的订单，事后经再次审核通过，解除锁定的订单是否参与当次库存分配。

（5）远期订单。对于一些还未到交货期限的订单，系统会自动追踪其交货日期，以便在交货日自动将其纳入参与分配范围，做到按时交货。

4. 多仓、多储位、多批号的库存分配选择

若物品存放地点有多个仓库、多个储位或有多个批号时，则在分配库存时应该考虑如何选择适当的出货仓库、出货批号、出货储位，以便达到适时（选择离客户最近的仓库出货）、适品（批号或储位的选择，做到先进先出）的配送。

（四）送货及缺货处理

1. 送货单

物品交货配送时，通常附上送货单据供客户清点签收。因为送货单是给客户签收、确认的出货资料，其正确性及明确性很重要。要确保送货单上的资料与实际送货相符，除了出货前的清点外，出货单据的打印时间以及一些订单的变动情况（如缺货品项或缺货数量等）也需打印注明。

（1）单据打印时间。最能保证送货单上的资料与实际出货一致的方法是，在出车前，一切清点工作完毕，且不符合的资料也在电脑上修改完毕之后，再打印出货单。但此时再打印出货单，常因单据数量多，耗费许多时间，影响出车时间。若提早打印，则在因为拣货、分类作业后发现实际存货不足，或是客户临时更改订单等造成原出货单资料与实际不符时，须重新打印送货单。

（2）送货单资料。送货单据上除了列明基本的出货资料外，还应列明订单变动情况，如缺货品项或缺货数量等。

2. 缺货资料的处理

库存分配后，对于缺货的商品或缺货的订单资料，系统应提供查询或报表打印功能，以便工作人员处理。库存缺货产品，应提供依商品或供应商类别查询的缺货商品资料，以提供采购人员紧急采购；缺货订单，应根据依客户类别或外务员类别查询的缺货订单资料，以便外务员查询。

三、订单的执行与跟踪

通过接单作业及信息处理作业，使订单进入物流配送中心进行输入、查实、确认和库存分配等处理，最后生成发货指示书。根据发货指示书可以进行拣货、发货、配送、用户验收签字、结账。因此，对于订单在物流过程中的执行情况，必须进行实时跟踪和处理，以确保订单有效执行。

（一）订单状态追踪

随着物流过程的进展，订单状态也随之而变化，主要有以下几种。

1. 已输入订单

把用户订单输入系统中，其内容有商品品项、数量、单价和交易配送条件等。此订单也是发货依据。

2. 已分配订单

经过输入确认的订单可进行库存分配作业，并进一步确认订单是否如数拣货。一旦发生缺货应及时处理。

3. 已拣货订单

经过库存分配产生的发货订单，是实际的拣货基础。

4. 已发货订单

已拣货订单经过分类、装车、发货后，变成已发货订单。

5. 已收款订单

已发货订单经过用户的确认验收后，便是实际发货的资料。这种资料是收款的依据。根据这种资料制作发票，便于用户申请款项。收到款项的发货订单就是收款订单。

6. 已结案订单

已收款订单经过内部确认后变成已结案订单。已结案订单表示和用户的交易活动已经结束，其成为历史交易档案。

（二）订单相关档案记录

1. 订单相关资料及档案

（1）预计销售资料及不合格资料。客户的原始订单资料或电子订货接收的电子订货资料进入订单处理系统，经过确认核实后，将正确的订单资料记录为预计销售资料文件，而不合格的订单资料记录为不合格资料文件。

（2）已分配而未出库销售资料、缺货资料、合并订单档案、补送订单档案。预计销售资料经过库存分配后，转为已分配、未出库销售资料。而分配后缺货的资料记录为缺货资料文件，缺货的订单若要合并到下一张订单则记录为合并订单文件，若有库存时予以补送则记录为补送订单文件。

（3）已拣货而未出库销售信息包括缺货信息、转录信息、补送信息等。已分配、未出库销售资料经过打印拣货单后转为已拣货、未出库销售资料，如果拣货后发现缺货则转录为缺货资料文件，缺货的订单若要合并到下一张订单则记录为合并订单文件，若有库存时予以补送则记录为补送订单文件。

（4）在途销售资料。已拣货而未出库资料，出货配送后即转为在途销售资料。

（5）销售资料。在途销售资料经过客户签收确认后即转为销售资料，此为实际的销售资料，为应收账款系统的收款资料来源。

（6）历史销售资料。销售资料经过结账后即为历史销售资料。

2. 订单状态资料的查询打印

当订单的状态及相关档案记录完毕后，就可以随时查询并打印订单的状况资料。例如：

（1）订单状态明细表。

（2）未出货订单明细表。

（3）缺货订单明细表。

（4）未取款订单。

（5）未结案订单等。

（三）订单变化处理

一般而言，处理变化订单常遇到的情况有以下几种。

1. 取消订单

由于各种原因，常有客户取消订单的情况。一旦客户取消订单就会造成损失，此时一方面要和客户协商；另一方面应从订单系统内部跟踪了解这个订单执行到了什么程度，详细掌握订单状态，然后取消订单交易。

若此订单处于已分配而未出库状态，则应从已分配、未出库销售信息中找到此笔订单，将其删除。与此同时，恢复相关商品的库存信息。若此订单处于已拣货而未出库销售状态，则应从已拣货、未出库销售信息中找到此笔订单，将其删除，并恢复相关品项的库存信息。之后，把已拣出的货品回库上架。

2. 新增订单

在物流过程中，经常发生客户增加订单的情况。在这种情况下，首先查询客户订单执行状态，若接受增订，应及时追加此笔订单信息；若客户订单状态处于分配状态时，应修改已分配、未出库销售信息档案中的订单内容。

3. 拣货时发现缺货

若现有存货数量无法满足客户需求，客户又不愿以替代品替代，则应按照客户意愿与公司政策来决定应对方式。其处理方式有以下几种。

（1）重新调拨。若客户不允许过期交货，而公司也不愿失去此客户订单时，则有必要重新调拨订单。

（2）补送。若客户允许不足额的订货等待有货时再予以补送，且公司政策也允许，则采用补送方式；若客户允许不足额的订货或整张订单留待下一次订单一起配送，则也可采用补送方式。

（3）删除不足额订单。若客户允许不足额的订货等待有货时再予以补送，但公司政策并不允许分批出货，则只好删除不足额订单；若客户不允许过期交货，而公司也无法重新调拨，则可考虑删除不足额订单。

（4）延迟交货。延迟交货主要包括以下两种情况：

①有时限延迟交货，即客户允许一段时间的过期交货，且希望所有订单一起配送。

②无时限延迟交货，即不论需要等多久，客户都允许过期交货，且希望所有订货一起送达。此时则应等待所有订货到达再出货。对于这种将整张订单延后配送的，也应将这些顺延的订单记录成档。

（5）配送时发现缺货。在物流配送过程中，装车点货时发现缺货，应从已拣货、未出库销售信息中找到这笔缺货订单，加以修改，并重新打印清单。

（6）拒收。当客户对物品和数量等有异议而拒收时，应从在途销售信息中找到此用户订单，并加以修改。

四、订单资料分析

通过建立订单档案资料，并进行整理、分析，物流中心可以获得大量的商业信息。这些信息对客户而言也是极其重要的。订单资料一般包括物品销售量、每种物品的市场销售情况、客户等级、每位客户的订货特点、订单处理过程中的库存情况、每种物品的库存情况、物流中心的作业效率等相关资料。

第二节　电子商务物流退货、换货管理

一、电子商务物流退货、换货概述

通常所说的物流一般是指正向物流，但一个完整的供应链除了包括正向物流之外，还应包括逆向物流。逆向物流最早是由斯多克（Stock）在1992年美国物流管理协会（CLM）的一份研究报告中提出的，主要是指将产品从销售终点向生产起点或其他节点移动的过程，主要是对因损坏、召回、商业退回、使用寿命到期、多余库存等造成的退货进行回收。

逆向物流是以市场和客户为导向，以信息技术为基础，通过渠道将物资从消费点返回原产地的过程，包括退货、不合格品退回、维修与再制造、物品循环利用、废弃物回收处

理等流程，从而使这些物资重新获得价值并得到正确处置。

B2C电子商务市场成功地打破了时空界限、简化了交易流程，但由于市场所独具的虚拟特性，也大大提升了其不稳定性。这主要体现在如下方面：首先，信息技术带来的低成本优势让产品入门障碍变低，大量信息涌入，给消费者提供参考的同时也增加了虚假信息误导的可能；其次，电子商务市场中有形产品交易的订购和配送与经营者分离，这种独有的方式体现了电子商务领域交易的方便性，但同时也给交易安全埋下了隐患；最后，无形产品（信息商品）的比例大增，消费者使用之前并不知道该产品的质量如何，而在电子商务环境中，消费者可以方便地在不同页面中进行跳转，因此，一旦消费者购买了一次次品，他便更有可能马上转向替代品市场。

那么，商家如何在这一潜力巨大但却缺乏稳定性的市场中获得更多的客户信任呢？波士顿公司发现"缺乏良好的退货机制"是导致客户拒绝网上购物的第二大原因。因此，把逆向物流战略作为其降低成本、增加客户满意度、强化竞争优势的重要手段，对于大多数涉足电子商务领域的企业来说已经显得尤为重要了。

从以上的分析可见，电子商务环境下，企业对逆向物流应该给予足够的重视，逆向物流能否在企业中积极正确地实施，在某种程度上决定了电子商务企业能否立足、提高核心竞争力，之所以这样说，是因为逆向物流存在着以下潜在价值。

（一）提高客户忠诚度

正如以上论述，无论是虚拟企业还是电子商务企业，要想拥有稳定的客户群和较低的运营成本，必须拥有一个高效的退货系统。首先，在电子商务的发展过程中，因为消费者看不到实物，所以无论购物网站设计得多么富有吸引力，如果不能处理退货问题，消费者只能是好奇的看客而绝非忠诚的客户。但是，退货绝非无原则的退货：①要制定合理的退货政策。例如，制定合理的退货价格，退货货款包括按照原先的批发价进行全额退款和按批发价再打一定的折扣两种方式；还应明确退货责任，避免出现纠纷等。②要设计好电子商务环境下有利于妥善处理退货逆向物流的网站。例如，在网页中设置确认购买的按钮，可以满足消费者在一定时限内取消订单，以及设置在线和离线退货处理流程，并严格按照网站上的承诺积极处理退货问题等。也就是说，在线销售商应使购物者在线购物的同时，了解退货程序或者将退货说明和产品一起发送。总之，行之有效的逆向物流策略，在电子商务中不但不会流失客户，反而在一定程度上可以提升客户的忠诚度。

（二）再售渠道中增加收入

对于一些滞销商品或是性能状况较好的回收商品，经过适当的加工、包装、处理后，可再次出售。有时再售的价格会高于原销售的价格。例如，每台售价34.98美元的友利电（Uniden）无绳电话被退还给制造商后，制造商把这批电话卖给一家回收公司，而该公司把这些电话翻新改造后，以高达48美元的零售价格在墨西哥市场上重新出售。

（三）提高企业自身及产品的品牌形象

合理利用逆向物流中的废旧产品可为企业树立良好的形象。例如，耐克公司利用回收旧跑鞋获得的收益来修建公众篮球场和田径场,作为其支持公益事业的行动,虽然在运作上付出了一些成本,但是他们的行为提高了自身品牌的价值,赢得了消费者的认可。

总之,在电子商务环境下,企业需要通过有效的逆向物流管理来降低退货与召回损失,提高再生循环利用意识。而通过对逆向物流的潜在价值进行分析并合理利用,企业可以占据领先竞争对手的地位,保持甚至提高企业在电子商务领域的核心竞争力。

实践中发现,正确的逆向物流不仅能够降低逆向物流成本,而且会提高收入。电子商务环境下的逆向物流系统由许多过程组成,企业必须建立合适的管理系统来管理返回的物资产品,其中包含快速识别最有成本效益的回收产品所要经历的逆向流动过程。有调查表明,退货渠道和措施足以影响到客户的决策,尤其是那些潜在客户。因此,电子商务企业要选择正确可行的逆向物流解决方案,为企业留住现有客户、挖掘潜在客户,从而保持较高的客户忠诚度。

二、电子商务退货、换货管理方案

(一)电子商务退货、换货物流的常见解决方案

1. 返还到购买地

如果在传统的实体商店购买的产品,这种方式很容易做到,但虚拟商店则不行。想把一件产品退还给虚拟商店,客户需要获得授权、将商品打包、付运费、上保险,然后等两个对账周期才能拿到对账单。在这个过程中买家不愉快,卖家也麻烦。他们要打开邮包,核对文件,再重新卖掉这件商品,并且通常要有所亏损。因此,这种方式只适应于退货数量少并且商品昂贵的情况。

2. 外包

有一些外包运营商,如联合包裹服务公司(UPS),都为退货提供物流服务。这些服务不仅涉及运送和退货,还可以处理完整的逆向物流过程。例如,索爱公司选择将整个售后运作外包给了UPS,包括海关经纪、检测和维修、售后、运入和运出运输等。通过合作,索爱公司对零部件的库存有了更大的可见度,更精确的检测和维修,以及维修产品的确保交付,而UPS则随时向索爱公司通告系统运行状态。索爱公司能得到每日报告,报告给出每笔交易的可见性,这些信息能完全整合到索爱公司内部的企业资源计划(ERP)中。在这个过程中,UPS成为索爱服务网络的一个"虚拟仓库"。

3. 在买方所在地设置收集站

这种方式是通过为客户提供一些允许他们放置退还商品的场所,在亚洲和大洋洲,便利店和加油站是接受退还货物的。另外,可以直接跟邮局合作,客户将他们需要退还的商品直接放置在邮局,然后有专门人员进行接下来的操作。

4. 集中处理再销售或向客户提供新的产品

返回的物品有保修的和非保修的两类。非保修产品维修是消费者付费解决问题的,所

所以对企业来说，真正的问题在于保修期内物品的回收。企业需要认真考虑和平衡维修成本与新建成本。例如，戴尔公司对于处在保修期内的笔记本电脑常常采用直接回收损坏产品给消费者予以调换的办法，但调换的部件也并非是全新的，而是来自集中整修后的。有些返还产品状态良好，可以进行再次销售。例如，消费者在网站上购买的包退物品，因不合适而退给商家，这些物品经过商家处理可以再次销售。而有些返还产品的部分零部件状态良好，它们会被放置在零件仓库中供维修使用。在电子商务市场中可以直接体现在网站上的二手零部件专栏内。图6-1为某集中退货处理中心的流程。

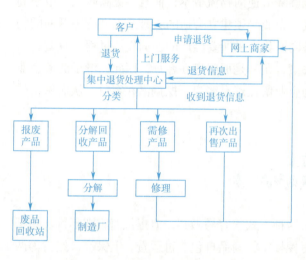

图6-1 某集中退货处理中心的流程

总之，无论是电子商务市场还是现代逆向物流，暂时都还处于起步阶段。但在目前的大环境下，要想增强核心能力和综合实力，就不能继续忽视电子商务市场中的退货、换货物流管理。这不仅需要市场探索发展，也需要政府部门对现有的逆向物流管理制度认真研究，对电子商务市场进行有效规范，最终建立一个适应现代逆向物流业发展的法律法规，同时适当的时候构建强大的信息平台，加强逆向物流管理链上各环节的信息沟通。

（二）电子商务退货、换货物流解决方案中的主要技术

1. 条码技术

条码可以加强对物品自动识别和管理，在逆向物流过程中可以对产品运输的信息进行有效的跟踪收集，从而快速地处理相关的回收产品。运用条码标签，使信息和产品流动的同时，还可以为企业提供有关回收产品现状的情况。例如，尼曼集团（Neiman Marcus）在运输一件产品的时候，会将运输标签和拣选单据放入包装箱（盒）中，这张标签记录了产品的信息。同时，拣选单据也附有一个便于退货处理的"敏捷标签"。敏捷标签的条码上记录了装运的所有必要信息。如果客户决定退回产品，他可以使用同样的包装材料并再次使用这个敏捷标签。客户可以把包装好的退货产品送到任意一家邮局，或者放进家附近的邮箱。然后，由合作人员从邮局或邮箱取出这些包裹，运送到自己的工厂进行拣选和拼装，同时向尼曼集团送出运前通知，这使得尼曼集团能够及早行动，快速处理退货。

2. IT信息技术平台

目前，逆向物流中所面临的最重要的问题是产品数据信息的缺乏，因此应该建立为逆向物流服务的IT信息系统，以便提供准确、充足的附加信息。逆向物流的信息收集除了

退货信息记录外，还包括有害产品的召回、过期产品的提醒等信息。在电子商务环境下可以采用通过电子邮件或者销售网站主页问卷调查等灵活手段获得这类信息。

3. 信息交换

正向物流与逆向物流是物流的两个方面，目前物流（正向物流）常常采用电子数据交换（Electronic Date Interchange）系统，企业与企业（B2B）、企业与消费者（B2C）之间都是采用此数据格式来进行贸易交易或信息交换等。逆向物流目前尚未采用电子数据交换，很有必要与正向物流加强联系，从正向物流的电子数据中获得逆向物流所需要的生产、销售情况（包括产品的销售地点、销售数量）、客户使用情况等信息。

4. 网络深度参与

电子商务企业可以在网站上专门设置二手交易内容，更好地获得产品淘汰与进入淘汰等方面的市场实时信息。

（三）电子商务退货、换货日常管理

1. "源"管理

"源"管理就是从源头上控制，减少客户的退货，主要包含以下内容。

（1）必须保证信息对称

这个过程又分为两个层面：①商家必须保证消费者在购买商品之前就理解其退货政策，包括何种商品、何种方式、何时能实现退货，以从源头上降低退货量，维护商家信誉。②商家必须为消费者提供完整、有效的商品信息。网上购物的最大弊端在于实物与图片存在偏离，因此在线商家除了提供真实可靠的图片外，也要提供计量详细和准确的信息，以避免偏差过大造成的退货。

（2）尽可能保证客户权益

这些政策包括：允许客户及时取消订单，这主要是针对由于客户的购物冲动，导致购买后又不满意的情况；及时和准确地配送，主要是避免因为货物的配送不及时和配送错误，包括目的地错误、商品错误等导致的退货。

（3）尽可能减少自己的损失

例如，要对客户定制货物退货限制严格的条件，表6-1是某电子商务企业的退换货总则，此外退货后可以拆分出售等。

表6-1 某电子商务企业的退换货总则

退换类别	具体描述	是否支持7天（含）内退换货	是否支持15天内换货	是否收取返回运费	备注
国家法律所规定的功能性故障或商品质量问题	经由生产厂家指定或特约售后服务中心检测确认，并出具检测报告或经公司售后确认属于商品质量问题	是	是	否	当地无检测条件的请联系公司客服处理

续表

退换类别	具体描述	是否支持7天（含）内退换货	是否支持15天内换货	是否收取返回运费	备注
到货物流损、缺件或商品描述与网站不符等公司原因	物流损是指在运输过程中造成的损坏、漏液、破碎、性能故障，经售后人员核查情况属实；缺件是指商品原装配件缺失	是	是	否	公司审核期间可能需要快递人员证明或要求客户提供实物照片等，以便售后人员快速做出判断并及时处理
其他原因	除以上两种原因之外，如个人原因导致的退换货，未使用且不影响二次销售（商品原包装未拆封）	是	否	是（钻石及以上级别客户免运费）	由客户承担商品返回公司的运费标准：钻石及以上级别客户不受限制，由公司承担所有运费

2."流"管理

"流"管理主要是针对退货的处理流程，目的在于缩短退货的处理周期，增加其再售机会，提高效率，这方面主要体现在退货处理的标准化和自动化层面。

管理学认为，标准化是提高效率的有效手段，对于退货处理，商家必须有详尽的可操作性标准。这个标准必须渗透到退货流程中的各个环节，可减少处理人员在面临复杂决策时的时间成本，同时也增加了处理人员退货处理的权利，培养了其能力。

所谓的自动化是指尽量提高退货处理的自动化程度。例如，在传统退货管理中，商家在遇到退货时，要求客户填写退货表单，这些都可以通过网上提交请求的方式解决。整个流程可以简化为：客户要求退换商品（在线提交退换信息）—在线零售商得到信息，客户得到退货标签—零售商做好退款或换货准备，客户将包裹送达退货中心—顾客得到退款或更换的商品。退货管理中自动化程度的提高，可降低人力的参与程度。某电子商务企业退货流程如图6-2所示。

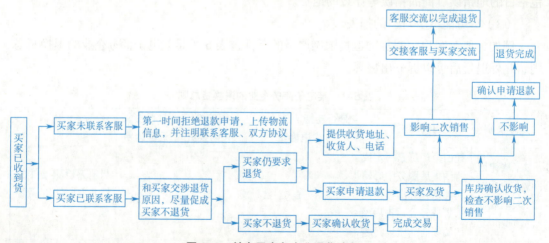

图6-2　某电子商务企业退货流程

3. 终端和后续管理

一次退货成功处理以后，并不意味着退货管理的结束，退货管理中应该渗透可持续发展的思想。退货管理的目的不是成功处理退货，而是避免同类退货的再次发生。因此，要有详细的退货管理记录，要对退货数据进行统计分析，这又包括横向比较和纵向比较两个方面。横向比较是与传统的销售渠道比较，纵向比较是针对历史记录进行分析，目的在于发现规律和问题，以有效地预测退货的高发期，合理安排退货处理人员和库存量。

退货管理是逆向物流的重要内容，也是今后各在线商家竞争的焦点，应予以高度重视。在保证商品和服务质量的同时，商家要把退货管理视为一个系统的工程对待。我国企业的电子商务发展处于初始阶段，退货管理更是刚刚起步，目前最主要的是要改变观念，同时做好前期的投入，建立具有兼容性的数据库，选择好的数据交换工具，建立一体化的物流信息系统，为实现高效的逆向物流退货管理做充分的准备。

第三节　电子商务物流服务监控与管理

一、电子商务物流服务监控概述

第三方物流服务的监控是以成本与效益的正确衡量为基础的。第三方物流服务提供者对物流系统有效衡量与监控，对被服务企业的物流管理非常重要。物流服务监控系统必须建立衡量客户服务满意度、存货可得性以及成本控制 3 方面的标准。物流服务项目的监控需要建立在以下基础工作之上。

（一）集中重要的数据与事实

现代企业管理中最主要的问题是由过多的数据引起的。现代信息与通信设备（条码扫描器、自动收款机、电子数据交换系统、无线电射频系统等）为收集大量数据提供了捷径，而电子计算机则能快速准确地处理这些数据。然而，如果没有监控与管理系统把重要信息从大量的信息中提取出来，管理与监控人员就很难有效地进行管理。因此，第三方物流系统管理的第一个观念是把重点放在重要数据上，不要浪费时间整理那些琐碎无用的资料。监控的核心是集中，把精力集中于能说明系统是如何工作的以及问题源于何处的关键点。这样，有用的数据将有助于发现并纠正监控系统中尚未发现的问题。

例如，在客户服务中，要衡量哪些是客户最易感受到的服务，如订单完成率、客户实际的订单周期时间、完美订单完成率、电话不通的概率等。在仓储中，人们最关心的问题是人员和设备的配备及效率，如每工时的分拣量。

（二）第三方物流系统监控要确定适当的报告周期

理想的情况是把时间间隔或报告周期建立在可控活动的基础上。如果系统要监控的是花费在公用仓库上的费用，合适的报告周期应当是一个月，因为周期再短的话，就难以核

电子商务物流

算出实际费用支出。若要监控物流配送中心劳动力的利用情况，就要以小时和天为单位时间报告结果；月度报告不能及时发现问题，因而不能及早提供改善整个系统效率的机会。

二、客户服务的监控

从物流的角度来看，客户服务是所有物流活动或供应链过程的产物，客户服务水平是衡量物流系统为客户创造的时间和地点效用能力的尺度。客户服务水平决定了企业能否留住现有的客户及吸引新客户的能力。因此，在电子商务企业对物流服务商的监控中，客户服务的监控是至关重要的环节。

客户服务的定义是随企业而变化的，不同的企业对客户服务这一概念往往有不同的理解。例如，供应商和它的客户对客户服务的理解就有很大的不同。从物流的角度来说，对客户服务可以理解为衡量物流系统为某种商品或服务创造时间和空间效用好坏的尺度，这包括从接收客户订单开始到商品送到客户手中为止的所有服务活动。

作为电子商务物流的客户服务，客户的范围包括两方面：①电子商务企业的相关工作人员，如电子商务售后服务人员、对物流服务运费账单审计人员等；②消费者。所以，对客户服务的监控需要了解物流公司对两方面客户的服务情况。一般情况下，物流的客户服务分为交易前、交易中、交易后3个要素。

（一）交易前要素

交易前要素为企业开展良好的服务创造适宜的环境。这部分要素尽管并不都与未来有关，但对销售有重要影响。客户对企业及其服务的印象和整体的满意度都与交易前要素密切相关。

1. 客户服务条例的书面说明

客户服务条例以正式文本的形式反映客户的需要，阐明服务的标准；所规定的每项服务不仅要可度量考核，还应有可操作性。

2. 提供给客户的文本

客户需要了解到自己能够获得什么样的服务，否则可能产生一些不切实际的要求。同时，客户也可以知道在没有得到应有的服务时该与谁以什么方式联系；如果客户在遇到问题或需要了解某些信息时找不到具体的人询问，他很可能一去不返。

3. 组织结构

对于每个企业来说，应该有一个较好的组织结构以保障和促进各职能部门之间的沟通与协作。

4. 系统柔性

物流系统在设计时要注意柔性和必要的应急措施，以便顺利地响应如原材料短缺、自然灾害、劳动力紧张等突发事件。

（二）交易中要素

交易中要素主要是指直接发生在交货过程中的客户服务活动，也就是最经常与客户服务相联系的活动，主要包括以下内容。

1. 缺货水平

它是对企业产品可供性的衡量尺度。企业对每一次缺货情况要根据具体产品和客户做完备记录,以便发现潜在的问题。当缺货发生时,企业要为客户提供合适的产品,或尽可能地从其他地方调运,或向客户承诺一旦有货立即安排运送,目的在于尽可能保持客户的忠诚度,留住客户。

2. 订货信息

企业应向客户快速、准确地提供所购商品的库存信息、预计的运送日期。对客户的购买需求,企业有时难以一次完全满足,这种订单需要通过延期订货、分批运送来完成。延期订货发生的次数及相应的订货周期是评估物流系统服务优劣的重要指标。

3. 信息的准确性

客户不仅希望快速获得广泛的数据信息,也要求这些关于订货和库存的信息是准确无误的。

4. 订货周期

订货周期是从客户下订单到收货为止所跨越的时间,包括下订单、订单汇总与处理、货物拣选、包装与配送。

5. 订货周期的可靠性

客户往往更加关心订货周期的可靠性而非绝对的天数,因为可靠性高可以减少客户的安全库存。

客户服务的交易中要素往往备受客户关注,因为对客户而言,这些要素是最直接的和显而易见的,有 80% 的客户认为产品的运送甚至与产品质量本身同等重要。图 6-3 显示,通常客户抱怨的原因有 44% 来自送货的延迟,所以,处理好客户服务的交易中要素对于减少客户抱怨十分重要。

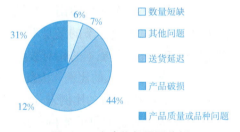

图 6-3 客户抱怨原因分析

(三)交易后要素

客户服务的交易后要素是指企业对客户在接收到产品或服务之后继续提供的支持。这类要素曾经是客户服务要素中最常被忽视的部分。售后服务对提高客户满意度和留住客户至关重要,主要包括以下内容。

1. 服务跟踪

为防止客户因物流问题而投诉,企业必须对物流服务进行跟踪。

2. 客户的抱怨、投诉和退货

为消除客户的抱怨,企业需要一个准确的在线信息系统处理来自客户的信息,监控事态的发展,并向客户提供最新的信息。物流系统的设计目标是将产品顺利传递到客户手中,而那些非经常性的操作,特别是客户退货的处理,其费用是很高的,企业对客户抱怨要有明确的规定，以便尽可能及时有效地处理，维护客户的忠诚度。

三、成本和生产效率的监控

对物流配送系统成本的监控是电子商务企业监控物流服务的重要活动。对成本监控的讨论从两个方面展开：①按主要功能（运输、仓储等）设备成本来划分的总成本；②生产效率，即描述一次作业、一个人或一台机器效率的投入产出比。

（一）物流配送成本的监控

公司的成本管理体系一般是建立在每一成本发生的分类账户基础上的。成本一般与产品、计算时期有关。一般情况下，劳动力或材料成本可分别计入一个特定的订单中，而有些成本，如租金或折旧，是与时间有关的，它们可计入同期所生产的产品中。

因此，物流配送系统的成本可以从每一设施的月度要素成本中得到。物流配送部门将知道以活动、设施和成本中心计算的物流配送成本。发生的每项成本通常在月末、年末进行分析，并与年度执行计划或预算及前一执行年度相比较。

物流配送中心的成本一般细分为以下几个方面：管理费用、劳动力成本、补贴、租金（建筑物折旧）、电、热、动力、电话、税、设备租金或折旧及其他。

成本可以计入下列项目之一：①进货物流费用；②出货物流费用；③内部设施之间的物流费用。有其他公司支付的运费可以减去，每一公司都有如何计入运输成本的不同习惯，然而，总成本是一致的。

虽然成本的细分可以给出一些供监控用的信息，但为了监控成本还需做进一步的分析。因为每日、每周和每季节的量是不同的，绝对值很难说明问题。所以一般物流项目经理对设备的控制要用一些成本的相对数。经常使用的两个成本比例是：

（1）成本占收入的比例。大部分公司预算是按销售额做出的，这样，仓库功能将根据历年货运成本与销售额的比例来分配费用。仓库费用额是很大的，可能占销售额的2%。

（2）成本占物流量的比例。这一比例常用于由第三方或公共仓库来进行存储与发运的货物。类似地，比例也可以根据订单处理数、处理箱数等来确定。

其他方面，如订单的下达、客户服务和配送网络管理等也可用类似的方法。

（二）物流配送系统生产率的监控

以上介绍的成本监控方法已采用多年。这些技术具有灵活性，它可以监控许多设施和产品流。然而成本监控需要更详细的比例，并且更接近于成本发生时间。利用这些与成本发生时间的比例进行监控，就称为生产率监控。从技术上说，任何生产率监控都需要计算出一个比例，用以表明在给定的时间或给定的投入所产生的产出量。例如，在监控仓库时，成本对收益的比例，或成本与所发送货物重量的比例。生产率主要用来与历史的表现或竞争对手的表现做出评估。

在仓储中，常用的产出单位是订单、货物种类、箱、千克、单位容器、托盘等。

投入的单位是工时或时间（分钟）、工时费用等。

对比的对象可以通过换算来规范，以便使它们之间具有可比性。例如，在家具仓库，假设以 1 把椅子为单位，而 1 张沙发可换算成 3 把椅子。那么，2 把椅子加上 1 张沙发就应换算成 5 个单位的产出。

同样，劳动力的投入可以换算成工时费用，以便计算出不同的工资水平和加班费或不同班次的差别。

用以上的方法，我们来看一个例子，假定仓库本月发运 2000 个订单，每一订单平均有 5 种产品。因此，仓库发运总共 10000 个单位，这就是产出。

投入以工时来表示，假如仓库有 16 个雇员，如果都以正常月来衡量（168 小时），总共投入 2688 小时。则本月的生产率可以用几种方式来表示，如 0.74 订单 / 工时、3.72 订单 / 工时、3.72 单位 / 工时、1.34 小时 / 订单、0.26 小时 / 单位。

四、仓库、配送和存货的监控

（一）仓库的监控

通过外包合同运作的第三方物流公司的监控与以资产为基础的公司自己运作设施是非常相似的，它们以收入和物流量为基础监控合同的成本，即销售量的成本百分比或重量的成本百分比。总数可以扩展至包括合同中规定的基本处理单位，通常以箱、件、订单等表示，因此第三方物流对仓库的监控系统包括：

（1）每时期的成本，包括装卸、储存、附加服务、特殊服务、总计等。

（2）以订单、箱或重量表示的产品的产出，包括进货、出货、存储等。

（3）投入产出比。

通常，第三方合同也规定服务水平和生产率目标，这与公司自己运作类似。显然，日常及每时每刻的控制由第三方负责，对被服务的公司来说，无须进行短期成本控制。公司物流部的长期控制是通过合同条款和竞争性招标来进行的。

（二）配送的监控

从配送中心到消费者之间的配送成本一般是很高的，发达国家典型的物流配送系统中运输成本平均占销售收入的 4%。因此，尽量减少运输开支并提供与费用相对应的服务水平是很重要的。

一般电子商务企业对配送的监控有以下两个方面：

（1）货物跟踪现代的服务敏感性，要求物流配送系统必须提供货物的实时信息，包括提供货物的位置与状态。这些信息提供给电子商务企业以及消费者以确保有效率的运作。现代货物跟踪系统较为昂贵，但由于服务的改进，提供的竞争优势是显著的。

（2）运费账单审计与以合同运价方式支付公共承运人的运费运价考虑到了起点的位置、货物类别、货物体积和重量、运输距离、包装形式和地域。运费账单必须审计后支付。系统可以手工操作，也可以计算机化。现代发达的系统由条码、电子标签和其他扫描系统及高级处理软件组成。

（三）存货的监控

存储和保持产品存货是电子商务企业对物流服务商的考核指标之一。

（1）存货在一个公司的资本投资中占很大的比例。例如，某电子商务企业截至2016年9月30日，库存成本达14.45亿元。

（2）保持存货的成本可能是很大的。它不但包括利率成本，还包括产品老化、损坏、保险等成本。

大部分的存货存在于物流配送系统中。从功能上说，对物流配送系统监控的要求是容易获得有关存货的数据。因此，企业必须能精确地知道库存的数量和状态。

在较小的老式配送中心中，汇总的存货记录一般集中在存货文件中，而在配送中心的有效位置的记录则在另一个文件中。现在的做法是使用较为先进的仓库管理系统，把两者（数量和位置）结合起来。

存货信息是以实时信息（与交易同时发生）或根据批量每小时或每天更新。最新的方法是通过条码或电子标签和扫描系统准确地记录存货的数量及位置。然而，出错也是难免的。为了尽量减少错误，最好的方法是定期盘点。这种监控方法需要一个人或一个小组对产品及位置进行盘点，与计算机系统的数据进行比较。

通常要求物流服务商每月准确地汇报存货，并视为物流配送系统质量保证的一部分。典型的无条码化仓库的准确性是95%~99%，即每次盘点有两个可能的误差，总的货物盘点正确率不应低于95%。在有条码的系统中，准确性大于99%是常事。如发生错误，一般是系统相关的错误而非仓库的错误，除非遭窃或货物损坏。

五、关键绩效指标的制定与管理

对第三方物流服务商的服务绩效衡量，需要制定一系列的关键绩效指标（Key Performance Indicator，KPI）。关键绩效指标需要根据项目的具体情况来开发与制定。在制定KPI时，电子商务企业与第三方物流服务商共同参与是最好的。因为电子商务企业对自己行业的实践及客户的要求比较清楚，第三方物流服务商对外部物流市场与绩效的可能性比较了解。双方应合作可开发合理的KPI。某公司对第三方物流服务商的KPI见表6-2。

表6-2　某公司对第三方物流服务商的KPI

类别	KPI	定义	考核标准	处罚措施
运输	准时交货考核指标	在合同规定时间内送达客户的订单总数占可统计订单总数的百分比（合同规定时间是指运输报价单上的时间）	95%	每1%的差距，扣1%的总运费
	货运单签收及回单完成指标	在限定时间内将正确签收的货运单返回给该公司	90%	每1%的差距扣0.5%的运费；当差距超过3%，按2%运费扣除

续表

类别	KPI	定义	考核标准	处罚措施
运输	货物安全性	安全送达次数比例	97%	每1%的差距扣0.5%的运费；当差距超过3%，按2%运费扣除
		纸箱破损比例	0.30%	
		货物破损比例	0.05%	
	运输损害报告反馈	在限定时间内以书面形式将运输中发生的破损反馈给该公司	24小时	
		货差事故或交通事故反馈给该公司	7天	
	到货、出库信息反馈	在限定时间内将到货/出库信息反馈给该公司	到货签收、装车发运后的1小时	
	存货记录准确率		99.90%	每1‰的差距，扣仓储费用的5%；当差距超过3‰，按10%仓储费扣除
	报表准确性	提供给该公司关于仓库运作的报表的准确性	99.90%	
仓库与存货管理	报表准确性考核指标	每日库存报表、收发货变动表准确度	99.90%	每1‰的差距，扣仓储费用的5%
	盘点差错率	库存货物同账面库存的符合程度	0.01%	每0.1‰的差距，扣仓储费用的5%；当差距超过0.3‰，按10%仓储费扣除
	仓库操作货损比率	考核仓库操作的安全性	0.02%	每0.1‰的差距，扣仓储费用的5%；当差距超过0.3‰，按10%仓储费扣除
	事故证明反馈时间	在限定时间内将仓库储存事故或第三者责任事故的合法证明文件或报告提交给该公司	7天内	

KPI一旦确定，第三方物流公司必须做到。否则，要按相应的规定处理，该规定应在双方合同中予以明确。以某企业为例：

（1）1个月达不到，限期整改。

（2）连续3个月达不到，可以取消合同。

（3）达不到有关KPI，将扣除一定的服务费。

（4）第三方物流供应商的服务将定期进行评估。

表6-3为某公司对第三方物流服务商的KPI月度履行情况的统计与打分。

表6-3　某公司对第三方物流服务商的KPI月度履行情况的统计与打分

序号	KPI考核内容	KPI考核计量方式	考核标准（%）	考核数据		KPI考核结果（%）	备注
			KPI考核指标				
1	运输准时率	运输准时率=每月准时签收的票数/每月所承运的票数×100%	98.00	月准时签收票数	月实际托运票数	95.56	
				43	45		
2	运输准确率	运输准确率=每月准确托运票数/每月实际托运票数×100%	100.00	月准确签收票数	月实际托运票数	100.00	
				45	45		
3	提货准时率	提货准时率=每月准时提货车次/每月实际发货车次×100%	100.00	月准时提货车次	月实际发货车次	100.00%	
				45	45		
4	到货频次达标率	到货频次达标率=每月实际到达托运票数/每月托运总票数×100%	100.00	月实际到达票数	月实际发货总票数	100.00	
				45	45		
5	运输赔偿率	运输赔偿率=每月赔偿金额/每月总运费金额×100%	10.00	月赔偿金额（元）	月总运费金额（元）	0.14	
				400	280 528		
6	运输破损率	运输破损率=每月承运货物残损件数/每月承运货物总件数×100%	1.00	月破损件数	月实际发货总件数	0.14	
				1	690		
7	运输丢失率	运输丢失率=每月承运货物丢失物件数/每月承运货物总件数×100%	0.10	月丢失件数	月实际发货总件数	0.00	
				0	690		
8	签收单返回率	签单返还及时率=及时返还的签单数/应返还签单数×100%	98.00	月准时签返票数	月实际应返票数	100.00	
				45	45		
9	信息反馈准时率	信息反馈准时率=每月信息反馈准时次数/每月全部反馈次数×100%	98.00	月准时反馈次数	月全部反馈次数	100.00	
				45	45		
10	客户投诉率	客户投诉率=客户投诉次数/所承运货物的总票数×100%	0.20	月客户投诉票数	月实际发货总票数	0.00	
				0	45		

统计单位：　　　　　　　　　　统计日期：　　　　　　　　　　统计人：

案例 6-4

某企业对物流供应商考核细则

为了实现公司专业化管理工作的落实,利用管理手段来提升物流公司与我方的配合,达到合作双赢的目标,特制定以下考评办法。

一、考核事项

我公司会在第三方物流配送到货是否及时、物流总部以及网点是否配合和服务态度、回单是否按时按量寄回、货品残损情况、货物储存情况、投诉以及索赔等各个方面进行考核。

二、考核办法

以每个月100分计算,采用级别评价法。

三、考核时间

(1)月度考核。月度的考核成绩。

(2)季度考核。三个月的综合考核成绩汇总。

四、考核等级

(1)A级(优秀级):85~100分。

(2)B级(良好级):70~85分。

(3)C级(合格级):60~70分。

(4)D级(较差级):40~60分。

(5)E级(极差级):40分以下。

五、考核结果的应用

考核结果的应用,以月度考核成绩为基础。

(1)月度考核:

①月考核成绩为C级,罚款500元。

②月考核成绩为D级,罚款1000元。

③月考核成绩为E级,罚款2000元。

(2)季度考核:连续三个月成绩为D级和E级,我方将停止一切合作事宜。

六、考核内容

(一)货物配送时限

(1)在送货物到目的地时,在不能入库的情况下,送货人没有及时与本公司沟通擅自离开的,造成货物不能按时入库,每次扣5分,并立即进行二次配送。

(2)送货超时(从接货到入库时间超过4天或承诺到货时间),每天扣2分。

(二)外包装

(1)未按照标准存放而导致包装破损,未按产品特性要求进行有效防护的,如防潮、防震、防尘、防腐蚀等,货物包装受潮、变形等,造成不能按时按量入库的,每省份每单次扣2分,并按照货物包装物价格进行赔偿。

①损坏数量较少,不影响产品兑换,扣除当次货物物流费用,下次发货补发包装物,并随下次发货一并入库。

②损坏数量较大,影响了产品兑换,要求立即进行免费配送包装,并进行再次入库。

(2) 未经许可,擅自更改包装及包装的尺寸规格、数量,每次扣2分,并按照我方要求实施补救措施。

(三) 产品管理

(1) 货物途中遗失造成产品不能正常入库的,每省每单次扣5分,并按照公司供货价格赔偿;未按照标准存放而导致货物损坏、未按产品特性要求进行有效防护的,如防潮、防震、防尘、防腐蚀等,对货物造成损失,不能满足配送要求的,每省份每单次扣5分,并按照公司供货价格进行赔偿。

①损坏数量较少,不影响产品兑换,扣除当次货物物流费用,下次发货补发货品,并随下次发货一并入库。

②损坏数量较大,影响了产品兑换,要求立即进行免费配送,并进行再次入库。

(2) 供货时外包装标志产品、数量和内实物产品、数量不符,每次扣5分。

(3) 货物出现异常、丢失、损坏,没有及时地向我公司说明情况,超过24小时,每次每天扣2分。

(四) 仓储管理

储存过程中货物码放不整齐,库区杂乱,随意空包装和货物混放,出现超高、倒置现象,造成我公司礼品包装破损或货物损坏,每次扣2分;按照与公司供货价格进行赔偿,并按照要求立即进行免费配送补充货品或包装进行再次入库。

(五) 配送服务

(1) 货物发货至各省仓库时,送货人员须配合省库收货人以纸质《入库申请单》为依据,逐个清点,确认礼品名称及数量准确,礼品包装完好,礼品的封签完好;若出现仓库反应物流商不配合清点货物的情况,一次扣2分。

(2) 省库收货后的签收单按发货批次,10日内,按量回寄给公司,如有遗失,除承担相关的连带责任外,每缺失一份单据扣1分,逾期未寄出每次扣2分。

(六) 其他事宜

(1) 物流公司人员不配合本公司合理的安排,态度恶劣,拒绝配送造成我公司重大经济损失,每次扣10分。

(2) 物流公司电话(每日8:30—20:30)无人接听,无法联系造成重大信息无法传递的,每次扣2分。

(3) 服务人员不遵守本公司给出的物流规范管理的相关通知的,每次扣2分。

请物流公司积极大力支持配合我方工作,愿我们的合作更愉快、更长远!

 **知识回顾**

订单管理是一个常见的管理问题，包含在公司的客户订单处理流程中。由于客户下订单的方式多种多样、订单执行路径千变万化、产品和服务不断变化、发票开具难以协调，这些情况使得订单管理变得十分复杂。订单管理可被用来发掘潜在的客户和现有客户的潜在商业机会。订单取决于需求，订单管理实际上就是处理订单。

电子商务退货、换货物流的常见解决方案：返还到购买地，外包，在买方所在地设置收集站，集中处理再销售或向客户提供新的产品。

第三方物流服务提供者对物流系统有效衡量与监控，对被服务企业的物流管理非常重要。物流服务监控系统必须建立衡量客户服务满意度、存货可得性以及成本控制等方面的标准。

 **课后练习**

1. 简述电子商务物流客户投诉的现状。
2. 阐述电子商务退货、换货的管理方法。
3. 简述电子商务物流服务质量监控的主要内容。
4. 评价电子商务物流绩效 KPI 主要有哪些，如何计算？
5. 查阅资料，列举并比较不同电子商务企业的退货、换货政策。
6. 分组讨论：如果某物流服务商的绩效考核连续两个月不合格，作为电子商务企业应如何处理？

拓展阅读

电子商务配送中心如何提升物流效率

B2C 电子商务的发展对物流配送提出了更高的要求，配送中心要向所供应区域的各个地点进行小批量、大批次的送货，且数量、频率和方向具有不确定性。电子商务每天产生的快件量已突破 500 万件，占我国日发送快件总量的一半左右，然而国内物流发展水平却远远不能满足电子商务发展的需求，频频出现"爆仓"现象，快递也变成了"慢递"。这种环境下的物流配送是接近用户和服务性较强的活动，不能单纯考虑路线最短、成本最低或速度最快，而要从供应链管理的全局来考虑配送效率的优化与客户满意度的同步提升。

1. 协调配送效率和配送费用

（1）合理选择配送时间。坐落在大城市的配送中心在进行配送时会遇到配送时间过长的问题，主要是因为大城市交通拥挤，尤其在白天的交通高峰时段，几乎不可能完成计划的配送任务，因此要在时间上选择车流量少的时段实施配送，如在夜间。

（2）将配送与采购相结合。配送车辆一出发就会产生成本，为降低成本，就要设法使车辆在运行过程中尽可能达到其满负荷装载能力，从这一点出发，要求配送车辆在配送任务完成后不要空载回到配送中心，必须搜寻运输的货物。但这需要采购库存与配送库存协调运作，难度较大，要在库存总量与输送效率之间进行平衡，当不能达到平衡时要扩大运输对象，用完成配送任务后的车辆为其他企业运送商品，提供第三方运输服务等。

（3）充分利用外部运输车辆。配送中心的配送任务从长期来看不是均匀分布的，如果根据最大的配送量配置运输车辆，就会在配送任务较少的时期造成车辆闲置，因此为了避免不必要的浪费，就要充分利用外部运输车辆。

2. 综合配送的优化策略

（1）合并策略。由于产品品种繁多，不仅包装形态、储运性能不一，在重度方面，也相差甚远。一辆车上如果只装重度大的货物，往往是达到了载重量，但容积空余很多；只装重度小的货物则相反，看起来车装得很满，实际上并未达到车辆载重量。这两种情况实际上都造成了浪费。所以，首先在安排配送车辆时，充分利用车辆的容积和载重量，做到满载满装；其次是共同配送，共同配送是一种产权层次上的共享，也称集中协作配送。

（2）差异化策略。配送中心的配送能力是根据配送中心的规模、配送的区域大小和服务的客户数目或服务的需求量确定的。通常根据客户的重要程度分为A、B、C三类，分别做重点、次要和一般管理。一般来说，对A类客户应重点投入人力和物力做优先处理，而对C类客户则可以按部就班，但要注意其能否升入B类或A类，以免误判而导致损失。

3. 作业标准化与合理动作原则

不进行标准化，机械系统、计算机系统的自动化、机械化就不能实现。尽管配送中心作业的标准化较为困难，但从博科资讯近年来物流信息化系统服务过的许多先进企业，如远成、荣庆、嘉里大通等在标准化方面取得了较大的成绩可以看出，从包装形态、数量和尺寸、单体包装、条码、位置管理、配货作业、检验方法，到流通加工的包装、捆包、标贴标签的方法，以及配送路径等的标准化和规范化，都推进了物流信息系统的实施。

配送中心的作业依赖于人员手工的内容有很多，因而对于多品种少量配送时，人员手工作业的效率化也很关键。由人类基本的动作要素总结出来的"合理动作的原则"，对于工厂人员手工作业的合理化、效率化，起到了相当重要的作用。这对于提高生产性的作业改善，排除作业难、浪费、效率低等因素，改善、改良、开发工具和机械设备，还有改良、开发商品的成果等，都具有重要价值，并向着先进的人体工学方向发展。在配送中心，可以在很广的范围内应用这一原则。例如，为了配货的效率化，将出库频度高的商品存放于出库用传送带或电梯附近，在易于存取高度的货架位置放置保管。补充用商品放置于货架的高处或最下方，可以经常方便地进行补充。零散商品预先进行零散存放。可以采用商品先进先出的重力形货架，从货架的前部取货、从后部进行补充。还可以采用一次性使用的纸箱，排除纸箱的码放作业。

思考：电子商务配送中心提升物流效率的方法有哪些？

第七章
电子商务环境下的新型物流模式

【知识目标】
1. 了解第四方物流的概念、特征及优势。
2. 了解第四方物流与第三方物流的区别。
3. 了解农产品物流的特征和发展模式。
4. 了解跨境物流的发展趋势和特点。
5. 了解电子商务环境下的供应链管理。

【技能目标】
1. 掌握第四方物流运作模式。
2. 掌握农产品物流发展模式。
3. 掌握跨境物流发展趋势。
4. 了解电子商务环境下的供应链管理。

【知识导图】

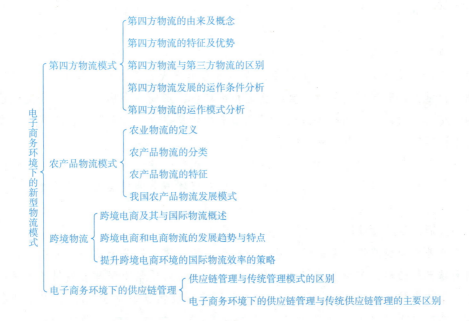

电子商务物流

案例导入

"一带一路"是城市物流发展的推动力

随着"一带一路"进出口贸易总量的增加，我国沿线城市各口岸物流规模的迅速扩大，已经形成一个全面连接"一带一路"的沿海、沿江水运，铁路、航空运输的全方位开放、立体交叉的大物流格局。尤其是内陆口岸，近年来，在打通向西跨境的"一带一路"通道中，不仅贸易增速很快，而且物流体系也逐步形成。

例如，"渝新欧""蓉欧快铁""义新欧""郑新欧"班列，目前已成为亚欧大陆国际物流大通道的主要班列，开行密度不断增加，在活跃经济、发展贸易方面起着重要的带动作用。

一些中西部内陆城市，如成都、兰州、武汉、西安、合肥等，也纷纷拓展面向亚欧的跨国物流。同时，一些沿海口岸城市也开始上岸，除了像从连云港出发的，连接徐州、郑州、西安、兰州、乌鲁木齐等主要城市，一路向西到终点站荷兰鹿特丹港的新欧亚大陆桥铁路运输线外，其他物流中心城市，如厦门、宁波、上海、青岛、天津、大连也在谋划"一带一路"的陆海联运。

"一带一路"为物流发展展示了远大的愿景，但能否借助"一带一路"的大通道建设成为沿线的物流中心城市，也面临着强大的竞争。从口岸方面看，目前全国共有285个对外开放口岸。东部地区有187个，其中水运口岸118个；中部地区20个，其中空运口岸10个、公路口岸9个；西部地区78个，其中公路口岸41个。

有的中心城市，通过开展跨境贸易电子商务，以信息化手段推动内陆地区和"一带一路"沿线国家的商贸往来，不仅使跨境贸易突破了地域限制，而且为亚欧大陆间国际贸易的开展搭建了一条便捷的"网上丝绸之路"。

最典型的是重庆，这个不沿边、不靠海、不产一粒咖啡豆的山城，竟然通过长江黄金水道、东盟国际公路物流大通道，连通咖啡生产大省云南和占世界咖啡产量1/3的东南亚地区，取道"渝新欧"直达德国杜伊斯堡，形成一个影响广泛的大陆地区国际咖啡交易中心，打造出全国最大、世界第三的贸易平台。开业至今，重庆咖啡交易中心累计实现咖啡现货交易额已在50亿元以上。

"一带一路"沿线中心城市要从战略高度认识物流建设的重要意义，除了积极做好各种基础设施建设等硬环境外，还要积极培育好物流业的软实力基础，提升综合竞争能力，打造发展的软环境。

一方面，要继续推动物流网络的互联互通。

物流业作为战略性、基础性产业，当前面临的主要问题分为两个方面：一是产能过剩问题开始凸显，市场配置资源效率降低，导致供给质量下降和有效供给不足；二是市场集中度较低。据统计，2016年我国共评定A级物流企业3625家，其中业务收入超过 16 亿元的 5A 级企业有 223 家，仅占 A 级企业总量的 6%。

我国道路运输经营户达 810 万家，其中个体运输户超过 90%，小微企业在物流业中大量存在。这是当前物流业面临的主要矛盾。解决这一问题，需着眼于全链条、一体化地推进不同物流企业、不同运输方式之间的协同发展，突破各环节间的瓶颈，培育社会化的、多式联运的市场主体，实现全产业链的、多主体的协同发展，提升物流配置效率。

同时，要支持物流中心城市建设一批多式联运的枢纽。构建多种联运衔接工程，加强铁路与公路、水运、航空货运的规划衔接和网络对接。

另一方面，要全力支持智慧物流的创业创新。

物流中心城市要广泛运用新技术、新模式来推动物流中心枢纽的建设。例如，制订"互联网+"物流行动计划，推动物流业与互联网融合发展；鼓励互联网平台创新、创业，推动智能仓储、智能交通、智能配送等智能物流发展；建立物流信息系统，推动各种物流企业和方式的互联互通。

特别是要鼓励物流企业研发创新，应用物联网、云计算、大数据、移动互联等先进技术，以及推进物流云服务示范工作，减少环节、降低成本，增强盈利能力和提高竞争水平。

同时，要统筹"一带一路"物流的协调发展。围绕国家"一带一路"倡议，沿线中心城市要科学规划和建设国际、国内物流通道路径，搭建内陆向东到沿海、向西跨境到亚欧的国际物流大通道，发挥铁路、水路运输优势，降低内陆地区的国际物流成本。

这也需要"一带一路"沿线城市合作共赢，采取措施进一步改善物流大环境，加大合作力度。口岸城市要简化通关手续、延长服务时间、提高贸易便利化水平。"有容乃大"，要以开放的大格局来做物流的大产业。

当然，沿线中心城市还要有计划地培育跨国物流集团和专业化物流企业群体，鼓励开展国际运能合作，融入全球供应链，加快形成与"一带一路"建设相适应、相匹配的国际物流基础，提高在"一带一路"沿线城市配置全球物流资源的能力。

案例分析：

沿线中心城市是"一带一路"物流大通道建设的主力，各方面的工作能否再超前一步，则需要沿线中心城市的独特眼光和战略格局。

第一节　第四方物流模式

一、第四方物流的由来及概念

（一）第四方物流产生及发展的原因

随着近年来掀起的"物流热"，信息封闭、各自为战的传统物流服务模式已不能适应

社会的发展，集综合供应链管理、IT技术、人力资源管理、先进物流器具于一体化的物流服务成了行业竞争的焦点，并且迅速扩展，逐步淘汰了落后的纯粹的运输、仓储企业的市场（大部分属于自营性物流企业）。

与此同时，第三方物流的出现大大推进了物流业的发展，它将物资配送业务委托给社会化专业性物流配送中心代办，这种方式不仅节约了物流运作成本，而且提高了物流运作效率。但是，随着世界经济一体化进程的加快，物流市场需求的不断扩大，物流活动的日趋复杂，物流成本的日益攀高，第三方物流尽管具有明显的优点，但其预期效益常常难以完全实现，在实践中开始暴露出一些问题和缺陷。

究其原因主要有：一是单一的物流服务方式难以满足企业所有的物流需求，并且难以提供全方位的服务；二是第三方物流服务商与客户之间缺乏共享的利益目标，这使得第三方物流通常只为企业提供一次性的成本节约，难以满足企业希望的持续不断地节约成本的愿景。因而，旨在弥补第三方物流发展中暴露的不足和缺陷，具有高质量、高效率、低成本、共享信息、分担风险的一个新型物流运作模式——第四方物流（4PL）应运而生。

第四方物流是具有领导力量的物流服务商，通过整合整个供应链上的企业，为客户评估、设计、制定和运作全方位的供应链解决方案，降低客户的物流成本，提高客户的物流运作效率，进而提高客户的经营利润。

（二）第四方物流的概念

第四方物流这个概念，是由美国安德逊咨询公司（Andersen Consulting）首先在1988年提出的，该公司还对这个术语进行了商标注册。同时，第一次对第四方物流的概念进行定义的是美国物流经济学家约翰·伽托拿，他在其专著《供应链战略联盟》中提出第四方物流的定义为："第四方物流是一个供应链的集成商，它对公司内部和具有互补性的服务供应商所拥有的不同资源、能力和技术能进行整合和管理，并提供一整套供应链解决方案。"

但是，随着物流行业的发展，第四方物流的概念也在不断变化，不同的学者有不同的定义，仁者见仁，智者见智。我们可以简单地将第四方物流做如下表述：第四方物流是供应链管理理念下具有强大整合能力的服务商，它整合了所有物流及其相关资源，它的服务对象不是某一个特定的企业，而是由若干个相关企业组成的供应链，通过该供应链上资源的有效整合，提供满足供应链上所有企业物流需求的物流服务，提高该供应链的整体物流运作效率，同时增强该供应链的整体竞争能力。

我们可以从以下两个方面来理解第四方物流的含义。

1. 第四方物流整合了所有物流及其相关资源

虽然在第四方物流概念的定义中没有提及物流，但是概念本身包含了"物流"二字，关键原因就在于第四方物流的概念是在第三方物流开始暴露不足和缺陷的这样一个大环境下提出的。换句话说，第四方物流这个概念提出的主要目的之一是解决第三方物流的不足和缺陷，同时满足不断随市场变化的物流需求。第三方物流凭借其专业化的物流服务，使得其客户方能够完全专注于其主营业务，大幅度提高客户的竞争能力和经营利润，得到了各行各业的广泛认同,并取得了飞速的发展。但是,随着企业管理和服务能力的不断延伸,企业物流需求越来越复杂,客户要求越来越高,使得多数第三方物流企业感到力不从心,由于其提供的服务主要集中在运输、仓储等功能化方面,服务功能往往较为单一,已经无法完全满足不断变化的市场对物流的需求。因此,第四方物流通过对所有有关的物流资源进行有效整合,为客户提供多功能、一体化、全方位的综合物流服务。

2. 第四方物流需要从供应链管理的角度出发来整合物流及其相关资源

随着经济的全球化、电子商务技术的快速发展,20世纪90代中期,供应链管理的理念得到了各行各业的广泛认同。越来越多的企业将其经营管理的重点由企业内部的一体化转变为企业内、外部的一体化,企业竞争的焦点已经从企业的核心业务转变为企业所处的供应链。供应链上企业的资源整合能力也就决定了企业在市场上的竞争能力。在这种趋势下,物流服务提供商不仅仅限于为客户提供多功能、一体化、全方位的综合物流服务,而且需要站在供应链的角度,为供应链上的多个甚至全部企业提供多功能、一体化、全方位的综合物流服务。因此,第四方物流需要从供应链的角度去整合物流及相关资源。

案例 7-1

Exel公司是一家世界级的供应链管理公司,其业务发展经历了很长的时间,从小到大、从偏到全,主要业务起源于物流基础比较发达的欧洲、北美洲。Exel分为5大业务部门:欧洲部、美洲部、开发和自动化部、技术和全球管理部以及亚太部。该公司全球网点达到1300个,拥有50000多名员工。

目前,该公司3家主要运营子公司为Exel、Msas全球物流公司和Cory Environmental。Msas是世界上规模非常大的货代之一,在全球范围内提供多式联运、地区配送、库存控制、增值物流、信息技术和供应链解决方案等各项服务。Cory Environmental是英国规模非常大的废品处理公司之一。Exel在地面运输供应链服务方面占有很强的市场地位,所提供的服务包括仓储和配送、运输管理服务、以客户为中心的服务、JIT服务和全球售后市场物流服务。

作为物流管理需求者的战略伙伴,Exel公司提供全方位的物流服务,包括仓储及商品分发、运输经营及管理、销售定位、供应链管理、JIT服务及全球市场物流管理。

Exel公司具有丰富的项目管理的能力及企业生产经验,因此有助于客户将业务推广至新的区域及市场。在先进的信息技术的支持下,Exel公司将会为新兴的电子商务提供物流服务。

Exel对客户的供应链管理的实施分为四个阶段:定义、设计、流程分析、实施。每个阶段均有与之相应的企业指导软件支持。Exel提供一套系统性的解决方案,以确保实施和操作达到创造性及最大透明度。

定义：供应链设计小组识别现有的流程及市场发展的前景。

设计：最优的解决方案是按照客户的需求及拓展市场的需要来设计。在考虑到外部各种可能因素的基础上，利用模拟技术设计最优的操作流程以优化企业的成本。

流程分析：在最佳的流程选定后，对流程的每一个环节具体分析，然后详细规定每一个操作细节。

实施：将设计的最优工作流程付诸实践。

思考：为什么有人说第四方物流是中国物流业发展和提升的助力器？

二、第四方物流的特征及优势

（一）第四方物流的特征

第四方物流比较突出的特征之一就是能提供一整套完善的供应链解决方案，为供应链上所有企业提供多功能、一体化、全方位的物流服务，以有效地满足市场对物流的多样化和复杂化需求，同时整合所有的物流以及相关资源，为客户完善解决问题，降低物流运作成本。它是具有强大整合能力的物流服务提供商，能够把合同供应商、第三方物流服务商、IT技术服务提供商、管理咨询顾问、其他增值服务提供商等供应链上的企业资源整合在一起，实现供应链总体成本的降低，增强供应链上企业的竞争能力，同时给各相关企业带来价值增值。

第四方物流不仅集成了管理咨询、IT技术服务和第三方物流等服务商的能力。更重要的是，通过充分发挥这些能力，它为客户提供了一个一体化的综合供应链技术方案，包括方案的设计、实施和运作，使客户价值得到最大化。这个综合供应链的解决方案主要包括供应链再造、功能转化、业务流程再造、实施第四方物流、开展多功能和多流程的供应链管理等。

第四方物流的特征之二是通过影响整个供应链来获得价值最大化，即其能够为整条供应链的客户带来利益，而不是特定的某客户。它作为客户间的连接点，通过合作或联盟提供多样化服务，使其高效率、高质量、低成本运送服务等优点得以实现。同时，第四方物流充分利用了管理咨询、IT技术服务和第三方物流等服务商的能力，为客户带来的巨大利益包括供应链上企业利润增长、运营成本降低（包括提高运作效率、降低采购成本）、工作成本降低（提高资金周转率）、提高资产利用率等。

（二）第四方物流的优势

第四方物流本身具有很大的优势，其突出优势包括以下5个方面。

1. 降低企业运营成本

第四方物流企业本身并不需要投入任何固定资产，而是对供应链上企业客户及第三方物流服务提供商等的资产以及交易行为进行合理的调配和管理，从而使得整个供应链上的运作成本大幅度降低。它整合了业内最优秀的第三方物流供应商、技术供应商、管理咨询顾问和其他增值服务商等企业资源，为客户提供多功能、一体化的供应链解决方案，使得企业存货和现金流转次数减少，资产利用率提高，同时物流业务的分离整合协调了物流环节各参与方的利益冲突，有效降低了企业和供应商的交易费用，使得企业的运营成本也随之降低。

2. 达到供应链的共赢

由于信息不能及时共享、外包商不确定等，第三方物流往往只为某个企业解决一次性的成本降低，而不能达到企业持续降低物流运作成本的愿望，同时整个供应链上其他的企业也并不能从中受益。而第四方物流关注的不仅是仓储或运输单方面的效益，而且是整条供应链的效益，它通过整合整条供应链上的物流资源，有效地降低整条供应链的运营成本，提高其运作效率。因此，第四方物流的一体化流程建设，以及为整条供应链提供综合解决方案，使得整条供应链的客户利益都会相应地增加，达到真正意义上的共赢。

3. 拥有高素质的物流专业人才

由于第四方物流公司是提供技术服务的咨询公司，其人员不仅要有丰富的现代管理技术和知识，还需对环境变化有超强的预见能力及应变能力。第四方物流把高素质人才和其本身业务有机地结合在一起，使整个供应链规划和业务流程能够有效地贯彻实施。

4. 拥有强大的信息技术平台

许多第四方物流服务商与独立的软件供应商结盟或者开发了内部的信息系统，因此，它能最大限度地利用运输和分销的网络，有效地进行跨运输方式的货物追踪和调配，以及可以方便、快捷地进行电子交易。通过这个信息技术平台，为第四方物流服务提供了软件支持，更加凸显了其降低成本的优势。

5. 具有第三方的灵活性

通常，把物流业务外包给专业的物流公司，可以使得公司的固定成本转化为可变成本，提高公司资金周转率。通过外包，公司只需要向第三方支付服务物流费用，而不需要公司本身建立物流基础设施。特别地，对于那些业务量呈现季节性变化的公司来讲，这种外包服务可以大幅度地降低其运营成本，他们也不必担心业务的季节性变化。

三、第四方物流与第三方物流的区别

（一）关注点不同

从第三方物流发展到第四方物流是一种质的飞跃。第三方物流是物流组织的载体，其经营范围包括运输、储存、加工和配送等，它关注的主要是运输和仓储方面的功能，偏重于通过对物流运作和物流资产的外部化来降低企业的投资与成本。而第四方物流的服务渗透于供应链上的每个企业，从事的是整个供应链内部或者若干个供应链之间的整合运作，它关注的是整条供应链的最优解决方案，使供应链上每个企业以最低成本甚至零成本获得价值最大化，它偏重于通过对整个供应链优化和集成来降低企业的运营成本。

（二）兴起的基础不同

第四方物流是在第三方物流的基础上发展起来的，它具有很多优势，最突出的就是能提供一个综合性的供应链解决方案；而第三方物流是在自营性物流的基础上发展起来的，

服务功能比较单一,难以适应不断变化的市场要求。

(三) 依赖的技术水平不同

第三方物流主要是为企业提供实质性的、具体的物流运作服务,其本身的技术水平不高,能为客户提供的技术增值服务比较少。而第四方物流擅长的就是物流供应链技术,它具有丰富的物流管理经验和供应链管理技术、信息技术等,能够提供各种技术增值服务,满足客户多样化、复杂化的物流需求。

(四) 合作目标不同

因为第三方物流没有系统、综合性的服务功能,也没有整合信息资源的能力,同时分工细致,使得企业客户不得不将物流业务外包给多个第三方物流。因而,企业客户与第三方物流服务商之间是一对多的合作关系。但是,第四方物流凭借其强大的资源整合能力,为企业客户提供一体化的、完善的供应链解决方案,企业和第四方物流服务商之间是一对一的关系。

四、第四方物流发展的运作条件分析

第四方物流作为新兴的供应链管理方法,提供综合性的供应链解决方案,正成为一个新的行业热点在我国推广。从理念上讲,第四方物流能以强大的资源整合能力,提供最优的供应链管理解决方案,降低供应链的整体运营成本,提高供应链管理的效益,受到了各行各业的广泛认可。然而,第四方物流在我国进行推广中具有很大的盲目性,主要是由于我国企业对第四方物流的概念没有深入的了解。因此,在总结国内外第四方物流运作实践的基础上,需要对第四方物流的运作条件、运作模式等做出深入的分析和探讨。

第四方物流的运作条件可以从以下 4 个方面来分析。

(一) 根本条件——具有强大的物流资源整合能力

只有具有强大的物流资源整合能力,第四方物流才能够应对整条供应链上每个企业所提出的多样化、复杂化、综合化的物流需求。第四方物流提供服务的过程就是依赖业内最优秀的第三方物流服务商、管理咨询服务商、IT 技术服务商等,有效地整合供应链上的物流及其相关资源,进而适应市场的迅速变化和满足客户多样化、复杂化的需求。

(二) 思想基础——具有超前的战略合作意识

作为第四方物流服务商,应清楚地认识到本身同供应链上各节点企业之间并不是简单的物流服务提供者与需求者之间的关系,而是战略合作的关系。它需要对供应链上的每一个节点企业负责,通过战略合作的方式实现信息共享、风险共担等,进而降低整条供应链的成本,提高供应链的整体效率。

(三) 能力需求——具有提供供应链综合解决方案的能力

由于第四方物流服务的供应链上各节点企业往往是针对自身的实际情况提出物流需求,如果按照这种物流需求提供的综合物流服务,往往不能实现供应链物流价值最大化,从而影响供应链的整体效率。因此,第四方物流服务商需要站在供应链整体的角度来考虑解决方案,并从这个角度出发对供应链综合解决方案进行有效的策划和调整,进而确保供应链上物流系统的最优化,实现供应链上物流价值的最大化。

(四)技术前提——具有较高的信息化水平

高效的供应链管理是建立在有效的信息共享基础之上的。如果没有较高的信息化水平实现第四方物流同供应链上各节点企业的信息共享,那么第四方物流是无法和供应链上各节点企业成立战略联盟合作关系的。同时,第四方物流要整合物流资源,必须有第三方物流服务商、IT技术服务商、管理咨询服务商等参与者都可以共享的信息平台,才能发挥其整合物流资源的能力。

五、第四方物流的运作模式分析

第四方物流组织有较大的柔性,根据客户不同的物流需求以及不同的目标组成灵活的运作模式,满足客户多样化、复杂化、综合化的物流需求。一般来说,第四方物流主要有以下几种运作模式。

(一)后勤服务型

这种类型的运作模式强调第三方物流与第四方物流间是一种内部合作关系。第四方物流处于刚刚起步阶段,由于高素质的专业物流服务人才比较少,且本身物流服务的实践经验不丰富,如果仅仅靠它单独为客户提供优质的第四方物流服务,不能完全满足企业客户的物流需求。因而,第四方物流在发展初期,必须借助于第三方物流服务商的物流运营能力,本身向第三方物流提供一系列决策技术、供应链策略技巧、进入市场的能力和项目管理的专业能力等服务,形成一种内部合作关系,为企业客户提供高效率、高质量、低成本的物流服务。这种内部合作关系可以采用合同方式绑定,也可以采用战略联盟方式形成,在这种合作模式下第四方物流可能会在第三方物流公司内部工作,也可能作为物流服务的协作者在第三方物流公司外部工作。

在后勤服务型模式下,第四方物流要实现其本身的价值,必须借助第三方物流,同第三方物流内部合作。这种运作模式的优点主要有:第四方物流提升了第三方物流企业的物流运作效率,同时降低了第三方物流企业的运营成本,提高了第三方物流企业的资产利用率,协助第三方物流企业对物流资源进行整合,从而提升企业客户整条供应链的运作效率,进而提高供应链上企业的竞争力。

(二)协同运作型

这种类型的运作模式是第四方物流与第三方物流合作博弈的高级、复杂的形态,在这种运作形态下第四方物流服务商、第三方物流服务商和企业客户之间连接成一个动态三角形模式,如图7-1所示。

从图7-1中可以看到,在协同运作模式下,第三方物流服务商和第四方物流服务商都能与

图7-1 协同运作模式

企业客户进行直接沟通和对话，并且都能取得企业客户物流需求的第一手资料。在这种模式下，第四方物流服务商或第三方物流服务商都不能充当领导角色，两者处于一个平等的状态。这种动态三角形模式，不是因为某个市场机会而临时组成的一个松散的、动态的联盟，而是几个具有互补性资产的企业，以共赢为目标构建的利益共享的长期战略联盟。这种模式的优点是第四方物流在执行与控制方面少了很多沟通协调方面的障碍，因此，物流运作服务成本也得到了更好的控制，不仅可以降低物流的运营成本，提高资产的利用效率，为企业带来更高的整合效益，还可以有效地整合市场中的物流资源，避免企业客户重复建设物流基础设施，从而提升整个社会的物流运作能力，使得整个社会的资源利用最大化。

（三）方案集成型

在这种运作模式下，第四方物流是企业客户与第三方物流服务商的纽带，将企业客户与第三方物流服务商连接起来。通过这样的连接，企业客户就不需要与第三方物流服务商形成一对多的合作关系，而是直接与第四方物流服务商之间形成一对一的合作关系，大幅度地降低企业的运营成本。在这种模式下，第四方物流作为方案集成商，除了为企业提供供应链管理的可行性解决方案外，还需要对第三方物流服务商的物流资源进行整合，为企业客户提供专业化、一体化、综合化的物流服务。

这种运作模式一般是在同一行业范围内运作的，供应链上下游的企业客户彼此间专业熟悉、业务联系紧密，具有一定的依赖性。同时，第四方物流服务的主要客户是供应链上的企业龙头，通过其发展带动其他成员企业的发展。这种运作模式的优点是第四方物流的服务对象及范围明确且集中，与客户的关系稳定、紧密而且具有长期性。但这种模式运作的重要前提条件是客户的业务量要足够大，使参与的服务商们都能获得较满意的收益，否则大多数服务商不愿把全部资源集中在一个客户上。

（四）行业整合型

在这种运作模式下，第四方物流企业在物流服务市场中已经占据重要的市场地位，它不再作为第三方物流服务供应商的角色。第四方物流服务商依靠自己的能力开发与管理物流市场，它可以集成多个服务供应商的能力和客户的能力，也可为多个行业的客户开发和提供供应链解决方案。与此同时，第四方物流服务商更加偏重于对供应链的上下游企业客户、第三方物流服务商、IT技术服务商等的资源进行整合、沟通协调等。这种模式下，第四方物流的价值将更多地体现为一种综合性的价值，不仅仅是对物流效率、运营成本的最优化，还包括对客户品牌价值的提升，对客户核心竞争力的提升，对整个物流市场服务水平的提升以及对整个社会的物流资源利用的最大化等。

通过上述分析，我们可以看到，这种模式无疑是最具竞争力的，最能产生整体效益的。但是这种模式的运作需要第四方物流服务商具有庞大的关系网络和协作技巧，强大的运筹规划和整合资源的能力、全球化的运营能力以及丰富的供应链管理实践经验，为供应链上所有的客户提供全面的物流咨询服务，并提供一个专业化、一体化、综合化的供应链解决方案。

知识链接 7-1

第五方物流（Fifth Party Logistics，5PL）指由物流信息服务商提供的物流信息服务，包括提供更大的地理区域内、更多的行业、更多的企业供应链物流信息的收集、设计、整理、分析、开发、集成和推广等。

第五方物流并不从事任何具体的物流活动，严格地讲，它属于电子商务或信息中介企业。第五方物流的服务内容是利用网络、信息技术（IT）以及电子商务等技术整体协调整个供应链，并提供新型供应链物流运作解决方案。

第五方物流服务产品具有集成化、标准化、差异化、系统化四大特征，通过运用物流系统规划技术，通过定性与定量分析相结合的方法，找到准确的市场定位；通过顶层设计，构建一个用户之间可以寻求多种组合的服务体系，构成多接口、多用户、跨区域、无时限的物流服务平台，表 7-1。

表 7-1 第五方物流服务产品

特征	服务产品
集成化（经营能力）	以 IT 技术整合供应链各环节，通过将平台系统嵌进客户的实际运作中，可以达到实时收集物品的动态信息，实现跟踪、监控、评估、及时反馈运作信息
标准化（产品类别）	通过对标管理、系统化衔接，可以有效促进物流的标准化
差异化（市场定位）	通过系统规划技术，利用定性分析与定量分析相结合的方法，找到准确的市场定位
系统化（服务体系）	通过顶层设计，构建一个用户之间可以寻求多种组合的服务体系，构成多接口、多用户、跨区域、无时限的物流服务平台

第二节 农产品物流模式

案例 7-2

据《新京报》报道：土豆主要产区内蒙古乌兰察布市，距北京不到 400 千米，但这里的大批土豆要进京，竟需要先到 800 多千米外的山东寿光市，然后再"旅行"约 500 千米进京。外地蔬菜进京，为何舍近求远？在寿光物流园，来自内蒙古的一位客商说，一车土豆直接进京十天半月也卖不完，成本高，寿光市场菜品多、买家多，一车土豆两三天就卖了，返程时配上其他高价菜运到北京销售，也有账可算。记者在寿光采访时遇到一位从江苏运白菜的司机，他说："白菜在江苏附近卖不上价，所以多绕点路，拉到寿光来配菜，走货快，卖价也能高点。"

再以北京为例，蔬菜从南四环不远的新发地蔬菜集贸市场转运到西四环边上的岳各庄批发市场，蔬菜成本将增长30%，这还不是最重要的环节，最重要的环节可能是最后的200米，甚至100米。这最后100米有一个不得不付出的成本，就是罚款。到了城里以后，货车不让继续走，一个货车就要分装成很多小面包车，当然这样的违规行为将面临罚款。

案例 7-3

2011年10月20日，上海市包装技术协会绿色包装委员会组织了一次上海市优秀绿色包装专家评选。与会人员运用生命周期分析方法，从原料来源、生产加工工艺过程对环境的影响、产品设计及应用性能、包装使用后的环境适应性等各个方面，对申报产品进行了审视，最后评选出了6项2011年上海市优秀绿色包装产品。

这些产品不仅均符合绿色包装的理念，且各具鲜明特色，有良好的市场适应性。例如，"减量化铜制两片罐"从原来每只罐重29.8克减少到23.6克（原料耗用量下降了20%），生命周期的二氧化碳排放量从192克下降到170克（二氧化碳排放量下降11.5%），社会、经济效益显著，年经济效益在3000万元以上；"液体食品无菌包装用纸基复合材料"，利用高阻隔塑料薄膜，代替传统的纸塑铝无菌包装材料中的铝箔，获得良好的成效，节约了珍贵的金属材料——铝箔，大幅度降低了成本、提高了市场竞争能力，不仅在国内的上海中关公司、汇源公司等知名公司得到了实际应用，而且开始销往西亚、中东等地区；"快尔卫（Cryovac）真空收缩包装"，用于肉类食品包装，作为世界知名品牌，以安全卫生性能突出、包装效果卓著而蜚声中外；"口腔溃疡含片系列包装盒"，选用高新装备、技术及环保型原辅材料生产，确保生产过程的节能环保。其主要原料为300克茵长白卡纸，夹层为回收浆，节约、环保理念突出；"厚型刨花板（木屑垫块）"采用木材加工厂的木屑、刨花等废弃物资为原料，年生产量达40000立方米，得到用户好评。作为一种典型的变废为宝产品，其对人类的可持续发展做出了积极的贡献；"纸塑铝复合包装再生合成托盘"，利用回收的废弃纸塑铝饮料盒为原料，制造的商品周转托盘，在伊利集团得到了实际应用，通过将纸塑铝复合材料，通过粉碎、造粒、直接挤出成型生产制品，技术上有明显的创新点，对废弃复合型塑料包装材料的回收利用具有很好的启示与示范作用。

思考： 通过以上案例，你得到了什么启示？

一、农业物流的定义

农业物流是指以农业生产为中心而发生的一系列物质运动过程和与之相关的技术、组织、管理等活动，它贯穿于农业生产和经济活动的始终，是对农业产前、产中、产后3个阶段的科学管理。农业物流可以分成三段物流形式：一是供应采购阶段的物流形式，称为农业供应物流，以组织农业生产所需的农药、化肥、种子、农机设备等生产资料为主要内容的物流；二是生产阶段的物流形式，称为农业生产物流，包括贯穿在整个农产品生产、加工活动过程中的生产物流；三是销售阶段的物流形式，称为农业销售物流，即农产品物流，物流对象包括粮、棉、油（料）、茶、烟、丝、麻、蔗、果、菜、瓜等以及乡镇企业生产的城市消费品等。

目前，国内学术界对农产品物流的研究还处在初级阶段，不同的学者对农产品物流的概念有不同的理解。借鉴《物流术语》（GB/T 18354—2006）和美国物流管理协会对物流的定义，同时结合农产品的运销特征，本书把农产品物流界定为，为了满足客户需求，实现农产品价值而进行的农产品、服务及相关信息从产地到消费者之间的物理性经济活动。它包括高效率、高效益的农产品及其信息的正向和反向流动及储存而进行的计划、实施与控制过程。具体来说，农产品物流就是农产品的运输、储存（常温、保鲜和冷藏）、装卸、搬运、包装、流通加工、配送和信息处理等环节的有机组合，包括一系列物质运动过程、相关的技术信息组织和处理过程以及各个环节上的物流管理活动。这一活动过程创造了时间价值、场所价值和部分加工价值。因此，从概念上看农产品物流是农业物流的重要组成部分。

农产品现代物流从生产到消费包括多个环节，把农产品从生产、采摘、分类、包装、加工、储藏、运输到配送、销售等环节快速有效地整合起来，减少农产品流通中的价值损失，提高了农产品流通效率，从而大大提高了我国农产品的国际竞争力，是我国由农业大国走向农业强国的必经之路。因此，借鉴发达国家农产品物流发展的成功经验，对我国农产品物流模式发展趋势进行研究，对促进我国农产品现代物流的发展具有重要的现实意义和战略意义。

二、农产品物流的分类

农产品物流根据分类标准的不同可以有不同的分类方式。农产品物流按照农产品物流系统的性质，可分为社会化专业物流和企业物流；按照农产品物流系统的空间范围，可分为国际农产品物流、国内农产品物流和地区性农产品物流；按照农产品物流业务是否外包，可分为自营物流和第三方物流；按照农产品物流系统作用的对象，可分为粮食作物物流、经济作物物流、水产品物流、畜牧产品物流、林材木及林产品物流和其他农产品物流。

三、农产品物流的特征

相对于工业而言，农业是自然再生产和经济再生产交织在一起的再生产过程，农产品的生产、流通存在着非人力能控制的风险，再加上许多农产品是人们生活的必需品，需求

弹性小，这些特殊性使农产品物流表现出明显不同于工业品的特征。

（一）农产品物流运作的相对独立性

不同地区的气候、土壤、降水等存在差异，各地适宜种植的品种不同，农产品生产呈现出明显的季节性和区域性特征，而农产品的消费则是全年性的，这就决定了农产品物流过程中需要较大量的库存和较大范围的调度或运输；不论是原材料还是食品成品，其营养性成分较丰富，容易感染微生物而腐败变质，从而对物流设备和工作人员提出了较高的要求；安全卫生性，对其生产和储运提出了更高要求，如加工中要求无菌，产品配送过程中不能和有其他气味的商品混运，以免串味，还应注意配送中微生物和重金属的交叉污染等问题，对温度和湿度做出严格的规定等；产品的交货时间有非常严格的期限性，即前置期有严格的标准；鲜食品和冷链食品在食品消费中占有很大的比重，所以食品物流必须有合适的冷链、保鲜链、甚至是气调链；绿色食品、绿色消费的日渐盛行，对绿色物流提出了更高的要求。

（二）农产品物流量大

农产品的生产基地在农村，而广大的农产品消费者生活在远离乡村的城市之中，为满足农产品消费在不同时空的需求，就必须将农产品从农村转移到城市，准确、快捷地传送到消费者手中，以实现农产品的最终价值。因此，农产品物流面临数量和质量上的巨大挑战。2016年，我国粮食产量6.16亿吨，糖料900万吨，棉花534.4万吨，油料3613万吨，蔬菜77403万吨。这些商品除部分农民自用外，大多成为商品，需要进行商品流通，其数量之大、品种之多都是世界罕见的，发展农村物流是服务"三农"、服务新农村的重要内容。然而，目前我国农村货运的特点是货源分散、运力分散、经营分散、管理粗放，这些极大地制约着农村物流的发展。如何打破"瓶颈"，形成巨大的农产品物流，这是需要解决的问题。

（三）农产品物流技术要求高、专业性强、难度大

农产品自身的生化特性和特殊重要性，使得农产品流通过程中的保鲜、储存、加工等环节具有重要的地位并具有很强的生产性。而且，有些农产品为了方便运输和储存，在进入流通领域之后，还需要进行分类、加工、整理等。例如，粮食储存在仓库中，必须定期进行通风、烘干，以控制粮食水分，使粮食的使用价值得到保证；活猪、活牛、活鸡等进入流通，必须进行喂养、防疫，如果收购后进行屠宰，还需要进行冷冻、冷藏处理，这就要求有特殊的加工技术和相应的冷藏设施。可见，农产品在运输、储存过程中，其所要求的输送设备、运输工具、装卸设备、质量控制标准各有不同，使得农产品物流比工业品物流更具生产性，且要求根据农产品各自的物理化学性质安排合适的运输工具，从而保证农产品的性质和状态稳定，以确保农产品品质、质量达到规定要求。

（四）加工增值是发展农产品物流的重要环节

农产品不同于工业品的最大特点是农产品的加工增值和副产品的综合利用。这部分价值是在农产品离开生产领域后，通过深加工和精加工，延长产品链而实现的增值，如粮食深加工和精加工、水果加工、畜牧产品加工及海洋水产品加工等。一般来说，其增值环节主要包括以下几个方面：一是农产品的分类与包装增值服务；二是农产品适度加工增值服

务，如通过对粮食的研磨、色选、细分或者规格化等生产加工工序，以一定的商品组合开展农产品促销，能够促使农产品流通顺利进行；三是农产品社区配送增值服务；四是特种农产品运输、仓储与管理增值服务。

（五）农产品物流风险大

农产品生产的分散性、季节性，使得农产品物流的风险增大。农产品生产点多面广，消费地点分散，市场信息更加分散，使得人们难以全面把握市场信息，容易造成供给不适应需求的状况。而且，农作物有生长过程，牲畜亦需经过发育成长期，故农产品生产受季节性限制明显，难以连续不断地生产，无法依农产品价格的高低短期内有所增减，难以在短时间内对供给进行有效的调节，导致市场价格波动大。过大的流通风险会降低物流经营者的预期利润，往往会使经营者更多地采取短期的机会主义行为，不利于形成有序的市场竞争和培育市场主体。

（六）分散—集中—分散的物流节点特征突出

我国农业生产中最为突出的矛盾是小规模经营与大市场、大流通之间的矛盾。小规模是指农产品生产、经营、流通普遍零碎化，没有规模效益；大市场是指参加农业生产的主体众多，离散性强，缺少联合，组织化程度低，导致生产盲目性，容易造成农产品买难和卖难的交替出现。这种农产品的"小生产"和"大市场"的矛盾决定了农产品流通过程呈现出由分散到集中，再由集中到分散的基本特点。一家一户就其农业生产的单体资源配置、生产能力、生产规模、农产品的产出量和商品量等而言，其水平都是较低的。这就决定了农产品生产的"小生产"的基本特征，而农产品的消费却遍布全国城乡。这种"小生产"和"大市场"的矛盾还会存在一段时期。这种情况决定了农产品物流会在较长时期呈现出由分散到集中，再由集中到分散的基本特点。

（七）政治含义的商品特征尤为明显

农产品作为附带社会政治含义的商品，使得各国政府在其生产与流通中都有不同程度的介入。一是农产品的需求收入弹性通常小于1，这意味着随着经济增长和人均收入的提高，就占总消费的份额而言，农产品需求的增长趋于下降，不利于农民收入的增加。二是农产品需求价格弹性也小于1，农产品价格下降所产生的追加需求只能带来比以前更少的收入，这两个因素对发展中国家农民的收入有突出影响，因此，许多国家都不同程度地采取干预政策以保护农民的利益。三是从食品供给安全的角度考虑，政府的干预更是无可避免。

四、我国农产品物流发展模式

我国地域广阔，农产品种类繁多、属性各异，再加上各地区自然条件、经济结构和发展水平的不同，我国农产品物流的运营模式也呈现出多元化的特点，主要有以下几种。

（一）自营物流模式

自营物流是指农产品生产者、农产品加工者、农产品流通配送企业根据自己的经营实力和经营习惯，通过建设全资或控股物流子公司，完成企业物流的配送业务。

在这种模式下，作为农产品物流活动的主体，可以向仓储企业购买仓储服务、向运输企业购买运输服务，但是这种服务的购买仅限于一次或一系列分散的物流功能，且具有临时性、纯市场交易的特性，即物流服务与企业价值链之间的联系是松散的。由于农产品物流运作主体的不同，自营物流模式可以有多种形式的选择。

（二）第三方农产品物流模式

第三方农产品物流模式是指由农产品生产者和加工者以外的第三方负责完成农产品运输、仓储、配送、流通加工等一系列物流活动的运作过程。随着农产品市场化程度的提高，一些专门从事农产品储运、配送及流通加工的第三方物流组织逐渐出现。在这种模式中，第三方农产品物流企业不拥有商品、不参与商品买卖，仅作为主导者连接着农产品生产和加工者、各级批发商、零售商、中介组织，并为客户提供以合同为约束、以结盟为基础的系列化、个性化、信息化物流代理服务。

第三方农产品物流模式有如下几个基本特征。

1. 功能服务专业化

第三方农产品物流是独立于供方和需方，由专业的农产品物流组织进行的物流。因此，相对于自营物流而言，第三方农产品物流提供的是增值的、专业的甚至全方位的物流服务。第三方物流企业掌握着较为先进的农产品物流技术设施和设备，能根据农产品生产企业、加工企业、配送企业的生产运作和市场需要的不同，为其规划物流体系和设计物流方案，提供农产品仓储管理、运输管理、订单处理及农产品物流信息系统等各具特色的服务。

2. 物流信息网络化

物流信息网络化是第三方农产品物流运作的基础。第三方农产品物流是在物流信息商品化的基础上而展开的专业化的特殊服务活动。来自生产方、销售方和物流企业的物流信息，都可以借助第三方物流网络信息平台，进行各主体间数据的快速、准确传递，实现订货、保管、运输、流通和加工一体化信息的共享，从而在较短的时间内完成各物流主体间的协调与合作。而且，随着信息技术的飞速发展，农产品物流活动和物流费用可以被分离出来，有助于农产品物流管理的科学化，能够极大地提高农产品物流效益。

3. 关系契约化

第三方农产品物流企业是以合同为导向，向客户提供农产品物流服务的，并通过契约或合同管理委托方的物流服务活动及其过程，如订单管理、库存管理、运价谈判等。

4. 物流服务个性化

第三方农产品物流企业可以根据客户的要求和不同农产品的特点，为客户"量身定制"物流服务，提高客户的服务满意度。

5. 合作联盟化

农产品供应链企业选择第三方物流服务，主要是出自降低成本、提高核心竞争力、寻找增值服务等动机。各类企业与第三方物流企业的合作，既有整体物流业务外包，也有部分外包，还有个别企业则聘请物流公司来管理运作企业自有物流资产设备。其形式虽各异，但本质上是第三方物流企业主导货物和商品的组织管理、运输调度和配送活动。

（三）农产品物流园区模式

农产品物流园区是指由分布相对集中的多个农产品物流组织和物流设施，以及服务功能不同的专业化农产品物流与加工企业等构成的，能实现农产品物流规模化、功能化的农产品物流组织区域。

农产品物流园区处于农产品产业链上的流通环节，上游向生产领域延伸，与产地农户相连，下游向零售和消费领域延伸。因此，农产品物流园区是集农产品集散、交易、物流、加工、信息平台、展览等于一体的综合性园区。农产品物流园区一般具备仓储、运输、装卸、流通加工、配送、信息处理等基本功能，此外，还具有提供报关监管、商务综合服务、交易展示等服务项目的功能。

第三节　跨境物流

跨境电商目前已经成为一种新型的国际贸易形式，因此其对我国的国际贸易有着强大的推动作用，并且为了推动跨境电商的发展，政府也出台了一系列相应的支持政策。同时跨境电商具有消费便利、提升销售总额、中间环节少等优点，已经被众多电商企业视为提升其自身竞争力的主要手段，因此，解决跨境电商交易时的物流问题成为众多电商企业和消费者普遍关注的问题。

一、跨境电商及其与国际物流概述

（一）跨境电商

跨境电商是指交易的两个主体（买方和卖方）位于不同的关境，且在一定的电子商务平台的帮助下完成了商品选择、支付等交易环节，最后卖方通过跨境物流将商品送至买方手中的一种交易模式。

（二）跨境电商与国际物流间的关系

国际物流是指在应用国际化物流网络的基础上应用现代物流技术而选择的一种高效率、低风险的物流方式，主要呈现方式是交易货物在不同关境间的流动。跨境电子商务的主要内容有：信息流、商流、资金流以及物流等，前三者可经网络虚拟实现，但后者只能通过实体交易实现。因此，国际物流的效率和成本问题成为跨境电商达到自身效益的首要难点。

二、跨境电商和电商物流的发展趋势与特点

（一）跨境电商的发展趋势

目前，跨境电商发展的主要方向已经开始由 B2C 转变为 B2B，这一方向能实现生产和销售的共同发展，从而促进国际物流的转型。B2B 采用的物流方式为国际小包，与传统

的 EMS、UPS 以及 TNT 等物流方式相比，具有成本低、便利、实现门到门服务的优点，因此小包物流方式成为广大跨境电商的首选物流模式。中国跨境电商的发展速度较慢的一个主要原因是中国与产品相关的售后体系不完善，这对注重售后服务的许多欧美国家消费者来说是一个重要阻碍点。

（二）跨境电商采用的主要物流方式

1. 小额邮包、国际快递

小额邮包主要指的是新加坡邮政小包、中国邮政小包、中国香港邮政小包等。该物流方式的主要特点是物流时间长、物流信息更新较慢。国际快递是指 EMS、DHL 等物流方式，虽然该物流模式的速度较快，但其费用过高。目前这两种物流方式的使用企业较多。

2. 海外仓

海外仓是指跨境电商在境外国家（地区）租赁仓库，并且一次性地运输大量商品至目的仓库，当国外客户通过电子商务平台下单后，跨境电商根据客户的地址信息选择最近的境外仓库将商品配送给客户；另一种方式是跨境电商与国外物流公司合作，这种物流方式效率较高，但相应的运营成本也较高。

3. 聚货后规模化运输

该运输方式分为外贸企业联盟集货运输和外贸企业集货运输两种方式。前者是各个外贸企业搭建一定的外贸联盟，在此基础上进行货物的共通运输，降低物流成本；后者是指某一企业拥有自建的跨境电子商务平台，客户下单后商家将货物运送至国内的仓储公司，由仓储公司完成货物分类整理，再交给第三方物流公司完成货物配送。

（三）跨境电商的主要特点

跨境电商主要包括以下 4 个特点：

（1）交易成本低，客户可直接通过电子商务平台完成商品的选购和下单工作，不需要代理商。

（2）境外买家下单后在 1~2 周内便可收到其购买的货物。

（3）完善的电子商务平台为买家提供了简单便捷的交易方式。

（4）由于国家政策的推动作用，跨境电商的货物通关率显著提升，大大降低了电商货物损失，但由于物流服务水平、地区跨度等问题，国际物流方式普遍存在着成本高、物流环节多、运输时间长等瓶颈问题。

（四）跨境电商进出口物流模式

笔者对我国的跨境电商进出口物流模式进行了细致分析，出口物流模式主要内容有：

（1）中国邮政是我国跨境电商的首选物流方式，所占份额高达 50%。虽然中国邮政已经在全球范围内有着较好的运营网络，但仍然无法与国际主要四大快递的物流水平相比。

（2）国际四大物流快递服务好，但成本高。

（3）海外仓能够快速经济地将货物运输至买家手中。

（4）跨境专线物流的规模效应较好，但在国内的市场份额有限；进口物流模式：我国的进口物流模式主要有转运模式和直邮模式两种，转运模式主要有灰色海淘和阳光海淘两种方式，直邮模式包括商业快递直邮和两国快递直邮两种方式。

（五）新型物流解决方案

（1）有网上丝绸之路之称的郑州中大门保税直邮体验中心于2015年5月对外开放，客户不用出境也可以在网上访问中大门网站，买到安全放心的母婴用品、美妆护肤品等。该物流模式的主要特点是海外段变成大宗商品B2B运输，运输成本大幅度降低，且其运输时间与境内的送达时间相仿，增加了客户的购物体验感。这一购物模式能将信息流、支付流以及物流三合一对接海关平台，利于海关监管。

（2）上海跨径贸易电子商务试点于2013年12月开始启动，其主要运作模式为"直购进口"和"网购保税进口"，消费者可通过专门的面向全球的购物网站完成交易流程。该购物模式主要依托于海关监管保税店，以零售的方式完成奶粉、保健品等商品的销售。所有的商品被运至保税区，再根据客户的具体订单详情完成配送，同时征缴邮费。

三、提升跨境电商环境的国际物流效率的策略

（一）建立健全评估体系

建立健全国际物流评估体系是提升国际物流水平的主要政策型解决方案，因此应该根据国际物流的主要特点和基本内容，建立相应的能力评价指标体系，进而保证在此基础上降低国际物流成本，提升整个体系的管控能力、协调能力、响应能力以及差异化物流服务能力。

（二）建立国际物流网络协同体系

国际物流的主要运作流程包括一系列复杂的下属流程，该流程不仅包括境内物流流程，还与境外流程运行水平息息相关。因此，在提高物流服务水平时，应该加强不同国家质检的供应链协同能力，强化不同物流方之间的协同意识，进而提升整体的物流服务水平。

（三）建立完善的国际物流人才培养模式

跨境电商的物流水平直接关系到其经济效益和后续订单发展情况，然而整个运行效果与工作人员的工作意识、工作能力以及服务意识有着直接的关系，所以要提升国际物流水平，就应该先建立相应的物流人才培养体系，以高校教育为基础，培养出技能型和知识型高度融合的新型国际物流人才。

案例 7-4

商丘跨境电商物流产业园项目案例

园区概况：

商丘跨境电商物流产业园是积极响应商丘市委、市政府关于大力促进电商产业发展的号召，由河南亿丰科技园发展有限公司全力打造的一座全功能、全要素的电子商务产业

卫星城，是商丘市重点扶持项目。该园区位于国家级食品工业园区南京西路与振兴路交会处，按照集约化、规模化发展的原则，整合行业资源，将逐步形成集产品资源、平台对接、数据化服务、办公、仓储配套、物流配送、人才输送、培训、第三方运营服务（帮助传统工业企业通过互联网开拓市场）、公共服务为一体的电子商务全产业链综合服务园区。

战略定位：

通过"互联网+实体店铺"模式，打造商丘市B2C电商产业生态圈；通过搭建商丘跨境电商物流产业园平台，整合商丘市工商企业基础信息资源，规范电子商务数据标准，实现数据共享，提供电子商务、物流、数据交换、外贸协同、商务信息、商务信用等综合服务。聚集商丘跨境电商物流产业园，努力创建国家级电子商务产业园。

园区功能：

服务配套功能
(1) 引入培训、摄影美工、电商ERP、托管运营、数据挖掘等电子商务服务，为园区企业提供一站式电子商务服务；
(2) 为园区工作人员提供便捷的办公、食宿、休闲等生活配套。

咨询诊断功能
对园区内及服务区内从事电子商务的企业，提供专业的电子商务咨询顾问服务，促进其提升销量。

人才培养功能
对园区企业员工、本地应届毕业生及社会未就业人员进行专业的电子商务培训，提升专业技能，促进地区就业。

数据监控功能
对园区内及服务区内从事电子商务的企业，提供专业的电子商务咨询顾问服务，促进其提升销量。

创就业功能
为本地的创业青年提供免费、廉价的办公场地及办公设施，甚至专业的创业指导培训及创业贷款，为本地的有志青年创造更多的发展机会。

品牌孵化功能
(1) 招募本地品牌企业入驻园区，进行电子商务扶持，使其扩大线上影响力；
(2) 招募本地实力生产型企业进驻园区，进行电子商务培养，使其快速成长为线上品牌。

平台入驻功能
将阿里巴巴、淘宝等主流平台服务引入产业园，为区及本地企业对接更多的平台资源。

仓储物流功能
为园区及本地企业提供专业的电子商务仓储物流服务，完善电子商务服务配套，提高客户满意率，更好的促进线上推广、销售。

园区规划：

园区建筑总面积（32000平方米），项目总投资3亿元。可入驻容纳180多家企业，规划为"一城五园三区"。一城：电商新城；五园：电商聚焦园、电商孵化园、人才创业园、金融创新园、新媒体广告园；三区：仓储物流区、生产加工区、生活配套区，共分先导区、核心区、示范发展区三期建设。

园区服务：

（1）为符合条件的企业申请政府租金、物业、人员薪资补贴。

（2）为入园企业争取各项政府扶持。

（3）在工商财税、投融资对接、政府扶持申请、创业辅导咨询、营销公关、专利保护等方面提供迅速对接服务。

（4）免费营销培训、员工培训、管理培训、配套孵化服务，支持电商企业成长。

（5）联合专业物流公司，技术、设计、摄影等一系列电子商务外包配套服务企业，为入驻企业提供一站式服务。

（6）协助企业进行科技项目的申报、评审、鉴定，协助企业申报高新企业、软件企业及产品、专利和知识产权的认证，协助孵化企业申请不同额度的种子资金的扶持。

（7）园区免费提供多媒体会议室、公共接待室、沙龙休闲区、法律咨询服务、知识产权代理服务。

服务说明：

中商产业研究院是一家"产业大数据+研究+规划+招商+基金"的一体化产业咨询服务机构，致力于为企业、地方政府、城市新区、园区管委会、开发商提供产业规划、产业空间、产业平台、产城运营、产业金融、产业申报及产业升级转型领域的咨询与解决方案。核心业务包括产业规划、园区规划、产业招商规划、产业项目包装策划、产业园区升级转型规划、产业地产拿地策划、特色小镇申报及规划、田园综合体申报及规划、乡村振兴战略规划以及商业计划书、可行性研究报告撰写编制、行业研究报告及定制化调研报告、产业白皮书等。

思考： 商丘跨境电商物流的发展策略是什么？

第四节　电子商务环境下的供应链管理

供应链管理（Supply Chain Management，SCM）是一种集成的管理思想和方法，它执行供应链中从供应商到最终用户的物流计划和控制等职能。从单一的企业角度来看，是指企业通过改善上、下游供应链关系，整合和优化供应链中的信息流、物流、资金流来获得企业的竞争优势。

一、供应链管理与传统管理模式的区别

（1）供应链管理是指按照市场的需求，将产品从供应地向需求地转移的过程，它强调的是单个企业物流系统的优化，即对运输、仓储、包装、装卸搬运、流通加工、配送和物流信息实施一体化管理。

（2）供应链管理把供应链中所有节点企业看作一个整体，供应链管理涵盖整个物流的、从供应商到最终用户的采购、制造、分销、零售等职能领域过程。

（3）供应链管理强调和依赖战略管理。

（4）供应链管理最关键的是需要采用集成的思想和方法，而不仅仅是节点企业、技术方法等资源连的简单连接。

（5）供应链管理具有更高的目标，通过管理库存和合作关系去达到最高水平的服务，而不是仅仅完成一定的市场目标。

从存货管理与货物流的角度来看，在供应链管理中，存货水平是在供应链成员中协调，以使存货投资与成本最小。传统的管理方法是把存货向前推或向后延，根据供应链成员谁最有主动权而定。

二、电子商务环境下的供应链管理与传统供应链管理的主要区别

（一）物流和承运的类型不同

在传统的供应链形式下，物流是对不同地理位置的客户进行基于传统形式的大批量运作或批量式的空间移动，货物的追踪是完全通过集装箱、托盘或其他包装单元来进行，供应链各个环节之间的可见性是有限的。在电子商务供应链管理模式下，由于借助各种信息技术和互联网，客户在任一给定时间都可以沿着供应链追踪货物的下落。

（二）客户的类型不同

在传统供应链管理模式下，企业服务的对象是既定的，供应链服务提供商能够明确掌握客户的类型以及其所要求的服务和产品。随着电子商务的到来，要求快捷、高速、划分细致的物流和商流方式，客户是未知实体，他们根据自己的愿望、季节需求、价格以及便利性，进行产品订购。

（三）供应链运作的模式不同

传统供应链是一种典型的推式经营，制造商为了克服商品转移空间和时间上的障碍，利用物流将商品送达到市场或客户，商流和物流都是推动式的。在电子商务供应链中，商品生产、分销以及仓储、配送等活动都是根据客户的订单进行的，商流、物流、资金流都是围绕市场展开的，物流为商流提供了有力保障，因此电子商务供应链是拉式的。

（四）库存、订单流不同

在传统供应链运作模式下，库存和订单流是单向的，买卖双方没有互动和沟通的过程。在电子商务供应链条件下，客户可以定制订单和库存，其流程是双向互动的，作为客户可以定制和监控，甚至修改其库存和订单，而作为制造商、分销商同样也可以随时根据客户的需要及时调整库存和订单，以使供应链运作实现绩效最大化。

（五）物流的目的地不一样

在传统供应链中，由于不能及时掌握商品流动过程中的信息，尤其是分散化客户的信息，加上个性化服务能力不足，物流只能实现集中批量化的运输和无差异性服务，运输的

第七章 电子商务环境下的新型物流模式

目的地是集中的。而电子商务供应链完全是根据个性化客户的要求来组织商品的流动,这种物流不仅要通过集运来实现运输成本的最低化,也需要借助差异化的配送来实现高服务,其目的地是分散化的。

(六)供应链管理的要求不一致

传统供应链管理强调的是物流过程的稳定、一致,否则物流活动就会出现混乱,任何物流运作过程中出现的波动和变异都有可能造成上下游企业的巨大损失。电子商务供应链管理却不同,其物流需求本身就是差异化的,物流是建立在高度信息管理基础上的增值活动,因此,物流必定会出现高度的季节性和不连续性,要求企业在管理物流活动中必须按照及时应对、高质服务以及总体成本最优的原则来进行。

(七)供应链管理的责任不同

在传统供应链运作环境下,企业只是对其所承担的环节负责,如运输企业只管有效运输和相应的成本等,供应链各个运作环节之间往往没有明确的责任人,供应链经营活动是分散的,其结果往往出现局部最优而整体绩效很差的情况。但电子商务供应链强调供应链管理是一种流程性管理,它要求企业站在整个供应链的角度来实施商品物流过程以及相应的成本管理。

(八)物流信息管理系统不同

传统供应链管理中物流信息一般都是通过人工采集、传输、汇总,信息具有单向性,供求双方的信息是不对称的,物流信息管理系统一般都是单机系统,至多是一个局限于内部网络的局域网络系统。而电子商务环境下的供应链管理中的物流信息的采集可以由供求双方通过互联网进行在线采集,信息具有双向性和对称性,信息管理系统是一个对供求双方开放的基于互联网的网络系统,信息具有高度的实时性、准确性和有效性。

(九)资金结算方式不同

在传统供应链管理中,资金结算大都是通过现金、支票或转账方式进行的;而在电子商务环境下的供应链管理中,因交易都是在线进行,以在线电子支付为主要结算方式。

供应链管理与传统管理模式的区别:供应链管理强调和依赖战略管理,它影响和决定了整个供应链的成本与市场占有份额。供应链管理具有更高的目标,通过协调合作关系达到高水平的服务,其关键是需要采用集成的思想和方法,应用系统的观点,而不是节点企业资源的简单连接。相反,它把所有节点企业看作一个整体,涵盖整个物流过程,包括从供应商到最终用户的采购、制造、分销、零售等职能领域。传统的物流体制是以"效率化"为支柱的。例如,传统的物流注重提高保管效率、装载效率、作业效率等,也就是说物流本身处在只满足于生产、采购、营销等活动结果所连带的派生的位置。处于这种位置的物流是以企业内部其他活动的结果所连带的业务活动为前提的,所以说能够做到的也只有设法提高效率。这就是传统物流的实际状况。

案例 7-5

上海通用汽车公司的供应链管理

上海通用汽车有限公司（SGM）是由美国通用汽车公司和上海汽车工业总公司联合投资建立的，是迄今为止最大的中美合资企业。作为世界上最大的汽车制造商，美国通用汽车公司拥有世界上最先进的弹性生产线，能够在一条流水线上同时生产不同型号、不同颜色的车辆，每小时可生产27辆汽车。在如此强大的生产力支持下，SGM在国内首创订单生产模式，紧密根据市场需求控制产量。同时，SGM的生产用料供应采用标准的JIT运作模式，由国际著名的RYDER物流咨询公司为其设计，实行零库存管理，即所有汽车零配件（CKD）的库存存在于运输途中，不占用大型仓库，而仅在生产线旁设立RDC（再配送中心），维持288套的最低安全库存。这就要求采购、包装、海运、进口报关、检疫、陆路运输、拉动计划等一系列操作之间的衔接必须十分紧密。

中国远洋运输（集团）公司（COSCO）承担了该公司全部进口CKD的运输任务，负责从加拿大的起运地到上海交货地的全程门到门运输，以及进口CKD的一关三检、码头提箱和内陆运输。

上海通用汽车公司在物流供应链方面的进一步要求包括：

缩短备货周期，降低库存。SGM物流供应链安全运作的前提建立在市场计划周期大于运输周期的基础上，只有这样，CKD运输量才能根据实际生产需要决定。而目前CKD的运输周期是3个月，而计划市场周期为1周，所以只能通过扩大CKD的储备量来保证生产的连续性周期，使库存费用很高。COSCO的木箱配送服务虽然为其缓解了很大的仓储压力，但并非长久之计，还要通过各种办法改进订货方式、改进包装等缩短备货周期，真正实现零库存。

改进信息服务，即提供和协助SGM收集、整理、分析有关的运作信息，以改善其供应链的表现。因为SGM的整车配送、进口CKD和其他零配件的供应，分别由ACS、上海中货、大通及其他供应商自行组织有关的运输，各服务提供商之间的信息无法有效地沟通。如通过整车配送，以协助SGM的销售部门改善营销预测的准确性和提前量，根据改善的预测信息来确定随后的生产和原料采购（进口）计划，可使每批进口CKD的品种构成更为合理化，从而可相应减少在途和上海RDC中不必要的库存积压。

思考：上海通用汽车公司的供应链管理有什么特点？

知识回顾

第四方物流是一个供应链的集成商，它对公司内部和具有互补性的服务供应商所拥有的不同资源、能力及技术能进行整合和管理，并提供一整套供应链解决方案。第四方物流的优势表现在：降低企业运营成本，达到供应链的共赢，拥有高素质的物流专业人才，拥有强大的信息技术平台，具有第三方的灵活性。第四方物流的运作模式有后勤服务型、协同运作型、方案集成型和行业整合型。

农产品现代物流从生产到消费包括多个环节，把农产品从生产、采摘、分类、包装、加工、储藏、运输到配送、销售等环节快速有效地整合起来，减少农产品流通中的价值损失，提高农产品流通效率，从而大大提高我国农产品的国际竞争力，是我国由农业大国走向农业强国的必经之路。

在跨境物流的学习中，不仅分析了跨境电商物流解决方案和模式创新，而且引入了全新理论，从物流服务推动跨境电商企业获取持久竞争优势的视角探讨了跨境电商物流服务的发展趋势，并探析了大数据以及客户服务水平提升给跨境电商物流发展带来的新变革。

供应链电子商务可以帮助企业从传统的经营方式向互联网时代的经营方式转变。随着互联网技术的深入应用、网上交易习惯的逐渐形成，使得企业的经营模式也需要相应转变，借助供应链电子商务平台，可以帮助企业分享从内部管理到外部商务协同的一站式、全方位服务，从而解放了企业资源、显著提升企业的生产力和运营效率。

课后练习

1. 什么是第四方物流？
2. 当前农产品物流的发展难点有哪些？请举例说明。
3. 跨境物流的特征和发展策略是什么？
4. 电子商务环境下供应链的特点是什么？

拓展阅读

与行业普遍将物流交给众包模式承担不同，百度外卖一直坚持自建物流，打造4万骑士并实行IT化管理。百度外卖这一模式也一直成为行业争议的焦点，部分观点认为百度外卖以重金投入自建物流，形成类似京东的"重模式"，成本相对众包模式高出太多，而众包模式可以让外卖平台的负担大为减轻，"轻模式"更能跑步布局外卖市场。

自上线伊始，百度外卖即选择了一条差异化的发展道路：一方面坚持聚焦于中高端白领及住宅用户；另一方面则围绕着目标用户的核心痛点，大力推进物流体系的建设以保障送餐体验。根据QuestMobile发布的调研报告的数据显示，百度外卖在3000元以上手机机型以及IOS端使用时长均高于美团外卖与饿了么。百度外卖虽为行业后起之秀，但仅用两年时间即占据白领外卖市场头把交椅，一方面缘于沉淀优质商户，从源头上把控质量，与品牌连锁商家合作，提供有安全保障的菜品，为白领打造放心外卖；而另一方面则是物流配送带来的无缝体验。

事实上，以外卖质量为第一选择的白领用户，对送餐超时、送餐时间无规律性问题容忍度最低。这决定了一个真正以白领市场为核心的外卖平台必须保证物流在完全可控的状态下。百度外卖让整个行业重新定义物流的价值，其自建物流树立了数十项物流运营标准，覆盖供应商、运营、骑士、调度、项目及相关线上产品，实现物流运营全流程标准化。

同时，百度外卖依托人工智能打造全新的"智能调度系统4.0"，采用多品类、多工具、多模式的智能化派单模式，基于多点到多点的大数据计算，实现了高效配送。此外，百度地图的LBS（Location Based Service）精准定位、POI（Point of Interest）信息以及实时交通数据等，也为百度外卖建立智能物流带来独有的便利条件。基于人工智能技术，百度外卖创新的"专职＋派单"模式已经成为业内公认的保证物流服务品质的最好方法，物流团队配送平均时长由原来的37分钟缩短至32分钟，准时率达98.78%。在智能调度系统的支撑下，"百度骑士"每天可以比同行多派送30%的订单，而配送时间减少25%。

相比之下，众包模式最核心的问题是无法保证平台与物流的对接效率，其次，社会化物流因为雇用的大多是临时工，所以付出的费用并不低。而以"抢单"为主要形式的轻模式虽然可以跑得更快，但因为送餐员水平参差不齐且工作闲散，极容易损害长尾用户体验。物流体系的完善性是外卖O2O未来的核心竞争力，百度外卖自建物流的优势已开始显现。

参考文献

[1] 商磊. 电子商务物流实务[M]. 北京：机械工业出版社，2016.
[2] 刘阳威，丁玉书. 物流仓储与配送管理实务[M]. 北京：清华大学出版社，2013.
[3] 刘兆. 现代物流案例与实践[M]. 北京：北京理工大学出版社，2012.
[4] 付淑文. 电子商务物流应用实务[M]. 北京：北京大学出版社，2013.
[5] 张浩，王婷睿. 电子商务物流实务[M]. 北京：机械工业出版社，2014.
[6] 白世贞，郭健，姜华珺. 商品包装学[M]. 北京：中国物资出版社，2006.
[7] 蔡启明. 现代物流管理[M]. 上海：立信会计出版社，2004.
[8] 陈金山. 国际货运代理[M]. 北京：科学出版社，2009.
[9] 陈子侠. 现代物流学理论与实践[M]. 杭州：浙江大学出版社，2003.
[10] 高功步. 电子商务物流管理与应用[M]. 北京：电子工业出版社，2010.
[11] 国家邮政局快递职业教材编写委员会. 电子商务与快递服务[M]. 北京：北京邮电大学出版社，2012.
[12] 何开伦. 物流成本管理[M]. 武汉：武汉理工大学出版社，2007.
[13] 花永剑. 仓储管理实务[M]. 杭州：浙江大学出版社，2008.
[14] 黄中鼎. 现代物流管理[M]. 上海：复旦大学出版社，2005.
[15] 嵇成舒. 电子商务物流应用[M]. 北京：电子工业出版社，2002.
[16] 李呤龙. 物流基础[M]. 北京：人民交通出版社，2003.
[17] 李钊，姜晓坤. 电子商务物流[M]. 北京：北京师范大学出版社，2012.
[18] 刘斌. 物流配送营运与管理[M]. 上海：立信会计出版社，2003.
[19] 刘萍. 电子商务物流[M]. 北京：电子工业出版社，2005.
[20] 刘伟. 物流与供应链管理案例[M]. 成都：四川人民出版社，2010.
[21] 龙桂先. 国际物流与货运代理实务[M]. 北京：机械工业出版社，2009.
[22] 罗鸿. ERP原理设计实施[M]. 北京：电子工业出版社，2006.
[23] 罗闻泉. 电子商务与物流[M]. 北京：机械工业出版社，2006.
[24] 周慧，罗小琼. 物流电子商务[M]. 北京：清华大学出版社，北京交通大学出版社，2012.

［25］罗振华.电子商务物流管理［M］.杭州：浙江大学出版社，2003.
［26］马士华，林勇.供应链管理［M］.北京：机械工业出版社，2011.
［27］钱廷山.现代物流管理［M］.南京：东南大学出版社，2005.
［28］清华大学深圳研究生院.现代物流管理基础［M］.深圳：海天出版社，2004.
［29］屈冠银.电子商务物流［M］.北京：机械工业出版社，2012.
［30］王自勤.现代物流管理［M］.北京：电子工业出版，2002.
［31］魏修建，等.电子商务物流［M］.北京：人民交通出版社，2008.
［32］魏莺.电子商务物流管理［M］.北京：清华大学出版社，2006.
［33］温诒忠.物流管理［M］.上海：立信会计出版社，2006.
［34］邬星根.仓储与配送管理［M］.上海：复旦大学出版社，2005.
［35］吴彬等.物流学基础［M］.北京：首都经济贸易大学出版社，2006.
［36］吴健.电子商务物流［M］.北京：清华大学出版社，2009.
［37］夏甸清，宗林，胡达丰，等.现代商品包装设计［M］.武汉：华中科技大学出版社，2013.
［38］徐希燕.中国快递产业发展研究报告［M］.北京：中国社会科学出版社，2009.
［39］王为民.快递服务礼仪与规范［M］.北京：人民邮电出版社，2012.
［40］徐勇.民营快递管理实务［M］.上海：学林出版社，2010.
［41］杨国荣.快递实务［M］.北京：北京理工大学出版社，2013.
［42］杨晓雁.物流管理导论［M］.北京：中国商务出版社，2004.
［43］曾剑.物流基础［M］.北京：机械工业出版社，2002.
［44］张铎.电子商务物流管理［M］.北京：高等教育出版社，2006.
［45］张文杰.电子商务下的物流管理［M］.北京：北京交通大学出版社，2003.
［46］张耀平.国际物流与货运代理［M］.北京：清华大学出版社，2013.
［47］朱伟生.物流成本管理［M］.北京：机械工业出版社，2003.